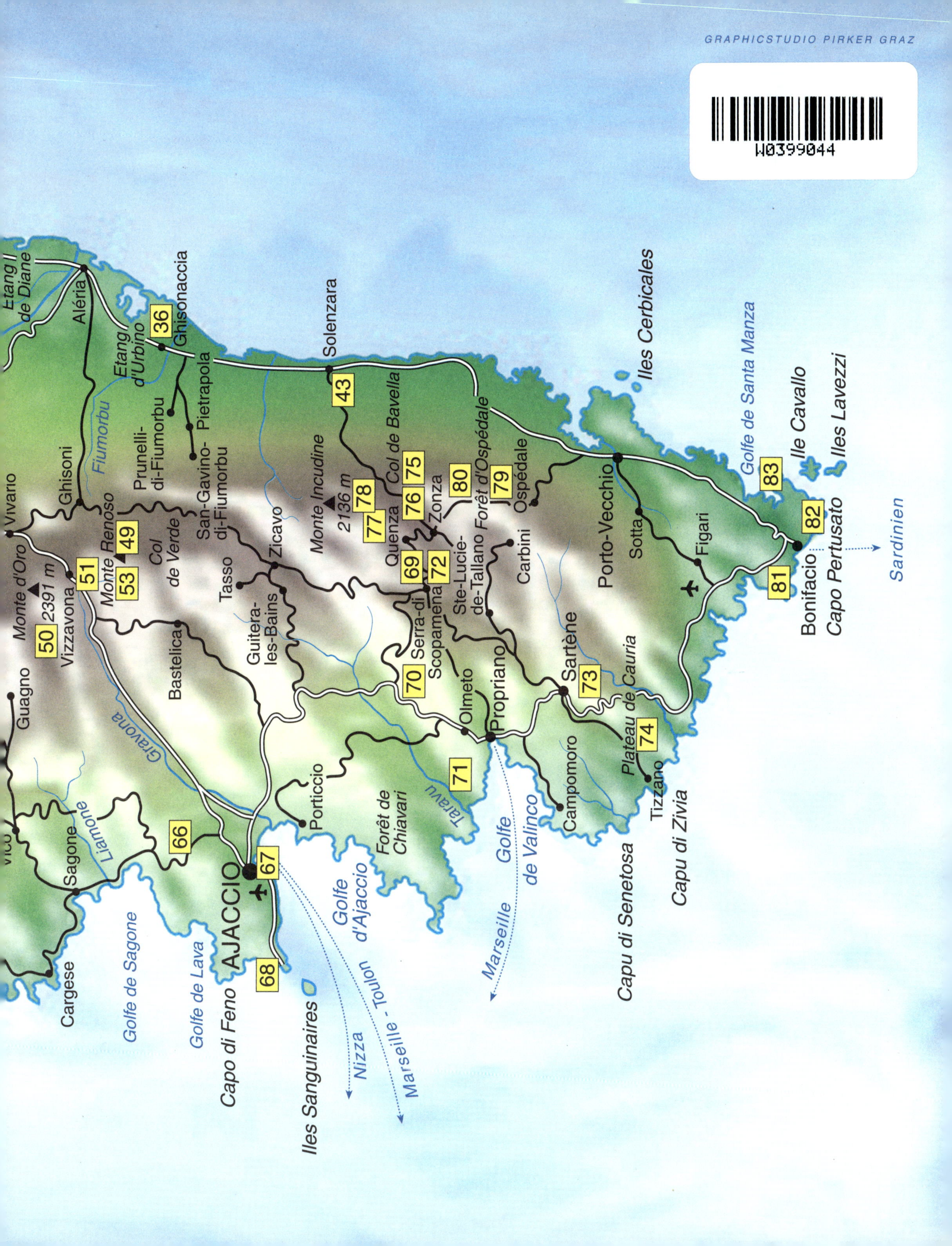

GRAPHICSTUDIO PIRKER GRAZ
de Diane
Aléria
Ghisonaccia
36
Etang d'Urbino
Solenzara
Iles Cerbicales
Golfe de Santa Manza
Ile Cavallo
Iles Lavezzi
43
Pietrapola
Prunelli-di-Fiumorbu
San-Gavino-di-Fiumorbu
Fiumorbu
Ghisoni
Vivario
Col de Bavella
Monte Incudine 2136 m
Forêt d'Ospédale
Ospédale
75
76
78
77
80
79
Zonza
Quenza
Porto-Vecchio
Sotta
Figari
83
82
Capo Pertusato
Sardinien
81
Bonifacio
Monte Renoso
49
53
Col de Verde
Zicavo
Tasso
Carbini
Ste-Lucie-de-Tallano
69
72
Monte d'Oro 2391 m
51
Vizzavona
50
Guitera-les-Bains
Bastelica
Serra-di-Scopamena
70
Olmeto
Propriano
Sartène
73
Plateau de Cauria
74
Tizzano
Campomoro
Guagno
Gravona
Liamone
Sagone
66
Porticcio
Forêt de Chiavari
Taravu
71
Golfe de Valinco
Capu di Senetosa
Capu di Zivia
67
AJACCIO
68
Golfe d'Ajaccio
Marseille
Cargese
Golfe de Sagone
Golfe de Lava
Capo di Feno
Iles Sanguinaires
Nizza
Marseille - Toulon

Ingrid Pilz

# NATURPARADIES KORSIKA

Mit 170 Farbabbildungen,
davon 51 im Panoramaformat

NATURPARADIES

# KORSIKA

**Herausnehmbarer Tourenführer**
**55 Wanderungen, 23 Bergtouren**

:STYRIA

Bildnachweis:

Hecker Frank: Bild S. 23 oben, 46, 55, 107 oben, 177 oben.
Alle übrigen Bilder sind von der Autorin.

Die Deutsche Bibliothek – CIP-Einheitsaufnahme

**Pilz, Ingrid:**
Naturparadies Korsika / Ingrid Pilz. –
Graz ; Wien ; Köln : Verl. Styria, 1999
ISBN 3-222-12720-4


Graphische Gestaltung: Andrea Malek, Graz
Lithoherstellung: Weitzer & Partner GmbH., Graz-Andritz
Druck: Carinthian Bogendruck GmbH. & Co.KG., Klagenfurt
ISBN 3-222-12720-4

# INHALT

## Süden der Insel mit Bavella



## Anhang

## Symbole der Tourenskizzen

| | |
|---|---|
| | Straße |
| | Fahrweg |
| ............ | Weg, Steig |
| | Wege der vorgeschlagenen Touren |
| + + + + + | Kletterstellen |
| N 1197, D 48 | Straßennummern |
| | Schlepplift |
| | Haus, Hütte, Gasthof |
| | Biwak, Unterstandshütte |
| | Alm |
| | Ort, Dorf |
| | Kirche |
| | Kapelle, Bildstock |
| | Kreuz |

| | |
|---|---|
| | Küste |
| | See |
| | Fluß |
| | Wasserfall |
| | Paß, Sattel |
| | Brücke |
| ▲ | Gipfel |
| P | Parkplatz |
| | Campingplatz |
| | Burgruine |
| | Felsenfenster |
| | Grotte |
| | Wachtturm |
| | Leuchtturm |
| * | Aussichtspunkt, Sehenswürdigkeit |

*Seite 8/9:*
*Bei starkem Westwind donnern mächtige Wellenberge an die exponierte Westküste des Cap Corse.*

*Zahllose Orchideen blühen im Frühling auf Korsika. Eine der attraktivsten ist der Verkannte Zungenstendel (Serapias neglecta).*

## Zum Geleit

„Insel der Schönheit", „Insel der Kontraste", „Gebirge im Meer", „grüne Insel" – schon diese Namen verraten, daß Korsika eine Sonderstellung unter den Mittelmeerinseln einnimmt. Das Hochgebirge, dessen Gipfel Höhen bis 2700 m erreichen, die wilden Schluchten, malerischen Bergseen und die ausgedehnten Wälder machen Korsika zu einem Paradies im Mittelmeer. Das Gebirge greift weit ins Meer und formt phantastische Steilküsten, die weite Sandbuchten schützend umschließen. Auf keiner Insel des Mittelmeeres kann man das Erlebnis der Küsten und des Meeres so mit der Faszination einer einzigartigen Bergwelt verbinden. Der Reichtum an Farben und Formen, den diese Insel bietet, ist kaum zu übertreffen.

Die gebirgige Insel bot kaum Raum für größere Nutzflächen, und die Korsen bearbeiteten das Land nur kleinräumig in sehr landschaftsschonend angelegten Terrassen. So blieb hier eine einzigartige Natur mit einer reichen Flora erhalten. Man erkannte diesen Schatz rechtzeitig und stellte einen großen Teil der Insel unter Schutz. Im Gebirge und an den Küsten wurden Wanderwege markiert, die häufig den alten Hirtenwegen folgen. Seither locken nicht nur die Küsten mit ihren schönen Stränden und malerischen Orten im Hochsommer die Badegäste an. Immer mehr Wanderer entdecken den Zauber dieser Insel, und wer im Mai das Land durchstreift, wird verstehen, warum behauptet wird, „Korsika habe den schönsten Frühling".

Dieses Buch führt in 78 ausgewählten Touren durch die vielfältige Landschaft der Insel – ins Hoch- und Mittelgebirge, auf die höchsten Gipfel, zu Bergseen, durch wilde Schluchten und dunkle Wälder. Küstenwanderungen leiten zu alten genuesischen Wachttürmen und Aussichtsgipfeln hoch über dem Meer. Eine ausführliche Beschreibung der reichen Pflanzen- und Tierwelt und der bizarren Verwitterungsformen der Gesteine runden das Bild dieser Insel ab.

Nicht nur die Natur, sondern auch die malerischen, oft mittelalterlich anmutenden Städte mit ihren mächtigen Zitadellen und die wie Schwalbennester auf steilen Hängen klebenden Bergdörfer wurden als einzigartiger Schatz bewahrt. Vorgeschichtliche Megalithbauten, romanische Kirchen und genuesische Brücken sind in die korsische Landschaft verwoben. Eine Besichtigung dieser kulturellen Sehenswürdigkeiten läßt sich gut mit den Wanderungen verbinden. Das Buch stellt die Insel in all ihren Facetten vor und soll dem Wanderer und Reisenden auf den Urlaub einstimmen. Der herausnehmbare Wanderführer ist für unterwegs gedacht und enthält für jede Wanderung eine exakte Wegbeschreibung und eine maßstabgerechte Skizze.

# WISSENSWERTES

## Größe und Lage

Nach Sizilien und Sardinien ist Korsika die drittgrößte Insel des westlichen Mittelmeeres und mit 8722 km² fast so groß wie das Bundesland Kärnten. Die Gesamtlänge von 183 km und maximale Breite von 84 km lassen auf den ersten Blick erwarten, daß man diese Insel in wenigen Tagen oder zumindest Wochen erkundet hat. Das ist ein großer Irrtum, denn schon der deutsche Geograph Friedrich Ratzel (1844–1904) nannte Korsika ein „Gebirge im Meer". Nur 25 km von der Küste entfernt erhebt sich der Monte Cinto mit einer Höhe von 2706 m. Die Ketten des Gebirges greifen als Halbinseln weit hinaus ins Meer, und zahllose Täler und tiefe Schluchten gliedern das Bergland im Landesinneren. Eine durchschnittliche Höhe von 568 m über dem Meer macht Korsika zur gebirgigsten Insel des Mittelmeeres.

Korsika liegt inmitten des Tyrrhenischen Meeres und ist eine eigene kleine Welt. Der nördliche Zipfel der Insel, das Cap Corse, ist immerhin rund 80 km von der italienischen Küste entfernt; zwischen dem Südzipfel und Rom liegen rund 250 km Meer, und das französische Festland ist 180 km entfernt.

Einige gut ausgebaute Straßen verbinden die größeren Städte, aber an vielen Küsten und im Landesinneren winden sich noch heute malerische Straßen von Bucht zu Bucht, von Bergrücken zu Bergrücken – in fast jeder Kurve öffnet sich ein neues Panorama der abwechslungsreichen Küsten- und Berglandschaft. Es sind Straßen zum Schauen, zum Bummeln und zum Verweilen, und man benötigt viel Zeit, um auf ihnen diese Insel, die eine faszinierende Vielfalt von Landschaftsformen bietet, zu entdecken. Radfahrern und vor allem Wanderern erschließt sich diese Insel noch er-

lebnisreicher, und auch nach einem Dutzend mehrwöchiger Entdeckungsreisen bleibt noch vieles unbekannt.

## Geologischer Aufbau und Landschaftsformen

Das Hauptgebirge Korsikas und damit der überwiegende Teil der Insel besteht aus Graniten und wurde bereits vor 300 Millionen Jahren aufgefaltet. Die unterschiedliche Zusammensetzung der Granite aus Feldspäten, Quarz und Glimmer ist für die abwechslungsreichen Farbschattierungen der Felsen verantwortlich, die von grünlich über gelblich bis schwärzlich und weißlich variieren. Überraschen wird jeden Besucher Korsikas das auffallend rötliche Gestein vieler Küstenfelsen und Gipfel. Verantwortlich für diese Farbenpracht sind rhyolithische Ergußgesteine, die durch Spalten emporgestiegen waren und sich als Lava über das alte Gestein ergossen. Da die Lava relativ rasch abkühlte, konnten keine großen Kristalle entstehen, und die feinkörnigen Rhyolithe verwittern rascher und bilden oft bizarre Formen, die z. B. in der Calanche viele Besucher faszinieren. Die Gesteine Korsikas überraschen oft durch seltsame, skurrile Formen. Felsburgen, Blockmeere, Wackelsteine, Wollsäcke und Tafoni sind die bekanntesten Verwitterungsformen. Sie werden bei den einzelnen Wanderungen, die uns zu den bizarren Gebilden führen, näher beschrieben.

Die auffälligste und häufigste Verwitterungsform, die Tafonibildung, sei hier kurz erläutert. Der Name „Tafoni" leitet sich vom korsischen Wort „tafonare" (durchlöchern) ab, da die Gesteine kleine und große Löcher und halbkugelförmige Aushöhlungen zeigen. Manche Felswände sind von Löchern jeder Größe durchsiebt und mit skurrilen Felsformen bedeckt. Die Tafonibildung ist auf eine Kombination von chemischer und physikalischer Verwitterung zurückzuführen und erfolgt in sehr langen Zeiträumen. Man nimmt an, daß die seltsamen Formen, die uns heute faszinieren, schon vor vielen Millionen Jahren im Tertiär entstanden sind. In den Gesteinen steigen durch den Wechsel zwischen Tageshitze und

*Eine der reizvollsten Küstenwanderungen Korsikas führt zum Wachtturm auf dem einsamen Capu Rossu westlich von Piana.*

*Blick vom Capu d'Orto durch einen von Erosion ausgehöhlten Felsen (Tafoni) auf den Golf von Porto.*

nächtlicher Abkühlung Kapillarströme von Sikkerwasser auf, die gelöste Mineralsalze enthalten. An der Oberfläche verdunstet das Wasser, und die ausgeschiedenen Mineralsalze führen zu einer Verhärtung der Gesteinsoberfläche. Sobald diese Oberflächenkruste an einzelnen Stellen verwittert, greift die Erosion vor allem die weicheren Gesteinsschichten im Inneren an und höhlt sie aus. Die harten Außenkrusten sind viel widerstandsfähiger und umschließen oft wie die ausgefransten Ränder einer Eischale das ausgehöhlte Innere (s. Abb. S. 25).

Die zentralen Berge Korsikas sind so hoch, daß sie in der Eiszeit vergletschert waren. Von den Gipfeln schoben sich mächtige Gletscherzungen weit hinab in die Täler und hobelten sie zu Trogtälern aus. Sie schufen Kare, in denen nach dem Abschmelzen der Gletscher malerische Bergseen entstanden. Darüber erheben sich scharfe Grate und elegante Felsgipfel – ein Bild, das uns von den Zentralalpen wohlvertraut ist. Der Nordosten Korsikas, die Castagniccia und das Cap Corse, erinnern an Mittelgebirge mit sanfteren, abgerundeten Bergkuppen. Hier wurden im Zuge der alpinen Gebirgsbildung auf den alten Gesteinssockel jüngere Schichten aufgeschoben, die vorwiegend aus weichen Schiefern bestehen. Schieferplatten werden in dieser Region seit Jahrhunderten als Dachziegel verwendet, und die Häuser der Bergdörfer fügen sich mit ihren grauen Schieferdächern harmonisch in die Landschaft.

Ein völlig anderes Bild bietet die Südspitze der Insel. Kalksandstein, der erst vor rund 20 Millionen Jahren in der „geologischen Neuzeit" entstand, formt ein 70 m hohes Plateau, das von der Brandung zernagt und unterspült wurde. An einigen Stellen entstanden malerische Grotten im blendendweißen Fels; Ausflugsschiffe fahren von Bonifacio, der faszinierenden Stadt hoch oben über dem Kalkriff, zu den nur vom Meer zugänglichen Grotten.

Die Westküste der Insel ist gebirgig, und nur wenige Sandbuchten, an denen meist Orte entstanden sind, unterbrechen die felsige Steilküste. Die Küstenstraße windet sich immer wieder über hohe Pässe hinauf und hinab, und viele malerische Küstenabschnitte sind nur vom Meer aus zugänglich. Von einigen Küstenorten, z. B. von Porto, werden Ausflugsfahrten entlang der wilden Felsenküsten angeboten.

Gegen Osten fällt das Land sanfter ab, und über weite Bereiche der Ostküste ist dem Bergland ein fruchtbarer Streifen von Schwemmland vorgelagert, der landwirtschaftlich genutzt wird. Rund 80 km Sandstrand bieten Badevergnügen und ließen viele Campingplätze und Bungalowsiedlungen entstehen. Im südlichen Teil der Ostküste wechseln flache Felsenbänke mit Sandstrand, und große geschützte Buchten gliedern die malerische Küste.

## Klima und Vegetation

### Klima

Durch seine Lage im Mittelmeer hat Korsika das typische mediterrane Klima mit heißen, trockenen Sommern und feuchten, milden Wintern. Dieses Mittelmeerklima beschränkt sich allerdings auf küstennahe Gebiete, die nur wenige hundert Meter über dem Meer liegen. In Gebirgslagen über 1500 m herrscht dagegen alpines Klima, und im Winter fällt reichlich Schnee, der auf den höchsten Bergen bis in den Sommer hinein liegen bleibt. In mittleren Höhenlagen um 1000 m befinden sich Übergangs-

zonen mit gemäßigtem Klima. Wer Kontraste liebt, kann im Juni nach einer Bergtour, die über Schneefelder führt, ein Bad in einer Meeresbucht genießen.
Die Menge der Niederschläge ist sehr von der Höhe abhängig. In den Bergen wird eine jährliche Niederschlagsmenge von 1500 mm und mehr erreicht, und auch in den Sommermonaten bringen Gewitter Niederschläge. Korsika leidet daher im Gegensatz zum benachbarten Sardinien im Sommer nicht unter Wassermangel. An den alten Straßen und Maultierpfaden findet man viele Quellen, die in liebevoll gestalteten Brunnenbecken gefaßt sind. An der Küste ist die Niederschlagsmenge viel geringer; in Ajaccio beträgt sie nur 466 mm.
Eine Insel, die weit vom Festland entfernt im Meer liegt, ist immer ein Spielball der Winde, die meist auch das Wetter bestimmen. Auf Korsika gibt es Winde aus allen Himmelsrichtungen. In exponierten Lagen zeigt die Wuchsform der Bäume, die im engsten Sinne des Wortes „windschief" ist, deutlich die vorherrschende Windrichtung an. An vielen Küsten und auf vielen Bergkämmen, vor allen auf der Süd- und Nordspitze der Insel, sind die Sträucher der Macchia wie mit einer Heckenschere auf gleiche Höhe zusammengestutzt (man spricht von „Windschur"). Denn nur gemeinsam kann man den austrocknenden Winden widerstehen – ein fürwitziges Zweiglein hat kaum eine Überlebenschance.
Der Nordwestwind, der *maestrale (mistral),* ist kalt und trocken und beschert einmalig klare Tage, an denen man von höheren Gipfeln oft einen großen Teil der Insel überblicken kann. Auch der Nordwind *(tramontane)* ist ein Freund jedes Fotografen; er ist kühl und trocken, und die Landschaft präsentiert sich in leuchtenden, klaren Farben und seltener Transparenz. Der Ostwind *(levante)* ist dagegen warm und unangenehm feucht, aber in den Sommermonaten relativ selten. Er hat an der Ostküste Sandbänke aufgeschüttet und die ausgedehnten Lagunen geschaffen. Auch der eher seltene Nordostwind *(gregale)* bringt feuchte Luft. Heiß und feucht ist der Südostwind *(sirocco),* der die Landschaft mit einer grauen Dunstschicht überzieht und im

*Calvi mit seiner mächtigen Zitadelle ist eine vielbesuchte Küstenstadt und Ausgangspunkt für viele Wanderungen und Bergtouren.*

Sommer im Bergland zu gefürchteten Gewittern mit heftigem Sturm führen kann.

## Vegetation

Korsika wird oft die „grüne Insel" genannt, denn abgesehen von den Hochgebirgsregionen ist fast das ganze Land von einem grünen Teppich überzogen, und keine Mittelmeerinsel besitzt auch nur annähernd so viel Wald. Die Sonne brennt hier nicht wie in vielen Regionen des Mittelmeeres im Sommer unbarmherzig auf den fast vegetationslosen Boden und entzieht ihm die letzte Feuchtigkeit. Der dichte Bewuchs mit Macchia schützt den Boden wie ein grüner Pelz und sorgt auch dafür, daß Korsika keine Wasserprobleme hat.

Die unterschiedlichen Böden und Klimazonen in den verschiedenen Höhenlagen haben eine sehr vielfältige Vegetation, die von der mediterranen Pflanzengesellschaft der Küsten bis zu Hochgebirgspflanzen wie dem Korsischen Edelweiß reicht. Über 2000 Arten von Blütenpflanzen sind bekannt, und der Reichtum Korsikas an Blumen, blühenden Sträuchern und faszinierenden Baumgestalten begeistert nicht nur Botaniker. Im Detail wird die vielfältige Flora Korsikas bei den einzelnen Touren beschrieben, einleitend soll nur ein allgemeiner Überblick gegeben werden.

## Mediterrane Vegetationszone

Die küstennahen Regionen und Gebiete mit geringer Seehöhe zeigen die typische Flora des Mittelmeeres. Die Pflanzen haben mit dem Problem zu kämpfen, daß in der wärmsten Jahreszeit, die üblicherweise auch die Wachstumszeit ist, nicht genügend Wasser zur Verfügung steht. Die Gewächse haben dieses Problem auf unterschiedliche Weise gelöst. Viele Pflanzen besitzen immergrüne ledrige Blätter, die bei Hitze die Wasserabgabe reduzieren können. Wachsüberzüge, dichte Behaarung und die Möglichkeit, die Blätter einzurollen, vermindern die Verdunstung. Manche Sträucher, wie der Korsische Ginster, haben nur noch winzige Blätter und assimilieren mit ihren grünen Stengeln. Überlebenskünstler sind die Sukkulenten, die in ihren dicken fleischigen Blättern viel

Flüssigkeit speichern können. Überall auf Felsplatten und an Straßenrändern, wo Wasser und Wind ein paar Krümel Humus zusammengetragen haben, ist der leuchtend rote, nur wenige Zentimeter hohe Mauerpfeffer *Sedum caeruleum* (S. 25) zu sehen, der im Frühjahr zahllose himmelblaue Blütensterne hervorbringt.

Viele einjährige Pflanzen entfalten im Frühjahr ihre Blüten und verwandeln sogar Straßenränder in leuchtend bunte Blumengärten. In nur wenigen Wochen haben sie ihren Vegetationszyklus abgeschlossen und überleben als Samen die Dürrezeit des Sommers. Die mehrjährigen Knollen- und Zwiebelpflanzen blühen auch meist im Frühjahr oder im Herbst, wenn die ersten Regenschauer die Dürrezeit beenden. Die trockenen Sommer überdauern sie unter der Erdoberfläche als Knolle oder Zwiebel. Im Frühling ist die Insel von einem Blütenteppich überzogen, und man sagt, „Korsika habe den schönsten Frühling“. In den südlichen küstennahen Regionen beginnt das Blütenwunder schon im April, im Hügelland und im Norden erst im Mai. In höheren Gebirgslagen entfalten die meisten Pflanzen erst im Juni ihre Blüten.

In der Spritzwasserzone des Meeres, an Lagunen und Strandseen können nur Pflanzen gedeihen, die durch spezielle Anpassungen mit dem hohen Salzgehalt leben können, sogenannte Halophyten. Wahre Überlebenskünstler sind die aus Südafrika stammenden Mittagsblumen, die mit ihren dicken fleischigen Trieben und Blättern die Felsen der Küsten überwuchern und im April ihre großen, leuchtend roten oder gelben Blüten entfalten. Sie können die Salzkonzentration in ihren Blättern stark erhöhen; das ist eine Voraussetzung, um auch salzigen Böden Wasser entziehen zu können. Hochspezialisiert sind auch die Pflanzengemeinschaften, die sich auf Dünen ansiedeln. Das interessante Leben so einer Miniaturwüste läßt sich sehr gut in der Dünenlandschaft der Ostriconi-Mündung studieren (s. Tour Nr. 9).

## Macchia und Bäume der Küstenregion

Rund zwei Drittel Korsikas sind von Macchia bedeckt, einer immergrünen mediterranen Strauch- oder Buschwaldformation, die meh-

*„Korsika hat den schönsten Frühling“ wird oft behauptet. Blütenteppich bei Bonifacio.*

*Korkeichen gedeihen vor allem an der Ostküste und können alle zehn Jahre geschält werden.*

rere Meter hoch werden kann. Korsika besitzt die üppigste Macchia des Mittelmeerraumes. Wo ausreichend Feuchtigkeit vorhanden ist, bildet die Macchia ein nahezu undurchdringliches Dickicht. Nur auf sehr trockenen Hängen und in höheren Lagen wird sie schütterer und niedriger. Im Frühjahr ist die Macchia ein einziger Blütenteppich, gewoben aus unzähligen weißen und rosa Blüten der Zistrosen, dem leuchtenden Gelb der Ginsterblüten und den weißen Glöckchen der Baumheide. Der zarte Duft der Myrte, die der Göttin Aphrodite geweiht war, erfüllt die Luft, und der Erdbeerbaum trägt Früchte, die nur das Aussehen von Erdbeeren haben – ihr Geschmack wird kaum jemanden begeistern.

Wo die Macchia lichter und niedriger ist, gedeihen Schopflavendel, Rosmarin, Thymian und Salbei, und der unverwechselbare würzige Duft der Insel ist oft schon wahrzunehmen, wenn man sich mit dem Schiff der Küste nähert. Zwischen den Sträuchern entfalten im Frühjahr zahllose Orchideen und Zwiebelpflanzen ihre Blüten. Besonders häufig sind die Schopfige Traubenhyazinthe und, an schattigen Plätzen und Straßenrändern, die weißen Glöckchen des Dreikantlauches (Glöckchenlauches) zu sehen. An feuchteren Stellen entfalten die Alpenveilchen, die auffallend schön gezeichnete Blätter besitzen, ihre violetten Blüten.

Jahrhundertelange intensive Beweidung verändert die ursprüngliche Pflanzengemeinschaft sehr nachhaltig. Ständig abgefressene Pflanzen, die keine Samen mehr produzieren können, verschwinden. Statt dessen breiten sich

*Die weißblühende Montpellier-Zistrose (Cistus montspeliensis) überzieht im Frühjahr viele Berghänge mit einem Blütenteppich (links). Dazwischen setzt der Rote Zistrosenwürger (Cytinus ruber), der auf ihren Wurzeln schmarotzt, leuchtende Farbtupfen (rechts).*

*Seit rund 4000 Jahren stehen im Sartenais diese langen Reihen von Steinsäulen, die Menhire. Sie sind immer – wie hier im Alignement de Pallaghiu – in Nord-Süd-Richtung angeordnet.*

Pflanzen aus, die es geschafft haben, Abwehrmechanismen gegen das Gefressenwerden zu entwickeln. Scharfkantige Blätter, Stacheln und Dornen sowie Bitter- und Giftstoffe sind ein wirkungsvoller Schutz. Ein Anzeiger für stark überweidete Böden ist der vom Weidevieh verschmähte Affodill. Aus seinen dicken Knollen, die früher gegessen oder zu Leim verarbeitet wurden, schieben die Pflanzen bis zu eineinhalb Meter hohe Stengel hervor, die zahllose weiße Blütensterne tragen. „Luminelli“ (Lichtlein) nennen die Korsen diese aparten Blütenkerzen, die im Frühjahr viele Weideflächen in ein weißes Blütenmeer verwandeln.

Die häufigsten Bäume der küstennahen Regionen sind die immergrüne Steineiche und die Korkeiche. Ihre Korkrinde bildet einen hervorragenden Schutz gegen Feuer, allerdings nur, wenn die Bäume nicht frisch geschält sind. Etwa alle 10 bis 20 Jahre kann der Stamm der Bäume geschält werden. Der Kork wird für Flaschenkorken und in der Industrie verwendet, aber auch zu hübschen Souvenirs verarbeitet.

Pinien, Seestrandkiefern und Aleppokiefern gedeihen an Küsten und Berghängen. Die Zapfen der Aleppokiefern sind besonders harzreich und werden zum Teil noch heute zum „Resinieren“ verwendet, um den Wein haltbar zu machen.

## Vegetation im Bergland

Im Bergland ändern sich mit der Höhe die klimatischen Bedingungen rasch, und schon in 600 bis 800 m Seehöhe wird die typische mediterrane Flora von einer sogenannten submediterranen Vegetationszone abgelöst. Hier ist die Wasserversorgung im Sommer ausreichend, so daß sich Bäume ansiedeln konnten, die nur im Sommer ein Laubkleid tragen und im Winter kahl sind. Vor allem in der Castagniccia überziehen Wälder von Edelkastanien, die einst als Brotbäume angesiedelt wurden, das Bergland. Im Mai leuchten die attraktiven Blütenstände der Manna-Esche auf den Berghängen, und auch die sommergrüne Flaumeiche gedeiht in den lichten Wäldern neben verschiedenen Kiefern. In feuchteren Lagen sieht man gelegentlich Tannen.

In Höhen um 1000 m haben sich auf Korsika prachtvolle Buchenwälder erhalten. Viele Jahrhunderte alte Riesen der Rotbuche mit bis zu sieben Metern Stammumfang kann man z. B. oberhalb des Col de Vizzavona oder um den Monte San Petrone in der Castagniccia bewundern. Der Charakterbaum des korsischen Berglandes ist die Lariciokiefer, die in die Verwandtschaft der Schwarzkiefer gehört. Sie ist eine der beeindruckendsten Baumgestalten überhaupt, die sich bis in große Höhen auf Felsen und Gesteinsschutt festkrallt. Die oft uralten Bäume haben einen mächtigen geraden Stamm und nur im Wipfel einige wenige, meist von Sturm und Wetter zerzauste Äste. Ihre bizarren Formen bestimmen oft das Landschaftsbild im Gebirge. Sie können eine Stammhöhe von 50 m und ein Alter von 1000 Jahren erreichen und waren schon im Mittelalter als Nutz-

holz für die Herstellung von Schiffen begehrt. Unter günstigeren Bedingungen bilden sie prächtige, ausgedehnte Wälder, die forstwirtschaftlich genutzt werden. Auch Birken bevorzugen größere Höhen und können so wie die Rotbuche im Gebirge die Baumgrenze mit urig verzweigten Kampfbäumen bilden.
Lariciokiefern können sich bis in Höhen von 1600 m behaupten; dann folgt eine Zone mit Sträuchern. Die sonnigen Hänge werden meist vom Ginster besiedelt, während die Grünerlen feuchtere Stellen bevorzugen. Im Hochgebirge blühen kurz nach der Schneeschmelze der schön gezeichnete Korsische Krokus und das Korsische Fettkraut im feuchten Gesteinsschutt, und Pflanzenpolster ducken sich in Felsspalten und Ritzen. Grasnelke, Ziest, Fingerkraut, Hornkraut und das Korsische Edelweiß können sich in geschützten Nischen noch auf den höchsten Gipfeln in 2500 bis 2700 m Höhe behaupten. Durch die isolierte Lage der Insel haben sich viele von den Verwandten auf dem europäischen Festland abweichende Arten von Pflanzen und Tieren entwickelt, die den Beinamen „Korsische“ erhalten haben.

## Feuer

Vereinzelte Brände hat es in den heißen, trokkenen Sommern im Mittelmeergebiet schon immer gegeben, und die Natur hat sich diesen gelegentlich auftretenden Katastrophen angepaßt. Die meisten Sträucher der Macchia treiben nach Bränden wieder aus dem Wurzelstock aus. Steineichen und vor allem nicht geschälte Korkeichen verlieren durch das Feuer häufig nur die dünneren Äste. Die Stämme und dickeren Äste werden durch die Rinde geschützt und schieben nach dem Brand neue Triebe hervor. Kiefern dagegen und damit leider auch die prächtigen Wälder der Lariciokiefern werden oft großflächig durch Brandkatastrophen vernichtet, und die verkohlten Baumstümpfe bilden ein trauriges Bild.
Durch den Menschen hat sich die Zahl der Brände vervielfacht, und der ökologische und materielle Schaden ist groß. Die allermeisten Flächenbrände beginnen an Straßenrändern und sind auf weggeworfene Zigarettenstummel und aus dem Auto geschnippte glühende Asche zurückzuführen. Bei starkem Wind stehen die

Feuerwehren in besiedeltem Gebiet während der touristischen Hauptsaison meist schon an Straßenkreuzungen mit Tankwagen bereit, und in Waldgebieten hat man Wasserreservoirs angelegt. Eigene Löschflugzeuge nehmen über dem Meer Wasser auf und fliegen zum Brandort, doch wenn eine vom Wind angefachte Feuerwand über den Berghang rast, bewirkt ein solcher Einsatz oft lediglich soviel wie der berühmte Tropfen auf den heißen Stein.
Auch Bauspekulanten haben gelegentlich ihre Hände im Spiel, wenn Wälder durch gelegte Brände vernichtet werden. Ein Gesetz, das festlegt, daß ein abgeheiztes Waldgebiet nicht in Bauland umgewandelt werden darf, hätte der Entwaldung und der daraus resultierenden Wasserarmut der Mittelmeerländer rechtzeitig einen Riegel vorgeschoben und würde heute die noch bestehenden Küstenwälder retten. Lagerfeuer und ähnliches sind auf Korsika streng verboten, und man sollte daran denken, daß im Hochsommer und Herbst die ausgetrocknete Macchia wie Zunder brennt und der kleinste Glutrest verheerende Brände auslösen kann.

## Tierwelt

### Säugetiere

Die ausgedehnten, kaum besiedelten Gebiete des Berg- und Hügellandes wären ein idealer Lebensraum für viele Säugetiere. Korsika ist die Heimat des Mufflons, eines Wildschafs mit gedrungenem Körperbau. Die Widder tragen mächtige, schraubig gebogene Hörner. Aber die Jagdlust der Korsen führte zur Ausrottung der Mufflons und des kleinen Korsischen Rothirsches. Beide Tierarten hat man wieder eingebürgert, und in den Morgenstunden kann man im Asco-Tal und in der südlichen Bavella vor allem in der Nebensaison öfters Mufflons beobachten. Einige hundert Tiere leben hier inzwischen, aber nur sehr langsam vermehrt sich die Zahl der streng geschützten Tiere, da Wilderer ihnen auch heute noch nachstellen.
Relativ häufig sind die neugierigen Wiesel zu sehen, die manchmal hinter einem Stein hervorlugen, wenn man Rast hält. Hasen, Kaninchen und Fuchs sind durch die intensive Jagd

*Ausgehöhlte Felsblöcke, sogenannte Tafoni, liegen auf den Felsplatten oberhalb der Kapelle Notre-Dame de la Sera bei Calvi.*

*Wildschweine sind auf der gesamten Insel verbreitet, aber sehr scheu, da sie stark bejagt werden.*

selten geworden, und sogar Igeln stellt man in manchen Gebieten mit eigens abgerichteten Hunden nach. Häufig sind in der Abenddämmerung Fledermäuse zu beobachten, denen die zahllosen Felsenhöhlen einen geeigneten Unterschlupf bieten.
Die dichte Macchia und die Wälder sind ein idealer Lebensraum für Wildschweine, und in einsamen Gebieten hat man durchaus Chancen, ein wühlendes Wildschwein zu überraschen, das allerdings meist blitzartig das Weite sucht. In der dichten Macchia haben die Tiere oft tunnelartige Trampelpfade geschaffen. Ein Wildschwein zu erlegen, gehört zu den Höhepunkten im Leben jedes Korsen. Sehr viel häufiger anzutreffen als Wildschweine sind die halbwilden Hausschweine, die sich gelegentlich mit den Wildschweinen paaren. Schweine sind recht intelligent, und die freilebenden Hausschweine haben längst erkannt, daß es lohnend ist, sich in den Sommermonaten in der Nähe von Rast- und Parkplätzen aufzuhalten und laut grunzend von den Touristen Freßbares zu erbetteln. Wenn ihnen das Angebotene zusagt, haben sie keine Hemmungen, in Campingbusse oder Zelte einzudringen, um nach weiteren Köstlichkeiten zu schnüffeln.

## Vögel

Im Hochgebirge ziehen noch Steinadler ihre Kreise, und über dem Hügelland sieht man öfters Rotmilane, die an ihrem stark gegabelten Schwanz leicht zu erkennen sind. In den steilen, unzugänglichen Felsen der Nordwestküste brüten einige Fischadler. Am Capu Rossu südwestlich von Porto haben wir öfter beobachtet, wie sie – die Thermik über den Küstenfelsen nutzend – ohne Flügelschlag aus der Luft nach Beute spähen.
In den Häfen und als Begleiter der Schiffe halten Möwen nach Freßbarem Ausschau. Größere Möwenschwärme bevölkern aber nicht mehr die fischarm gewordenen Gewässer des Mittelmeeres, sondern die Mülldeponien der Städte, wo auch Raubvögel zu beobachten sind. An Felsenküsten sind häufig der Kormoran und die verwandte Krähenscharbe (Schopfkormoran) anzutreffen. Ihr Gefieder ist nicht wasserabweisend wie das der meisten anderen Seevögel. Ohne störendes Luftpolster in den Federn können sie hervorragend tauchen, und beim Schwimmen liegt der Körper unter der Wasseroberfläche, nur Kopf und Hals ragen heraus. Mit durchnäßtem Gefieder können die Kormorane allerdings nicht fliegen, und so sieht man die Vögel oft mit zum Trocknen ausgebreiteten Schwingen auf Felsenklippen im Meer sitzen. An den Lagunen der Ostküste sind Graureiher zu beobachten, und in den Flußmündungen tummeln sich verschiedene Enten. An schnellfließenden Gewässern sucht die Wasseramsel neben und unter Steinen nach Insektenlarven und Wasserkrebsen. Sie kann gut tauchen, und manchmal sieht man sie auf dem Bachgrund laufen. Der Korsische Kleiber ist nur auf Korsika heimisch und zimmert sich Nisthöhlen in alten Bäumen. Das reizende kleine Schwarzkehlchen sieht man häufig in der Macchia. Ein farbenprächtiger, fliegender Edelstein ist der Bienenfresser, der für seine Brut tiefe Röhren in weiche Lößhänge gräbt. Die Zwergohreule wird man kaum sehen, aber ihr monotoner langgezogener „Büb“-Ruf ist bei Dämmerung und in der Nacht sehr oft zu hören.

*Der Rotmilan (Gabelweihe) ist oft zu beobachten und an seinem stark gegabelten Schwanz leicht zu erkennen.*

Korsika ist im Frühjahr und Herbst eine beliebte Raststation für Zugvögel, aber leider fallen im Herbst wie fast überall in Südeuropa unzählige Singvögel Jägern zum Opfer. Die korsischen Jäger werden durch viele Jagdgenossen, die vom Festland anreisen, verstärkt, und die Wege im Bergland sind von Patronenhülsen übersät. Zum Glück gibt es auf Korsika viele Gebiete, wo sich für Menschen praktisch undurchdringliche Macchia ausbreitet. Bis vor kurzem empfahl fast jeder Korsika-Führer, unbedingt die Amselpastete, eine korsische Spezialität, zu kosten. Inzwischen ist zumindest die industrielle Herstellung dieser Pastete untersagt.

*Das reizende Schwarzkehlchen lebt in der Macchia.*

## Reptilien und Insekten

Schlangen sind zum Unterschied von der Nachbarinsel Sardinien auf Korsika kaum anzutreffen, und wenn, sind sie ungefährlich, denn es gibt auf der Insel keine Giftschlangen. In Wassernähe ist mit viel Glück die Korsische Ringelnatter zu sehen und sehr selten die Zornnatter. Zu den häufigsten Tieren Korsikas zählen die Eidechsen. An warmen Tagen flitzen sie überall von der Küste bis ins Hochgebirge über Steine und Wege. Sie sind natürlich auch eine begehrte Beute für Vögel. Aber wenn der Jäger die Eidechse nur noch am Schwanz packen kann, muß er sich mit einem sehr bescheidenen Happen zufriedengeben. Denn Eidechsen können im Notfall an einer Sollbruchstelle ihren Schwanz abwerfen, der dann wieder nachwächst. Statt einer ganzen Eidechse hat der Vogel dann nur ein Stückchen Schwanz erbeutet.

Insekten führen auf Korsika – weitgehend unbehelligt von Pflanzenschutzmitteln – ein paradiesisches Dasein. Schwalbenschwanz und Erdbeerbaumfalter sind die farbenprächtigsten Schmetterlinge der Insel, die vor allem im Frühjahr zu beobachten sind. Sehr häufig ist der Blauschwarze Eisvogel zu sehen, ein dunkler Schmetterling mit einem bläulichen Schimmer und auffallenden weißen Flecken. Zahllose Heuschrecken zeigen erst während des kurzen Fluges ihre farbigen Flügel. Sitzend sind sie ebenso wie die Zikaden in ihrer graubraunen, Rindenstückchen oder Äste imitierenden Farbschattierung nur schwer zu entdecken, wenn sie sich nicht gerade bewegen. Das laute Zirpen der Zikaden, die bei Freilichtaufführungen sogar den Sängern Konkurrenz machen, kennt wohl jeder; das Insekt selbst kennen nur wenige. Man kann zwar der Schallquelle nachgehen, wenn man ihr jedoch zu nahe kommt, stellt die Zikade das Zirpen ein, und das Suchen wird muhsam.

*Auf der isolierten Insel hat der Schwalbenschwanz (linke Abbildung) – wie viele anderen Tiere und Pflanzen Korsikas auch – eine eigene Unterart entwickelt.*

*Der Skarabäus (rechte Abbildung) formt aus Pferdemist Kugeln und rollt sie über größere Strecken. Er hat das Rad schon lange vor dem Menschen erfunden.*

*Das vulkanische Gestein der Scandola-Halbinsel wurde von der Erosion zu phantastischen Felsgebilden modelliert. Deutlich sind die Basaltsäulen zu erkennen, die aus langsam erstarrender Lava entstanden sind.*

Der Kot der Weidetiere wird von vielen Käfern als Brutkammer für ihren Nachwuchs genutzt und rasch beseitigt. Vor mir ließ ein Pferd ein paar Kotknödel fallen, und innerhalb einer Minute schwirrten zahlreiche Skarabäuskäfer herbei. In Windeseile formten sie aus dem Pferdekot Kugeln, die ihre Körpergröße mehrfach übertrafen, und rollten sie – mit den Hinterbeinen schiebend – zu einer sandigen Stelle. Dort schaufelten sie den Sand unter der Kugel so rasch weg, daß sie innerhalb kurzer Zeit unter der Oberfläche verschwand. Bereits nach einer Viertelstunde war vom Pferdedung nichts mehr zu sehen.

## Tierwelt im Meer

Noch vor 30 Jahren beherbergte das Mittelmeer eine reiche Tierwelt. Wenn man heute an denselben Plätzen, wo sich früher zahllose Fische tummelten, schnorchelt, erblickt man meist nur noch eine Unterwasserwüste mit Seeigeln. Es ist noch nicht lange her, daß der Fischfang für viele Bewohner der Küstenorte einen ausreichenden Lebensunterhalt bot und zahlreiche Fischerboote in den Häfen lagen. Heute belegen in erster Linie Jachten die Häfen, und Fischerboote haben schon fast Seltenheitswert. Eine der Hauptursachen für diesen dramatischen Rückgang der Tier- und Pflanzenwelt ist, daß die meisten Anrainerstaaten ihre Abwässer direkt oder über die Flüsse ins Meer entsorgten und dies teilweise noch heute tun. Auch Schiffe reinigten ihre Öltanks im offenen Meer. Das Mittelmeer hat nur wenig Wasseraustausch mit den Weltmeeren und reagiert auf solche Umweltsünden besonders empfindlich. Um die gleiche Menge von Fischen aus dem Meer zu holen, wurde viel intensiver gefischt, und die Überfischung trug das Ihre zur rasanten Abnahme des Fischbestandes bei.

Einigermaßen saubere Gewässer und eine relativ intakte Meeresfauna findet man immer noch entlang der Küsten Korsikas. Die Insel hat den Vorteil, daß sie im offenen Meer liegt und keine nennenswerte Industrie besitzt. Vor allem an der schroffen Steilküste im Westen der Insel blieb eine reiche Unterwasserwelt erhalten. Einen der schönsten und fischreichsten Abschnitte um die Halbinsel Scandola hat man unter Naturschutz gestellt. Hier kann man als Taucher und Schnorchler oder durch den Glasboden eines Ausflugsschiffes noch eine reiche Meeresfauna entdecken. Von Porto und Galéria werden Tauchfahrten angeboten. Kormorane und Fischadler finden hier noch genügend Nahrung im Meer.

Seegraswiesen sind eine wichtige Kinderstube für viele Fische, und Schwärme von Meerbrassen, Lippfischen und Meeräschen halten sich gern in ihrer Nähe auf. Oft kann man den farbenprächtigen, gold und blau gezeichneten Meerpfau und den Meerjunker hier beobachten, und Seepferdchen verankern sich mit ihrem Schwanz gerne an Seegrashalmen. Algen, die sich auf Seegrasblättern ansiedeln, werden von vielen Meeresbewohnern abgeweidet.

Durch den Menschen ist die Alge *Caulerpa taxifolia* bei Monaco ins Mittelmeer gelangt und hat sehr rasch begonnen, viele Seegraswiesen zu überwuchern. Durch die Absonderung giftiger Sekrete hat diese „Killeralge“ praktisch keine Feinde im Mittelmeer und erstickt die über-

*Das nur wenige Zentimeter große Sedum (Sedum caeruleum) (linke Abbildung) wächst auf Felsplatten. Seine runden roten Blätter sind perfekte Wasserspeicher.*

*Die Graubehaarte Zistrose (Cistus creticus) (rechte Abbildung) trägt unzählige Blüten auf einem Strauch und überzieht Anfang Mai ganze Hänge mit einem Blütenteppich.*

wucherten Seegrasblätter. Überall, wo Schiffe sie hintragen, beginnt sie ihr Zerstörungswerk. Große Mengen von abgestorbenem Seegras werden in manchen Buchten ans Ufer gespült, und auch in Korsika sind einige Sandstrände von dicken Schichten dieser Seegrasblätter bedeckt.

## Naturpark „Parc Naturel Régional de Corse“

In den 60er Jahren setzte der große Tourismusboom ein, und auch in Korsika schickte man sich an, erste Hotels an die traumhaft schönen Küsten zu stellen. Bei einem bemalte man die Fassade mit überlebensgroßen, vollbusigen Nixen. Dies zu einer Zeit, wo in den Dörfern Korsikas schon ein entblößter Arm als unschicklich galt. Da die Korsen bald merkten, daß mit dem Land, das man ihnen sehr billig abgekauft hatte, vor allem festländische Unternehmungen große Gewinne erzielten und für sie nur ein sehr bescheidener Teil des Kuchens abfiel, verloren sie das Interesse an hochfliegenden touristischen Plänen. Extremisten der korsischen Befreiungsfront begannen Großprojekte mit Sprengstoffanschlägen zu bedrohen. So blieb Korsika der totale Ausverkauf der Landschaft, wie er an vielen Küsten des Mittelmeeres stattgefunden hat, erspart. Bald setzte ein Umdenken ein, und engagierte Gruppen bemühten sich, die schönsten Landschaften durch Unterschutzstellung zu bewahren.
Die Behörde „Conservatoire du Littoral“ erwarb lange Küstenabschnitte und stellte sie unter Schutz. Das zentrale Berg- und Hügelland mit allen höheren Gebirgsgruppen wurde im

*Eine typische Verwitterungsform auf Korsika sind die Tafoni. Da die äußere Gesteinsschicht härter ist, werden zuerst die Gesteinsschichten im Inneren abgetragen.*

Jahr 1972 im „Parc Naturel Régional de Corse" unter Schutz gestellt. Es war ein Meilenstein in der Entwicklung Korsikas, der eine der schönsten Regionen des Mittelmeergebietes vor Spekulation und Verbauung schützt. Der Park umfaßt rund 330.000 ha, etwa ein Drittel der Insel, und schließt nicht nur das gesamte Bergland, sondern auch altes Kulturland – wie Teile der Castagniccia – ein.

Der Naturpark dient vor allem dem Arten- und Landschaftsschutz. In einzelnen Naturschutzgebieten, wie etwa auf der Scandola-Halbinsel, ist jeder menschliche Eingriff untersagt. Man versucht, ausgerottete Tiere wie den Korsischen Zwerghirsch und den Bartgeier wieder anzusiedeln. Bartgeier wurden beschuldigt, junge Lämmer zu schlagen und deshalb erbarmungslos verfolgt. Die Vögel sind jedoch reine Aasfresser und beseitigen – als Gesundheitspolizei – rasch verendetes Weidevieh.

Der Park ist kein Nationalpark, in dem keinerlei Eingriffe durch Menschenhand erlaubt sind. Traditionelle landwirtschaftliche Nutzung ist gestattet, und man ist bemüht, die alten, vom Verfall bedrohten Bergdörfer durch sanften Tourismus und den Ausbau der Wanderwege wieder zu beleben. In vorbildlicher Weise ist es auf Korsika gelungen, eine einzigartige Berg- und Küstenlandschaft zu bewahren. Dieses Konzept trägt schon Früchte, denn die Zahl der Wanderer nimmt ständig zu, und so kommen auch außerhalb der Badesaison viele Touristen ins Land.

## Historischer Überblick

Korsika und die Korsen kann man nur verstehen, wenn man die wechselhafte Geschichte des Landes kennt. Die älteste Spur menschlicher Besiedlung auf Korsika stammt aus dem Jahr 6500 v. Chr. Bei Ausgrabungen am Ortseingang von Bonifacio fand man unter einem schützenden Felsdach ein weibliches Skelett, das den Namen „Dame von Bonifacio" erhielt. Besonders faszinierend sind die Überreste einer Megalithkultur, die um 3500 v. Chr. auf Korsika einsetzte. Mächtige Steinkistengräber und bis zu vier Meter hohe behauene Steinblöcke, sogenannte Menhire, stellen einen hochinter-

essanten und für den ganzen Mittelmeerraum einzigartigen Schatz dar. Im Rahmen der Wanderungen, die uns zu diesen Denkmälern vorgeschichtlicher Zeit führen, wird die Megalithkultur ausführlich beschrieben (s. Touren Nr. 71 und Nr. 74).
Um 1500 v. Chr. landete vermutlich in der Gegend des heutigen Porto-Vecchio ein Volksstamm, der turmähnliche Bauten (Torre) errichtete. Später drangen diese sogenannten „Torreaner" auch in das Landesinnere vor, und es kam offenbar zu Auseinandersetzungen mit der einheimischen Bevölkerung, denn die Turmbauten wurden mit mächtigen Steinmauern geschützt. Die eindrucksvolle Anlage Cucuruzzu ist bei einer Wanderung im Alta Rocca zu besichtigen (s. Tour Nr. 72).
Ab dem 6. Jahrhundert v. Chr. trat Korsika verstärkt in die Geschichte ein, und eine Kolonisationsmacht nach der anderen versuchte die Insel unter ihre Kontrolle zu bringen. Die aufeinanderfolgenden Eroberer verjagten sich gegenseitig, und fast alle beuteten die Korsen aus. Die Antwort der Korsen waren Aufstand und Kampf um Unabhängigkeit. Den ersten Kolonisationsversuch unternahmen die Griechen, und sie gründeten im Jahr 565 v. Chr. die Stadt Alalia (das heutige Aleria). Im Museum Jérôme Carcopino im Fort Matra in Aleria erinnern einige wunderschöne griechische Vasen an diese Zeit.
Im Jahr 259 v. Chr. begann die Eroberung Korsikas durch die Römer. Fast zehn Jahre lang wehrten sich die Korsen mit erstaunlicher Tapferkeit und Hartnäckigkeit gegen die römischen Invasionstruppen und lockten sie immer wieder im unzugänglichen Bergland in Fallen. Korsika verlor in dieser Zeit fast die Hälfte seiner Bevölkerung. Korsische Männer und Frauen wurden als Sklaven ins Römische Reich gebracht. Aber ihr Marktpreis war sehr gering, denn die korsischen Frauen waren sicher keine anschmiegsamen Sklavinnen, und von den korsischen Sklaven berichtet der griechische Geograph Strabo (63 v. Chr. – 20 n. Chr.), daß sie eine unzähmbare Wildheit zeigten, ihren Herren trotzten und sogar Selbstmord verübten. Obwohl die Römer sieben Jahrhunderte in Korsika herrschten, sind fast keine Spuren ihrer Bauwerke erhalten. Vermutlich wurden die

*Jeden Sommer und Herbst wüten auf Korsika ausgedehnte Brände, die meist durch Unachtsamkeit entstehen.*

*Die Außenwände der Kirche San Michele de Murato schmücken vielfältige Skulpturen – menschliche Figuren, Tier- und Pflanzenmotive.*

Steine der Bauten anderweitig verwendet, da die Korsen keine Veranlassung sahen, die Zeugen ihrer Unterdrückung zu bewahren.

In den folgenden Jahrhunderten gaben sich die Eroberer fast die Klinke in die Hand. Im 5. Jahrhundert fielen die Vandalen ein, bald darauf verwüsteten die Ostgoten das Land. Die schrecklichste Zeit erlebten die Inselbewohner nach dem Einfall der Sarazenen im 9. Jahrhundert. Viele Eroberungen hatten sich auf die fruchtbaren Gebiete der Ostküste beschränkt, und die Korsen konnten in ihre festungsartigen Dörfer in den unzugänglichen Bergregionen des Landesinneren flüchten. Die Sarazenen verfolgten sie sogar hierher. Da die Sarazenenstützpunkte auf Korsika auch eine Bedrohung der Seemacht von Pisa und Genua bedeuteten, vereinigten sich diese und vertrieben im 11. Jahrhundert die Sarazenen. Die korsische Flagge, ein Maurenkopf mit einer Augenbinde, die als Symbol der Befreiung auf die Stirn geschoben ist, erinnert an das Ende dieser Schrekkensherrschaft.

Papst Gregor VII. war um den Frieden in Korsika bemüht, und unter der Republik Pisa erlebte die Insel zwei Jahrhunderte relativen Friedens und Wohlstandes, der auch seinen

*Die torartigen Durchgänge im Bergdorf Lama konnten bei Überfällen durch Seeräuber rasch verbarrikadiert werden.*

Niederschlag in einer architektonischen Blütezeit findet. Überall auf der Insel entstanden romanische Kirchen und Kapellen. In der Seeschlacht bei Meloria im Jahr 1284 wurde Pisa von Genua besiegt. Die Insel fiel an die siegreichen Genuesen und blieb – von kurzen Zwischenspielen abgesehen – fünf Jahrhunderte unter deren Herrschaft. Die auffälligsten Bauwerke dieser Zeit sind die vielen runden Wachttürme entlang der gesamten Küste, die mächtigen Zitadellen und reizvollen Brücken. Stattliche barocke Kirchen entstanden im ganzen Land, und ausgedehnte Wälder von Edelkastanien wurden angepflanzt.

Im 18. Jahrhundert war Genua am Ende seiner Macht, und die Korsen begannen 40 Jahre um ihre Unabhängigkeit zu kämpfen. Der Korse Pasquale (Pascal) Paoli war der herausragende Führer des korsischen Widerstandes. Ihm gelang es, verfeindete Sippen auf der Insel zu einigen, er organisierte die Verwaltung und Gesetzgebung, gründete eine Universität in Corte und verbesserte die Landwirtschaft. In nur 17 Jahren führte er das Land zu Wohlstand und Unabhängigkeit. Aber 1768 war der jahrhundertealte Traum der Korsen von Unabhängigkeit zu Ende. Denn das schwache Genua verkaufte seine Rechte über Korsika an Frankreich. Paoli klagte, daß die „Korsen verkauft worden seien wie eine Hammelherde auf dem Markt“. Die verzweifelten Korsen warfen sich gegen die Franzosen in die Schlacht, aber der Übermacht waren sie nicht gewachsen.

Frankreich schaffte die korsische Sprache in den Schulen ab und ersetzte die korsischen Namen durch französische. Erst im letzten Jahrzehnt erhielten die Korsen gewisse Autonomierechte. Die korsische Sprache darf wieder unterrichtet werden, und die Ortstafeln sind zweisprachig. Trotzdem setzen einige Extremisten den Kampf für die Unabhängigkeit fort, französische Namen werden übersprüht, und der Ruf nach Freiheit ziert manchen Felsen am Straßenrand. Auf unzähligen Straßenschildern, Fels- und Häusermauern liest man die aufgesprühten Buchstaben FLNC, die für „Fronte di a Liberazione nazionale di a Corsica“ (Front für die nationale Befreiung Korsikas) stehen.

Seit über zwei Jahrhunderten gehört Korsika schon zu Frankreich, aber als Franzosen fühlen sich wohl nur wenige Korsen, auch wenn viele den Extremisten keine besondere Sympathie entgegenbringen. Die meisten haben zwar den jahrhundertealten Wunsch nach Selbständigkeit bis heute nicht aufgegeben, viele Korsen sehen aber ein, daß ein selbständiges Korsika heute kaum lebensfähig wäre.

*Die auf einem Bergrücken gelegene Kirche San Michele de Murato ist eines der schönsten romanischen Bauwerke der Insel.*

*Nur noch in entlegenen Bergdörfern tragen die Frauen die traditionellen schwarzen Kleider.*

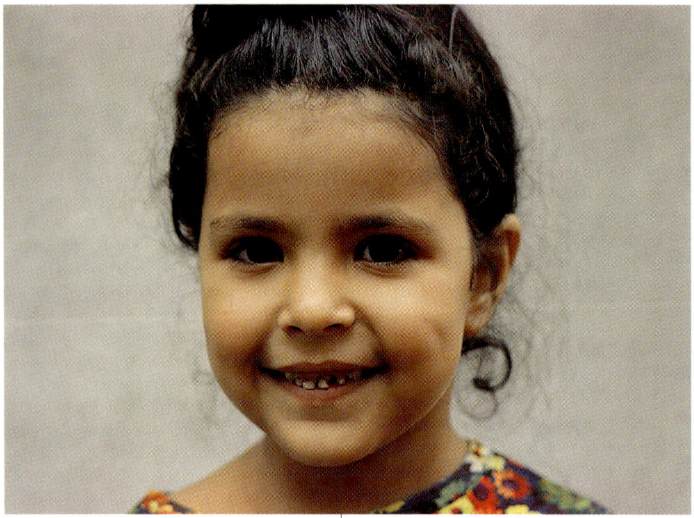

*Schulkind in Bonifacio.*

*Fischer flickt am alten Hafen von Bastia sein Netz.*

## Land und Leute

Korsika ist ein gebirgiges Land, und nur 14 Prozent der Fläche sind landwirtschaftlich nutzbar. Die größten Anbauflächen liegen auf dem ebenen Küstenstreifen der Ostküste. Wein, Zitrusfrüchte und verschiedenes anderes Obst werden hier angebaut. Die traditionelle Landwirtschaft der Korsen bestand in kleinräumiger Terrassenkultur. Überall an den Hängen rund um die Bergdörfer, wo genügend Feuchtigkeit vorhanden war, wurden die Hänge in mühevoller Kleinarbeit mit hohen Steinmauern terrassiert und alles Lebensnotwendige angebaut. Diese Art des Anbaues war ökologisch sehr sinnvoll, da der brachliegende Boden nicht durch Erosion abgeschwemmt werden konnte. Eine moderne gewinnorientierte Landwirtschaft mit geringem Einsatz von Arbeitszeit läßt sich auf diesen kleinen Terrassen kaum betreiben. Heute werden diese Terrassen nur noch sehr vereinzelt bebaut oder als Weideflächen genutzt. Die meisten Terrassen sind längst von Macchia überwuchert; Obst und Gemüse kaufen die Dorfbewohner von den fahrenden Händlern. Der größte Teil der Nahrungsmittel wird von Frankreich importiert.

Ein wesentlicher Erwerbszweig war und ist die Haltung von Schafen und Ziegen im Bergland. Seit Jahrtausenden ist in Korsika eine Wanderweidewirtschaft (Transhumanz) üblich. Im Winter weiden die Tiere in den Küstenregionen, im Spätfrühling werden sie ins Bergland getrieben. Auch halbwild lebende Schweine, die kaum eine Betreuung erfordern, sind überall in den Mittelgebirgen anzutreffen, und in geringerer Zahl streifen Kühe umher. Schaf- und Ziegenkäse und das wohlschmeckende Fleisch der halbwilden Schweine sind wichtige Ausfuhrprodukte, aber die Exporte decken nur rund ein Zehntel der Importe.

In diesem Land, das durch viele Jahrhunderte fremder Macht und Willkür ausgesetzt war, entwickelte sich ein eigenes Familienrecht. Richter war das Familienoberhaupt, und eine Beleidigung ungestraft zu lassen, galt als größte Schande. Dies führte auch zur Blutrache, die immer wieder neue Opfer forderte. Ein Korse, der zur Herstellung seiner persönlichen Ehre einen Mord begangen hatte, floh in die Macchia – verfolgt von der Familie des Ermordeten, die es als höchste Pflicht ansah, den Mörder zu stellen und zu töten. Wenn man den Mörder nicht stellen konnte, tötete man ein Mitglied aus dessen Familie. Solche Familienfeindschaften zogen oft eine blutige Spur durch ganze Generationen, wenn Versöhnungsversuche scheiterten. Das Leben der von der Vendetta (Blutrache) bedrohten Familien glich wohl einem Alptraum, viele wagten sich kaum mehr aus dem Haus.

*Nur noch wenige Fischer können heute vom dramatisch zurückgegangenen Fischbestand des Mittelmeeres leben.*

Die in die Macchia geflohenen Mörder wurden Banditen genannt. Sie wurden oft von Hirten mit Nahrung versorgt, und nachts konnten sie sogar in die Dörfer kommen. Die Banditen erhielten Unterstützung aus der Bevölkerung, da jeder Korse durch die Vendetta in die Lage kommen konnte, ein Bandit werden zu müssen. Heute gehören Vendetta und Banditentum der Vergangenheit an.
Der Tod und die Toten haben in Korsika einen ganz besonderen Stellenwert. Die Totenklagen für Verstorbene sind oft ergreifende Lieder, und die letzten Ruhestätten der Toten sind oft prunkvoller als die Häuser der Lebenden. Auch Korsen, die im Ausland leben, wollen meist in ihrer Heimat begraben werden. Auswanderer sparen oft ein Leben lang, um in ihrer Heimat eine würdige Grabstätte zu erhalten.
Die Leichtigkeit und Fröhlichkeit vieler Südeuropäer fehlt den meisten Korsen. Sie wirken ernster und verschlossener und gehen nicht so leicht aus sich heraus. Sie lieben es nicht, fotografiert zu werden. Aber sie freuen sich, wenn man ihr Land schön findet. Als ich einmal die verzierte Fassade eines Hauses fotografierte, forderte mich ein alter Mann auf, sich neben ihn auf die Stufen zu setzen. Wir plauderten ein wenig, und als ich wieder aufstand, wiederholte er mehrere Male „danke, danke". Noch heute regeln die Korsen ihre Angelegenheiten am liebsten allein. Als sich in einem Dorf Diebe anschickten, ein Auto aufzubrechen, holte ein Korse, der sie entdeckt hatte, sofort sein Gewehr. Die Diebe flohen in panischer Angst in die dornige Macchia, und zur Freude der Korsen verlor dabei einer seinen Schuh.
Nur rund 250.000 Menschen wohnen ständig auf Korsika. Davon sind aber nur etwa die Hälfte Korsen, den Rest bilden Festlandfranzosen und aus Algerien kommende französische Staatsbürger, die hier angesiedelt wurden, als die Franzosen ihre nordafrikanischen Kolonien aufgeben mußten. Viele Korsen finden in ihrer Heimat keine Arbeit und leben in Frankreich. Marseille wird scherzhaft die „größte Stadt Korsikas" genannt, denn hier leben mehr Korsen als in jeder korsischen Stadt. Aber in der Pension kehren sie zurück in ihre Heimat, und auch die Sommerferien verbringen sie fast immer auf ihrer Insel. Das Problem von Korsika ist, daß nur rund ein Drittel der Inselbewohner erwerbstätig ist. Man bemüht sich aber zunehmend, im Land selbst neue Erwerbsquellen zu schaffen. Dazu gehört auch ein Ausbau der Wanderwege mit Übernachtungsmöglichkeiten in den Bergdörfern.

*Das Bergdorf Soveria liegt in der Nähe von Corte auf einem Hügel und wird von den Felszacken der Aiguilles de Popolasca überragt.*

## Tips für Wanderer, Reisezeit, Kartenmaterial

### Wanderparadies

Korsika ist das Wanderparadies im Mittelmeer, und die Zahl der Bergsteiger und Wanderer nimmt von Jahr zu Jahr zu. Nur etwa ein Achtel der Inselfläche wird landwirtschaftlich genutzt, und größere Siedlungsgebiete liegen nur um Bastia und Ajaccio. Der überwiegende Teil der Insel ist einsames Bergland mit eingestreuten Bergdörfern und Bergerien (Almen). Ein Netz alter Hirten- und Maultierwege verband die Dörfer früher untereinander und mit den Küsten. Nach dem Ausbau des Straßennetzes gerieten diese einst mit viel Aufwand gebauten Wege zum größten Teil in Vergessenheit und wurden von der Macchia überwuchert. In den letzten Jahren hat man viele dieser jahrhundertealten Wege wieder instand gesetzt und gut markiert. Ein besonderer Reiz der Wanderungen auf Korsika ist, daß man in mehrtägigen Etappen die Insel von Meer zu Meer, von der Ost- zur Westküste oder umgekehrt durchqueren kann. Auf Cap Corse, dem nördlichsten Zipfel der Insel, ist so eine Querung sogar an einem Tag möglich.

Der berühmteste Weitwanderweg Korsikas ist der schon vor Jahrzehnten ausgebaute GR 20 (vgl. S. 191 ), der von Nordwesten nach Südosten die höchsten Gebirgsstöcke der Insel durchquert. Der GR 20 ist ein hochalpiner Steig, der eine hervorragende Kondition und Übung im Schleppen schwerer Rucksäcke erfordert, da größere Mengen Wasser und Proviant mitgetragen werden müssen. Da im Hochgebirge lange Schnee liegt, ist die Begehung dieses landschaftlich großartigen Weges nur von Juni bis September möglich.

Neben dem GR 20 wurde in den letzten Jahren eine ganze Reihe von Weitwanderwegen angelegt, die die Insel von Küste zu Küste auf verschiedenen Routen durchqueren und teilweise ganzjährig begehbar sind. Eine Übersicht der Weitwanderwege ist im Anhang (S. 190) zusammengestellt. Einige Gemeinden in landschaftlich besonders reizvollen Gegenden haben zusätzliche Wegenetze angelegt.

Die meisten Urlauber, die nach Korsika kommen, wollen nicht den ganzen Urlaub mit einem schweren Rucksack am Rücken die Insel durchqueren, sondern Wandern mit der Besichtigung von Städten und Kunstwerken verbinden sowie Badefreuden genießen. Für diese Urlaubsgäste ist das Buch in erster Linie bestimmt, das in 78 Wanderungen und Bergtouren (Halbtages- oder Tagestouren) durch die unterschiedlichsten Regionen der Insel leitet. Die Touren führen immer zum Ausgangspunkt zurück, die Zufahrten und Parkmöglichkeiten sind jeweils beschrieben. Küsten- und Hochgebirgswanderungen, Besteigungen der höchsten Gipfel, Besuche der schönsten Bergseen und Bergerien (Almen) und Streifzüge durch die reizvollen Bergdörfer zeigen uns die überraschende Vielfalt dieser Insel. Vormittags wandern, nachmittags Sehenswürdigkeiten besuchen oder am Strand faulenzen läßt sich meist gut kombinieren. Ein Teil der vorgeschlagenen Touren folgt landschaftlich besonders eindrucksvollen Abschnitten des GR 20 oder einzelnen Etappen der sechs Weitwanderwege „Tra Mare e Monti“ oder „Da Mare a Mare“ (s. S. 192).

## Wanderausrüstung

Für die meisten Wanderungen sind Trekking- oder Leichtbergschuhe mit guter Profilsohle ausreichend; für Hochgebirgswanderungen sind feste Bergschuhe erforderlich. Meist sind für Wanderungen kurze Hosen ideal, nur bei Touren durch die dornige Macchia sind lange reißfeste Hosen zu empfehlen. Im Gebirge und in den Übergangszeiten sollte man immer lange

*Im Weiler Popolasca bei Corte sind die alten turmartigen Häuser, die gut verteidigt werden konnten, erhalten geblieben.*

*Der Schopf-Lavendel (Lavendula stoechas) gedeiht auf trockenen felsigen Hängen und trägt bei zum unvergleichlichen Duft Korsikas.*

Hosen und warme Kleidung, Wind- und Regenschutz mithaben. Auch im Hochsommer kann es bei Gewittern empfindlich abkühlen, und Graupelschauer sind nicht selten. Mit starkem Wind oder Sturm auf den Bergkämmen muß man zu jeder Jahreszeit rechnen. Im Sommer sind Sonnencreme mit hohem Schutzfaktor und Kopfbedeckung unerläßlich. Am besten geeignet ist ein möglichst breitkrempiger Hut, der auch den Nacken beschattet.

Sehr wichtig ist es, stets ausreichend Flüssigkeit mitzunehmen, die man an Quellen immer wieder ergänzen kann. Flüssigkeitsmangel führt rasch zu einem erheblichen Leistungsverlust. Für Tagestouren im schattenlosen Gelände benötigt man im Hochsommer einige Liter Wasser. Bei längeren Touren sollte man auch ausreichend Proviant mitnehmen. Im Hochsommer und Frühherbst erhält man auf einigen Almen frischen Käse, aber in den Bergdörfern gibt es kaum eine Möglichkeit einzukaufen, da die Dörfer meist von rollenden Läden versorgt werden. Eine Miniapotheke gehört in jeden Rucksack.

## Bewertung der Schwierigkeit einer Tour

Die Schwierigkeitsbewertung einer Tour stellt vor allem in Wanderführern ein gewisses Problem dar. Ich möchte daher den gleichen Kompromiß wie bisher in meinen Büchern anbieten und die Touren in Wanderungen und Bergtouren einteilen. Um innerhalb dieser Gruppen doch eine gewisse Abstufung der Schwierigkeiten zu ermöglichen, habe ich mir erlaubt – sprachlich nicht ganz korrekt –, zwischen „leichten" und etwas anspruchsvolleren „unschwierigen" Touren zu unterscheiden. Außerdem wird im Tourenführer auf den Charakter der Tour hingewiesen.

**Wanderungen:**

Touren in leichtem Gelände, auf Wegen oder Steigen, mit Höhenunterschieden bis ca. 700 m.

**Bergtouren:**

Alpines, stellenweise felsiges Gelände, gelegentlich Block- und Schneefelder; oft gute Kondition und Orientierungssinn nötig, Höhenunterschiede von mehr als 700 m. Einige

Bergtouren weisen kurze Kletterstellen auf. Die Angabe des Schwierigkeitsgrades dieser Touren folgt der im alpinen Raum üblichen Bewertung der UIAA-Skala. (*Schwierigkeitsgrad I* bedeutet, daß es sich nicht mehr ausschließlich um Gehgelände handelt. Passagen mit leichtester Form der Felskletterei, die das Zuhilfenehmen der Hände, Trittsicherheit und Schwindelfreiheit erfordern, sind zu bewältigen. *Schwierigkeitsgrad II* erfordert Kletterkenntnisse.)

## Reisezeit und Wetter

**April und Mai:** Ende April beginnt die Blüte der Macchia in küstennahen südlichen Regionen, und Anfang Mai ist die Insel ein einziges Blütenmeer. In höheren Gebieten liegt bis Ende Mai Schnee, im Hochgebirge sogar oft bis in den Juni hinein, und die Blütezeit verschiebt sich je nach Höhenlage um einige Wochen. Wer in dieser Zeit durch das Land wandert, versteht, warum die alten Griechen Korsika den Beinamen „Caliste, die Schönste" gaben. Man kann in dieser idealen Wanderzeit allerdings nicht durchgehend mit wolkenlosem Schönwetter rechnen. Neben traumhaft schönem Frühlingswetter kann es durchaus sehr wechselhafte Wetterperioden mit Regen geben. Aber der Regen fällt meist nur im Gebirge, die Küsten sind wetterbegunstigt. Außerdem ist bei Durchzug einer Störung an der Leeseite das Wetter meist viel besser – oft sonnig aufgelockert. Es lohnt sich, in dieser Zeit etwas flexibel zu sein und Wetterinformationen (s. S. 36) einzuholen.

Die Flüsse Korsikas sind in dieser Jahreszeit ungebändigte Wildwasser, die oft in vielen Kaskaden zu Tal tosen, und eindrucksvolle Wasserfälle stürzen über Felsen. Die Wassertemperatur des Meeres beträgt im Mai rund 16 ° C, nur in flachen geschützten Sandbuchten ist das Wasser deutlich wärmer. Die Badetouristen fehlen noch, und es ist eine idyllisch ruhige Zeit auf der Insel.

**Juni, Juli und August:** In diesen Monaten kann man meist mit Schönwetter rechnen, nur im Gebirge gibt es auch in den Sommermonaten öfter Gewitter. Das Meer erwärmt sich auf

*Über dem Viru-Tal ragt die elegante Felspyramide der Paglia Orba auf – auch „Matterhorn Korsikas" genannt.*

*Der Kalk, aus dem das Riff bei Bonifacio besteht, ist so weich, daß man einzelne, von Wind und Wellen modellierte Gesteinsrippen mit der Hand abbrechen kann.*

20 bis 23 ° C und ab Mitte Juni sind die Touristenzentren überfüllt, die Straßen zu den beliebtesten Ausflugszielen manchmal verstopft und Parkplätze Mangelware. Abgesehen von diesen Zentren kann man auch in dieser Jahreszeit viele idyllische Plätze finden und kaum frequentierten Wanderwegen folgen.

Für Wanderungen im Mittelgebirge sind diese Monate in der Regel zu heiß. Wer nicht gerade das Naturell einer wechselwarmen Eidechse hat, die sich erst bei Temperaturen über 30 ° C wohl fühlt und immer flinker durch die Landschaft flitzt, je höher die Temperatur steigt, sollte in dieser Jahreszeit sehr früh aufbrechen. Denn vor allem an südseitigen Hängen kann es in der Macchia Backofentemperaturen geben. Wer im Mittelgebirge wandert, sollte eher Touren wählen, die überwiegend durch schattigen Wald führen, oder Küstenwanderungen, bei denen meist ein frischer Wind bläst. Ideal ist diese Jahreszeit für Touren im Hochgebirge, aber auch hier ist ein sehr zeitiger Aufbruch zu empfehlen, denn die Sonneneinstrahlung im Hochgebirge kann sehr intensiv sein.

Die Flüsse führen im Spätsommer und Herbst nur noch sehr geringe Wassermengen, und in den ausgewaschenen Felsbecken bilden sich je nach Gesteinsuntergrund leuchtend blaue oder grüne Gumpen, die zu einem erfrischenden Bad einladen.

**September und Oktober:** Der September ist ein idealer Wandermonat für alle Höhenlagen. Die Sommerhitze ist meist vorbei, aber das Meerwasser hat noch sommerliche Temperaturen. Man muß allerdings vor allem in der zweiten Septemberhälfte vermehrt mit Gewittern rechnen. Ab Mitte September wird es wieder ruhig auf Korsika, die meisten Urlauber haben die Insel bereits verlassen. Perioden mit Nord- oder Nordwestströmungen sind häufig und bescheren einmalig klare Tage.

Im Oktober sind Wanderungen im Mittelgebirge, vor allem durch die in goldenen Herbstfarben leuchtenden Buchen- und Kastanienwälder, besonders lohnend. Das Wetter kann allerdings um diese Jahreszeit schon recht unbeständig sein, und im Hochgebirge muß man mit Schnee rechnen.

**Wetterinformationen:** Wer französisch spricht, kann unter den Rufnummern 95 210 581 und 95 362 297 Informationen beim Wetteramt einholen. In Hotels läßt sich im Fernsehen (France 3) die Wettervorhersage verfolgen. Mit eigenen Fernsehern, die viele Camper mitführen, kann man keinen französischen Sender empfangen, da Frankreich ein anderes Empfangssystem verwendet. Eine detaillierte Wettervorhersage mit Symbolen, die auch ohne Französischkenntnisse gut zu verstehen ist, findet man in der Tageszeitung „Corse matin“, die auch in kleineren Orten in Supermärkten oder an Kiosken erhältlich ist.

## Kartenmaterial und Ortsnamen

Die Straßenkarte Michelin Nr. 90 (1:200.000) bietet eine ausgezeichnete Übersicht. Sehr zu empfehlen sind die vom „institut géographique national“ (ign) herausgegebenen Karten Nr. 73 und 74 (1 : 100.000) für die komplette Nord- bzw. Südhälfte der Insel. Zwei Wanderkarten

(Nr. 20 Corse Nord und Nr. 23 Corse Sud) im Maßstab 1 : 50.000 (Editions Didier Richard) decken im wesentlichen das Bergland im Inselinneren ab und enthalten viele Wanderwege. Sehr zu empfehlen sind die hervorragenden Wanderkarten im Maßstab 1 : 25.000 vom „institut géographique national“ (ign), die in Einzelblättern ganz Korsika abdecken. Viele neue Wanderwege, die auf Korsika in den letzten Jahren angelegt und markiert wurden, sind allerdings in den Karten noch nicht eingetragen. Im Buch und Tourenführer werden die einzelnen Karten wie folgt abgekürzt:

| | |
|---|---|
| ign Corse Nord, 1 : 100.000, Nr. 73 | ign 73 |
| ign Corse Sud, 1 : 100.000, Nr. 74 | ign 74 |
| Didier Richard, Corse du Nord, 1 : 50.000, Nr. 20 | DR 20 |
| Didier Richard, Corse du Sud, 1 : 50.000, Nr. 23 | DR 23 |
| ign 1 : 25.000, (vierstellige Zahl) OT (bzw. ET) | z. B. ign 4252 OT |

In Buchhandlungen der großen Städte Korsikas sind in der Regel alle Karten erhältlich. Die lokalen Karten werden auch in Supermärkten und an Souvenirkiosken angeboten. Gut sortiert ist die kartographische Abteilung bei freytag & berndt, Kohlmarkt 9, A-1010 Wien, Tel. 01/533 20 94.

Die französischen Ortsnamen auf Verkehrstafeln wurden in den letzten Jahren durch zweisprachige Tafeln (französisch/korsisch) ersetzt. Auf Straßenkarten sind in der Regel die französischen Namen angeführt, auf Wanderkarten und örtlichen Wegweisern der Wanderrouten finden sich oft nur die korsischen Namen. Zur besseren Orientierung werden im Buch und Führer die ortsüblichen Namen verwendet und nach Möglichkeit beide Namen angeführt. Oft unterscheidet sich der französische und korsische Name nur durch den Vokal am Wortende z. B. Niolo und Niolu. Eher selten werden für den gleichen Ort oder Begriff völlig verschiedene Namen verwendet (z. B. heißt „Paß“ auf französisch „Col“ auf korsisch „Bocca“). Zum besseren Verständnis wird oft der korsischen oder französischen Bezeichnung der deutsche Begriff vorangestellt – auch wenn das eine Wortwiederholung ist.

*Das Kalkriff, auf dem Bonifacio liegt, ist von der Brandung so unterspült, daß die äußersten Häuser bereits über dem Meer stehen.*

# Reiseinformationen von A bis Z

## Adressen und Telefonnummern

Auf Korsika gibt es keine deutschsprachigen **Konsulate**, zuständig sind in Marseille die diplomatischen Vertretungen für Österreich (Tel. 91 530 208), Deutschland (Tel. 91 776 090) und die Schweiz (Tel. 91 533 665).

**Auskünfte** erteilen folgende Fremdenverkehrsämter:

In Österreich das französische Fremdenverkehrsamt, Hilton Center, Landstraßer Hauptstraße 2a, A-1030 Wien, Tel. 01/757 062.

In Deutschland das französische Fremdenverkehrsamt, Westendstraße 47, D-60325 Frankfurt, Tel. 069/75 608 344.

In der Schweiz Maison de la France, Löwenstraße 59, CH-8023 Zürich, Tel. 0½ 213 578.

In Korsika „Fédération Régionale des Offices de Tourisme et Syndicats d'Initiative–1, place Foch, B. P. 21, F-20176 Ajaccio Cedex, Tel. 95 214 087/95 215 339.

Das „Service Randonnée" des Naturparks (Parc Naturel Régional de Corse, 2 rue Major-Lambroschini, B. P. 417-20184 Ajaccio Cedex 1, Tel. 0495 517910, Fax 0495 218817) übermittelt Informationsmaterial über die Weitwanderwege (s. S 190) und erteilt Auskunft über den Zustand der Wanderwege. Von Juni bis September unterhält die Parkbehörde außerdem Auskunftsstellen in Calvi (Tel. 95 651 667), Corte (Tel. 95 462 744), Porto-Vecchio (Tel. 95 705 078) und Zonza (Tel. 95 786 658).

## Anreise per Schiff

Vom italienischen und französischen Festland verkehren das ganze Jahr Fährschiffe nach Korsika (in der Hauptsaison mehrmals täglich). Die Fährlinien „Corsica Ferries", „NAV.AR.MA.-Lines" und „Corsica Maritima" verkehren von Genua, La Spezia und Livorno nach Bastia. Von Marseille, Nizza und Toulon fahren Schiffe der Linie „S.N.C.M.".

Vom italienischen Festland wird die Überfahrt von Livorno nach Bastia am meisten frequentiert und hat die größte Auswahl an Fähr-

verbindungen. Die normale Überfahrt dauert vier Stunden, „Expreß-Schiffe“ benötigen nur die halbe Zeit, aber das gemütliche Einstimmen in die Urlaubszeit im Liegestuhl an Deck wird der Geschwindigkeit geopfert. Man kann sich nur in Innenräumen aufhalten.

Die Preise der einzelnen Linien sind sehr ähnlich. Sehr erheblich (bis 100 Prozent) variieren dagegen die Preise zwischen der Neben- und Hauptsaison sowie verschiedenen Wochentagen. Es lohnt sich auf jeden Fall, sich in einem Reisebüro die Kataloge der Fährlinien zu besorgen und die Preise zu studieren. Bei gleichzeitiger Buchung der Hin- und Rückfahrt werden ebenfalls erhebliche Nachlässe gewährt, und meist kann man den Tag der Rückfahrt offenlassen. In der Hauptsaison (vor allem an Wochenenden) sollte man unbedingt rechtzeitig buchen. In der Nebensaison reicht es in der Regel, im Hafenbüro, das meist zwei Stunden vor Abfahrt der Fähre öffnet, ein Ticket zu kaufen. Bei Fährschiffen, die in der Früh abfahren, besteht oft die Möglichkeit, eine Kabine zu buchen und an Bord des im Hafen liegenden Schiffes zu schlafen.

Bei allen Autos, die die normale Höhe oder Länge eines Pkw überschreiten (Fahrräder oder Boot auf dem Dach, Camper, Wohnwagen etc.), muß man bei der Buchung genau die gesamte Länge und Höhe angeben, sonst kann man Schwierigkeiten beim Einschiffen haben.

## Anreise per Flugzeug

Von französischen Flughäfen wird Korsika täglich von „Air France“ und „Air Inter“ angeflogen, und die Fluggesellschaft „Kallistair“ bietet Flüge zwischen den einzelnen Flughäfen Korsikas an. Zu den größeren Flughäfen Korsikas in Ajaccio, Bastia und Calvi bieten in der Saison österreichische, deutsche und schweizerische Reiseveranstalter Flüge an, bei denen meist auch günstige Kombinationen mit einem Leihauto (Fly & Drive) gebucht werden können.

## Autovermietung

In allen größeren Städten Korsikas, beim Hafen und in den Flughäfen, besteht die Möglichkeit,

*Abendstimmung im Hafen von Bonifacio.*

ein Auto zu mieten. Neben den bekannten Gesellschaften wie Avis und Hertz gibt es zahlreiche lokale Anbieter.

## Busverbindungen

Zwischen den größeren Orten Korsikas gibt es an Wochentagen täglich Busververbindungen. Die Fahrpläne liegen bei den Fremdenverkehrsämtern auf.

## Camping

Korsika war schon immer eines der beliebtesten Reiseziele für Camper, die noch vor ein bis zwei Jahrzehnten in den schönsten Buchten wild kampierten. Der ständig zunehmende Tourismus und die starke Verschmutzung vieler idyllischer Plätze durch zurückgelassenen Müll führten zu einem Verbot für wildes Campen. In den letzten Jahren sind die Campingplätze auf der Insel wie Pilze aus dem Boden geschossen. Man findet ein reiches Angebot an Plätzen unterschiedlichster Größe und Ausstattung – nicht nur an den Küsten, sondern auch im Landesinneren.
In der Nebensaison haben viele Campingplätze geschlossen, und auf den geöffneten genießt man idyllische Ruhe. Im Juli und August sind die schönsten Plätze an der Küste oft ausgebucht, und wer länger auf einem Platz bleiben will, sollte vorbuchen. Michelin bringt einen Führer „Camping Caravaning France" heraus, der jährlich aktualisiert wird, und beim korsischen Fremdenverkehrsbüro (s. Adressen) ist die Broschüre „Camping - Caravaning - Villages de Vacances" erhältlich. In der Regel reicht es aber völlig, wenn man in einer Gegend, wo man bleiben will, auf die wiederholt angebrachten Hinweise auf Campingplätze am Straßenrand achtet.

## Eisenbahn

Korsika besitzt eine historische Schmalspurbahn, die Bastia mit Calvi und mit Ajaccio verbindet. Ein einmaliges Erlebnis ist vor allem die Strecke zwischen Corte und Ajaccio, eine Meisterleistung der Ingenieure des vorigen Jahrhunderts. Unter Felswänden, auf Viadukten über tiefe Schluchten, vorbei an malerischen Dörfern und durch Tunnels windet sich der Zug durchs Gebirge. Im Frühjahr fährt man durch ein Blütenmeer, im Hochsommer kann es ein recht heißes Vergnügen werden. Fahrpläne sind an den Bahnhöfen angeschlagen und in Fremdenverkehrsämtern erhältlich.

*Wachtturm am Hafen von Erbalunga. Unter genuesischer Herrschaft wurde ein Gürtel von Wachttürmen, die in Sichtweite zueinander standen, entlang der Küste errichtet.*

## Feiertage

1. Januar, Ostermontag, 1. Mai, 8. Mai, Christi Himmelfahrt, Pfingstmontag, 14. Juli, 15. August, 1. November, 11. November, 25. Dezember.

## Hütten

Unterkunft und Versorgung auf Hütten (Refuge, Gîtes d'étape) siehe Weitwanderwege, S. 190.

## Notruf-Tel. Nr.

Erste Hilfe / Krankenwagen 15, Feuerwehr 18, Polizei 17, Bergrettung 95 233 031.

## Radfahrer

Die abwechslungsreiche Landschaft Korsikas per Rad zu erkunden, vermittelt unvergeßliche Eindrücke. Allerdings erfordern Radtouren eine sehr gute Kondition, denn von der wenig empfehlenswerten Hauptstraße an der Ostküste abgesehen sind die Straßen der Insel durchwegs Bergstraßen mit vielen, oft sehr langen Steigungen. Die besten Jahreszeiten für Radtouren sind der Frühling oder Herbst, im Sommer reduzieren Hitze und starker Verkehr oft das Vergnügen. Einige besonders lohnende Strekken sind im Anhang (S. 193) aufgelistet.

## Sicherheit

In den Medien wird immer wieder von Attentaten und Morden auf Korsika berichtet. Man muß hier unterscheiden zwischen Zwistigkeiten innerhalb korsischer Gruppen und Familien, die gelegentlich zu einem Mord führen, und politisch motivierten Sprengstoffattentaten, die meines Wissens bisher noch kein Todesopfer gefordert haben. Extremistische korsische Gruppen betrachten den von Paris gesteuerten Verwaltungsapparat als „Kolonialverwaltung", und die Anschläge richten sich gegen Gebäude dieser Verwaltung (Präfektur, Gendarmerie etc.) und gegen Bauspekulanten, nicht jedoch gegen Urlauber. Mit Diebstählen muß man allerdings auch in Korsika rechnen.

## Sprache und Verständigung

Bis ins 19. Jahrhundert wurde die korsische Sprache nur mündlich überliefert, und bis heute rätselt man, ob sie ein lateinischer oder tos-

*Bild linke Seite:*
*Erstaunlich große Kirchen stehen oft in den kleinsten Bergdörfern. Typischer Kirchturm in Penta-di-Casinca.*

kanisch-pisanischer Dialekt ist. Amtssprache, die auch in den Schulen gelehrt wird, ist seit über zwei Jahrhunderten die französische Sprache, die alle Korsen beherrschen. In Informationsbüros wird immer englisch und meist auch italienisch gesprochen, deutsch relativ selten.

## Straßen und Verkehr

Die großen Städte sind durch gute Straßen verbunden. An der felsigen Westküste und im Landesinneren überwiegen schmale kurvenreiche Straßen, die für Wohn- oder Bootsanhänger kaum geeignet sind. Man muß immer damit rechnen, daß sich in der nächsten Kurve Schafe, Ziegen, Schweine oder Kühe auf der Fahrbahn aufhalten oder hier wiederkäuend ihre Mittagssiesta halten. Denn Straßen sind oft die einzigen ebenen Plätze in dem steilen Gelände. Besondere Vorsicht ist bei Fahrten in der Dämmerung geboten, da viele korsische Autofahrer das Licht erst einschalten, wenn es schon fast Nacht ist.
Die Verkehrszeichen auf Korsika entsprechen den mitteleuropäischen. Ungewohnt sind gebogene Markierungspfeile, die auf Hauptstraßen auf der durchbrochenen Mittellinie aufgemalt sind und in Fahrtrichtung gesehen nach rechts weisen. Sie signalisieren, daß ein Abschnitt mit Überholverbot kommt und man den Überholvorgang beenden muß. Die erlaubte Höchstgeschwindigkeit beträgt in Orten 50 km/h, auf Landstraßen 90 km/h. Autobahnen gibt es auf Korsika keine.

## Telefon

An den Küsten und in den Städten findet man fast nur noch Telefonzellen, die ausschließlich mit Telefonwertkarten zu bedienen sind. In entlegenen Bergregionen gibt es dagegen oft nur Münzfernsprecher. Telefonwertkarten sind in Tabakläden je nach Einheitswertkontingent in verschiedenen Preisklassen erhältlich. Mit einem Handy ist die Verbindung im Bereich der Hauptstraßen, in Orten und an den Küsten in der Regel sehr gut. In abgelegenen Bergregionen des Landesinneren ist oft keine Verbindung herzustellen.

## Unterkunft

Korsika gehört erfreulicherweise nicht zu den von Hotels zugepflasterten Mittelmeerinseln. Hotels findet man vor allem in größeren Städten und einigen Touristenzentren, sonst überwiegen „Auberges", kleine gemütliche Gasthöfe und Pensionen. Alljährlich nimmt auch das Angebot an Ferienhäusern und Ferienappartements zu, die meist mit viel Geschmack in die korsische Landschaft integriert sind. Entlang der Küste gibt es zahlreiche Feriendörfer mit Bungalows und Wohnwagen. Vereinzelt werden auch Privatquartiere angeboten, deren Adressen man bei örtlichen Fremdenverkehrsbüros erhält.

## Verpflegung

In den Fremdenverkehrsregionen, an den Küsten und in den Städten findet man ein reiches Angebot an Restaurants, Bars, Pizzerias und Cafés. Seit zunehmend Wanderer in die Bergdörfer kommen, entstehen auch hier kleine Bars oder Gasthöfe. An vielbesuchten Aussichtsplätzen, Ausgangspunkten zu beliebten Wanderungen und Küstenstraßen bieten in der Hauptsaison immer mehr Buvettes (kleine Jausenstationen) Getränke und oft typisch korsische Speisen an. In allen Städten und Touristenzentren gibt es Supermärkte, wo man auch ohne französische Sprachkenntnisse aus dem reichhaltigen Angebot wählen kann. In einigen Orten, die praktisch vom Tourismus leben, wie z. B. in Bonifacio, sind diese Märkte allerdings dezent am Ortsrand versteckt.

*Die malerische kleine Ficajola-Bucht bei Piana wird von rötlichen Felsen umrahmt und ist ein beliebter Badeplatz.*

*Der immergrüne Erdbeerbaum (Arbutus unedo) ist sehr häufig in der Macchia vertreten. Den Namen verdankt er dem Aussehen seiner Früchte.*

# CAP CORSE

## 1. Rundfahrt um das Cap Corse

Wie ein Riesenfinger weist die Halbinsel Cap Corse nach Norden. Sie ist ein Gebirgskamm in Miniaturausgabe; denn obwohl dieser Zipfel nur 40 km lang und 15 km breit ist, erreicht er im Monte Stello eine Höhe von 1307 m. Bei Wanderungen auf dem Rücken dieses Riesenfingers ist man von der unendlich scheinenden Weite des Meeres umgeben.

Das Cap Corse wurde im Zuge der alpinen Gebirgsbildung aufgefaltet und besteht aus einem bunten Gemisch verschiedener Schiefer. Die Westküste des Cap Corse fällt steil zum Meer ab, und nur wenige Dörfer kleben an den steilen Hängen oder auf Felsspornen. Die Ostküste ist etwas sanfter geneigt und durch einige Täler gegliedert, die bessere Anbaumöglichkeiten boten. An den Hängen dieser Täler liegen die Bergdörfer. An den Küsten hatte jedes Dorf früher seine „Marina“, einen kleinen, meist nur mit Lagerhäusern versehenen Hafen, denn das Wohnen an der Küste, wo durch Jahrhunderte Eroberer und Seeräuber einfielen, war viel zu gefährlich. Erst der zunehmende Tourismus ließ auch an der Küste kleine Orte entstehen.

Eine Rundfahrt ums Cap Corse ist eine gute Einstimmung für einen Urlaub auf Korsika. Die Straße, die sich von Bastia die Ostküste entlang nach Norden schlängelt, führt uns zunächst durch ausgedehnte Villenvierteln, die in den letzten Jahren am Rand von Bastia entstanden sind. Im kleinen Dorf Miomo steht am Strand ein gut erhaltener genuesischer Wachtturm. Einst säumten 32 runde Wachttürme als Schutz gegen Piratenüberfälle die Küsten des Cap Corse.

In Erbalunga steht der nächste halbverfallene Wachtturm und bildet mit den alten Häusern, die direkt am Meer auf grünlichem Schieferfelsen errichtet wurden, die malerische Kulisse des

kleinen Hafens. Berühmt ist die Prozession „La Cerca“, bei der am Karfreitag in einem 7 km langen Marsch bei allen Kirchen und Kapellen der Gemeinde Halt gemacht wird. Am Abend findet die berühmt gewordene Büßerprozession „La Granitola“ statt. Büßer in Mönchskutten und Kapuzen formen mit Fackeln die Figur einer Spirale, die in die Figur eines Kreuzes überleitet, sich auflöst und wieder neu gebildet wird – ein beeindruckendes Bild.
Lohnend ist ein Abstecher von der Marine de Sisco zum gleichnamigen Ort Sisco im Landesinneren, der sich aus mehreren, an den Hängen des fruchtbaren Tales verstreuten Weilern zusammensetzt. Sehenswert ist die Kirche San Martinu (Saint-Martin) und die oberhalb gelegene kleine Kapelle San Michele aus dem 11. Jahrhundert. Das dem Erzengel Michael geweihte kleine Gotteshaus steht auf einem erhöhten Platz einsam im Bergland und ist auf einem Fußweg in 20 Minuten zu erreichen.
Der kleine Ort Macinaggio scheint nur aus einem großen Jachthafen zu bestehen. Vor ein paar Dutzend Häusern ist eine ganze Armada von Jachten im Hafen vertäut. In Macinaggio verläßt die Straße die Ostküste, wendet sich ins Landesinnere und führt über den Col de la Serra zur Westküste. Ein reizvoller Wanderweg folgt der Küste weiter zur Nordspitze, und auch die alten Bergdörfer im Landesinneren werden im Rahmen von Wanderungen (Touren Nr. 3 bis 5) vorgestellt.
Durch dichtbewaldete Hänge windet sich die Straße von Macinaggio zum Paß Col de la Serra hinauf. Auf dem Paß ändert sich die Vegetation schlagartig. Während im Windschatten an der Ostseite hohe Bäume stehen, kämpft jenseits des Passes die vom Wind zusammengestutzte, niedrige Macchia ums Überleben. Die Wuchsrichtung der Sträucher zeigt unübersehbar, daß hier Westwinde vorherrschen. Auf dem Bergkamm neben dem Paß standen einst zahlreiche Windmühlen. Eine hat man wieder restauriert, die „Moulin Mattei“, benannt nach der Familie Mattei, die bekannte Liköre herstellt. Die Mühle ist vom Parkplatz am Paß in einer Viertelstunde zu Fuß zu erreichen und bietet eine einmalige Rundsicht.
Vom 365 m hohen Col de la Serra windet sich die Straße in vielen Kehren zur Westküste hin-

*Der kleine Ort Nonza an der steilen Westküste der Halbinsel Cap Corse wird überragt von einem alten pisanischen Wachtturm.*

*Die Krähenscharbe (Schopfkormoran) ist ein perfekter Taucher und an den felsigen Küsten häufig zu beobachten.*

ab. Sehr lohnend ist der kurze Abstecher zum malerischen Fischerhafen Centuri-Port, einem der reizvollsten Plätze Korsikas. Die alten schiefergedeckten Häuser umrahmen den winzigen Hafen, in dem noch heute Fischerboote liegen, auch wenn die Zahl der Langusten, die man hier aus dem Meer holt, stark abgenommen hat. Da es im Ort kaum Parkmöglichkeiten gibt, läßt man das Auto am besten gleich auf dem großen Parkplatz am Ortseingang stehen und bummelt durch den beschaulichen Hafen, der im Frühjahr von blühendem Ginster und Tamarisken umgeben ist. In den kleinen Restaurants am Kai werden hervorragende Fischgerichte und Mehlspeisen, z. B. mit Mangold und Rosinen gefüllte Krapfen, sogenannte „panzarotti", serviert.

Hoch über dem Meer schlängelt sich die Küstenstraße von hier nach Süden, und man erlebt das zweite Gesicht des Cap Corse – die steile Westflanke und oft sturmgepeitschte Küste. Nach jeder Kurve wechselt das Bild dieser wilden Küste. Nur an einigen Stellen leiten Straßen hinab zu Sand- oder Kiesstränden; Häfen konnte man hier nicht anlegen, nur Wachttürme schützten die Dörfer im Landesinneren. Bei der Einmündung der Straße vom Col de Santa Lucia (s. Tour Nr. 3) liegt der anmutige Ort Pino inmitten von schattenspendenden Platanen, Olivenbäumen und Eichen.

Der bedeutendste und zugleich malerischste Ort an der Westküste ist Nonza. Eng drängen sich die mit grauen Schieferplatten gedeckten Häuser zu Füßen eines viereckigen Wachtturmes, der auf einer Felskanzel 160 m über dem Meer liegt. Der mittelalterliche Ort beherbergt viele reizvolle Winkel, und zwischen den Häusern steht die barocke Kirche Sainte-Julie (Heilige Julia) aus dem 16. Jahrhundert. Im Inneren befindet sich ein Bild der heiligen Julia, einem Mädchen aus Nonza, das unter Kaiser Diokletian 303 n. Chr. den Märtyrertod starb. Da sie ihren Glauben trotz aller Foltern nicht aufgeben wollte, riß man ihr die Brüste ab und erwürgte sie. Die Legende erzählt, daß aus dem Felsen, auf den die Brüste geworfen wurden, zwei Quellen entsprangen, die lange Zeit als wundertätig galten und Nonza zu einem vielbesuchten Wallfahrtsort machten. Julia wurde die Schutzheilige Korsikas, und am 22. Mai findet ihr zu Ehren eine Prozession statt. In 54 Stufen können wir zum Julienbrunnen absteigen, und weitere 100 Stufen bringen uns über terrassierte Hänge hinab zum Strand aus dunklem Sand. Beim Abstieg sieht man die exponierte Lage des Turmes und Dorfes besonders deutlich.

Auch der Wachtturm ist über Stufen zu erreichen, und weit schweift der Blick vom Felsplateau zu seinen Füßen über die Küste. Ferdinand Gregorovius berichtet folgendes von dem Turm: Als die französischen Truppen den Wachtturm 1768 belagerten, krachte Geschütz- und Gewehrfeuer aus allen Schießscharten. Die Belagerer wollten unnützes Blutvergießen vermeiden und schickten einen Parlamentär, der Kapitän Casella aufforderte, sich mit seiner Mannschaft zu ergeben. Casella antwortete, daß er sich mit seinen Leuten beraten müsse, und verschwand. Nach einer Weile erschien er wieder und erklärte, die Besatzung des Turmes würde sich ergeben und abziehen, unter der Bedingung, daß die Franzosen ein Fuhrwerk bereitstellten, so daß man mit aller Bagage und in kriegerischen Ehren abziehen könne.

## Tour auf einen Blick

**Zufahrt:** Rundfahrt ums Cap Corse mit drei Kurzwanderungen und einer Bergtour.

**Wegverlauf:**

a) Sisco – Kapelle San Michele, 20 Min.

b) Col de la Serra – Windmühle Moulin Mattei, ¼ Std.

c) Nonza, Aufstieg zum Wachtturm und Abstieg zum Strand, ½ Std.

d) Nonza (150 m) – Kapelle Santa Maria (380 m), ¾ Std.; Santa Maria – Bocca di Santa Maria (1097 m), 1¾ Std.

**Leichte Kurzwanderungen; leichte Bergtour** (Bocca di Santa Maria).

**Karten:** ign 4347 OT, ign 73.

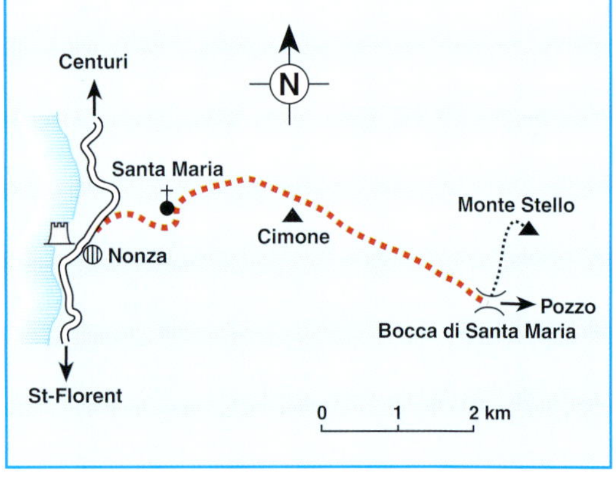

Die Franzosen erklärten sich einverstanden und stellten sich vor dem Turm auf, um die Besatzung zu empfangen. Aber heraus kam nur der alte Casella mit seiner Flinte, seinen Pistolen und einem Degen. Auf die Frage, warum seine Mannschaft noch zögere, antwortete er: „Ich bin die Mannschaft des Turmes von Nonza." Der französische Offizier wurde vor Scham wütend und wollte sich an Casella vergreifen. Doch der französische General eilte herbei, und als er den Zusammenhang der Dinge erfuhr, war er von Bewunderung hingerissen. Er schickte seinen Offizier in den Arrest und vollzog Punkt für Punkt alle Bedingungen, die Casella gestellt hatte.

**Wegbeschreibung:**

Die Rundfahrt um das Cap Corse bietet viele Gelegenheiten zu Kurzwanderungen. Von Sisco führt ein Weg in 20 Minuten zur einsamen romanischen Kapelle San Michele. Sehr lohnend sind die Abstecher vom Col de la Serra zur Windmühle „Moulin Mattei" (¼ Std.) und von Nonza hinauf zum Turm und hinab zum Strand (½ Std.). Vor allem im Frühjahr, wenn die Macchia blüht, sind Wanderungen von der Küstenstraße ins Landesinnere sehr reizvoll. Von Nonza führt ein orange markierter Weg landeinwärts durch Wald zur Kapelle Santa Maria (380 m, ¾ Std.) und weiter durch immer niedriger werdende Macchia mit zunehmend schöner Aussicht in die gleichnamige Scharte Bocca di Santa Maria (1097 m, 2½ Std.). Beim etwas südlicher gelegenen winzigen Hafen Negru beginnt ebenfalls ein orange markierter Weg, der die alte Brücke und Küstenstraße überquert und ins Landesinnere führt.

## 2. Küstenwanderung von Macinaggio zur Nordspitze

Macinaggio, der nördlichste Ort an der Ostküste, besitzt einen schönen Sandstrand, der sich früher großer Beliebtheit erfreute. Vermutlich wurde mit einem der vielen Segelboote, die den großen Jachthafen anlaufen, die Killeralge *Caulerpa taxifolia* eingeschleppt, die das Absterben der Seegraswiesen (s. S. 24) verursacht. 1998 war der Sandstrand meterhoch mit abge-

*Im Süden des Cap Corse, in Patrimonio, wird rund um die alte Kirche noch der hervorragende Wein dieser Region angebaut und von den Winzern verkauft.*

**Tour auf einen Blick**

**Zufahrt:** Nach Macinaggio an der Ostküste des Cap Corse.
**Wegverlauf:** Macinaggio (10 m) – Tamarone-Bucht (5 m), ½ Std.; Tamarone-Bucht – Kapelle Santa Maria – Sandbucht Cala Francese (2 m), 1 Std.
**Leichte Küstenwanderung.**
**Karten:** ign 4347 OT, ign 73.

storbenem und an Land gespültem Seegras bedeckt. Ungestörtes Badevergnügen bieten noch die nördlicheren Sandbuchten, die auf der vorgeschlagenen Küstenwanderung erreicht werden. Die Wanderung verläuft teils direkt an der Küste, teils durch niedrige Macchia an den Küstenhängen. Unterwegs hat man einen schönen Blick zu den vorgelagerten Finocchiarola-Inseln, deren Name sich vom wilden Fenchel *(Feoniculum vulgare)* ableitet. Früher benutzten die Hirten die Inseln, um die Schaf- und Ziegenböcke fernab der Herden unterzubringen. Seit 1987 sind die Inseln ein Vogelschutzgebiet, das zwischen 1. März und 31. August niemand betreten darf. Denn hier brütet die Korallenmöwe, eine der seltensten Möwenarten der Welt. Ihren Namen verdankt sie dem korallenroten, mit schwarzen Streifen versehenen Schnabel. Zum Unterschied von vielen anderen Möwenarten, die zur Not das Futter auch von Mülldeponien holen, sind die Korallenmöwen reine Fischfresser, die kaum jemals auf das Festland kommen und meist auf kleinen Inseln nisten. Ihre Hauptnahrung sind Sardinen, die früher um das Cap Corse sehr zahlreich waren. Das Problem der Korallenmöwe ist, daß einerseits der Sardinenbestand dramatisch abgenommen hat, andererseits die Fische viele Schadstoffe aus dem Meer aufnehmen und an die Vögel weitergeben. Dies führt dazu, daß die Eier der Möwen oft steril sind und kaum Nachwuchs heranwächst.

## Wegbeschreibung:

Das Auto läßt man am besten auf dem großen Parkplatz in Macinaggio stehen und folgt kurz der Hauptstraße, bis ein Fahrweg zu einem Campingplatz abzweigt. Auf diesem lehmigen Fahrweg erreichen wir in einer knappen halben Stunde die unter Naturschutz gestellte, reizvolle Tamarone-Bucht, einen beliebten Badeplatz mit zwei Jausenstationen. Bis hierher, an den Rand des Naturschutzgebietes, kann man auch auf dem recht holprigen Fahrweg, dessen Zustand sehr unterschiedlich sein kann, fahren. Von Tamarone führt ein gut bezeichneter Weg der Küste entlang in einer Dreiviertelstunde zur romanischen Kapelle Santa Maria aus dem 11. Jahrhundert.

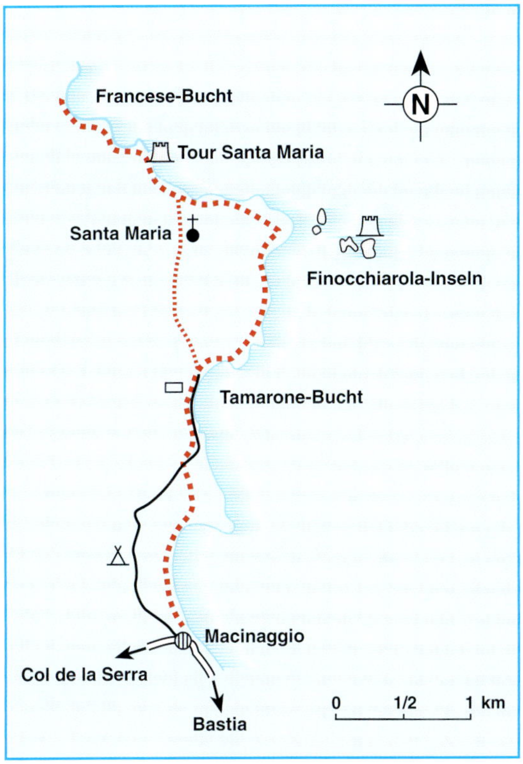

*Die Dünen-Trichternarzisse (Pancratium maritimum) öffnet im September in den Sandbuchten ihre aparten Blüten. Die Samen sind lange Zeit schwimmfähig und sorgen für ihre Verbreitung entlang der Küste.*

Vor uns erblicken wir den malerischen Wachtturm „Tour Santa Maria“, der auf einem Felsen mitten im Meer steht. Meerseitig ist er schon sehr benagt, nur die dem Land zugewandte Seite steht noch. Auch der Wachtturm auf den nahen Finocchiarola-Inseln hat schon einen tiefen Riß. Über 400 Jahre haben diese Türme den Unbilden der Witterung getrotzt, jetzt wären die noch vorhandenen Wachttürme dringend zu sanieren. Man sucht schon nach privaten Sponsoren, die so einen Turm erwerben möchten.

*Der kleine Hafen in Erbalunga an der Ostküste des Cap Corse ist einer der idyllischsten Plätze der Halbinsel.*

*Die Brandung des Meeres hat im Laufe der Jahrhunderte schon die Hälfte des Wachtturmes Tour Santa Maria weggerissen.*

Es lohnt sich, vom Turm noch 20 Minuten weiter zu gehen und die folgenden kleinen Buchten zu besuchen (rund 1½ Std. insgesamt). Am Rückweg kann man sich von der Kapelle landeinwärts wenden und auf dem alten „Zöllnerpfad" (Sentier des Douaniers) zu einer Anhöhe aufsteigen, wo sich ein schöner Blick zur Nordspitze des Kaps und zu den Finocchiarola-Inseln öffnet. Absteigend erreichen wir auf dem gut markierten Weg in einer halben Stunde wieder die Tamarone-Bucht.

Im Frühling wandern wir durch das Blütenmeer der Macchia, in dem weiße und rosa Zistrosen, gelber Ginster und die violett-weiße Baumheide dominieren. Die aparten, schön gezeichneten Blüten des Gefleckten Sandröschens setzen zarte Tupfer in den sandigen Boden. Aber auch im Herbst sind manche Blüten zu entdecken. In der Bucht von Tamarone blüht vereinzelt die sehr attraktive Strandlilie (Dünen-Trichternarzisse), und an der steinigen Küste öffnet der Meerfenchel seine zartgelben Blütendolden. Auch die stahlblaue bizarre Stranddistel ist ein robuster Küstenbewohner; Distel ist sie allerdings keine, sondern ein Doldenblütler im wehrhaften Dornenkleid, das dem Weidevieh den Appetit nimmt.

## 3. Vom Seneca-Turm zur Punta Rasiccia

Von Santa Severa an der Ostküste des Cap Corse führt eine Straße über den 381 m hohen Paß Col de Santa Lucia zur Westküste nach Pino. Die Auffahrt führt an typischen Dörfern und Weilern des Kaps vorbei. Hohe, meist aus Bruchsteinen errichtete Häuser mit Schieferdächern drängen sich wie schutzsuchend um die Kirche. Selbst der kleinste Weiler besitzt eine Kapelle oder Kirche, und auf dem Platz davor spielt sich das Dorfleben ab. Man sollte nicht versäumen, in kurzen Abstechern die typisch korsischen Dörfer Castello und Fieno zu besuchen.

Schon bei der Anfahrt zum Col de Santa Lucia mit der gleichnamigen Kapelle erblicken wir hoch oben auf einem Felsen den Seneca-Turm, ein beliebtes Ausflugsziel. Der Stoiker Seneca wurde nach Korsika verbannt, weil er die

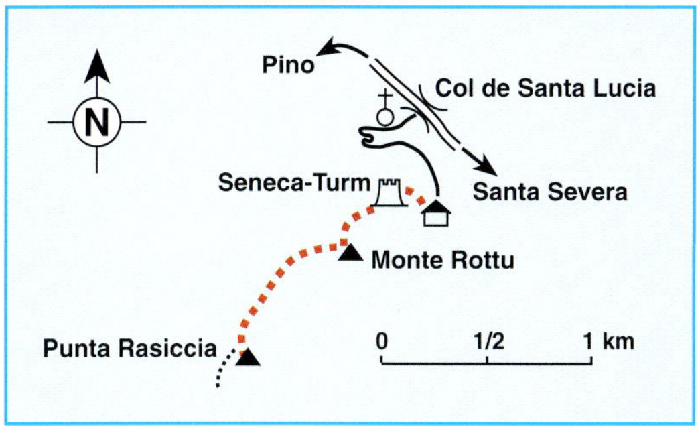


Nichte des Kaisers Claudius verführt hatte. Der Legende nach soll dieser Turm der Verbannungsort gewesen sein. Der heutige Wachtturm war es sicher nicht, denn Seneca lebte acht Jahre, von 41 bis 49 n. Chr., auf Korsika, und der Turm wurde erst rund 1500 Jahre später erbaut. Seneca ließ in einem Brief an seine Mutter kein gutes Haar an Korsika. „Wo kann man etwas so Nacktes, so auf allen Seiten Abgerissenes finden, als dieses Felseneiland? Wo ist eines, das, wenn man an Produkte denkt, unwirtlicher, wenn man auf die Menschen sieht, nüchterner, wenn man die Lage berücksichtigt, schauerlicher, oder wenn man auf das Klima sieht, unfreundlicher wäre?“ Vielleicht hat diese Schilderung dazu geführt, daß man Seneca in diesen abgeschiedenen Turm versetzte, denn sein wahrer Verbannungsort ist bis heute unbekannt. Die Korsen revanchierten sich für diese wenig schmeichelhafte Schilderung ihrer Insel. Die Legende weiß zu berichten, daß Seneca von einem korsischen Bauern bei einem Schäferstündchen mit einer Korsin überrascht wurde. Aufgebrachte Korsen peitschten ihn daraufhin mit Brennesseln aus, und eine Brennesselart, die hier wächst, erhielt den Namen des Philosophen: „Ortica di Seneca“.

## Wegbeschreibung:

Vom Col de Santa Lucia führt eine schmale Straße mit Ausweichen 1 km zu einem großen Parkplatz bei einem ehemaligen, heute leerstehenden Kinderheim hinauf. Man kann den Wagen auch am Paß bei der Kirche stehen lassen und auf der Straße 20 Minuten durch schönen Wald hinaufgehen. Vom Parkplatz führt ein breiter Weg teilweise wie ein Laubengang durch hohe Macchia zum Fuß des Felsens, auf dem der Turm steht. Einige Stufen leiten über Felsen zum Turm selbst, der hoch über teils senkrechten Felsabbrüchen thront (564 m, 20 Minuten). Der Blick schweift zur Ost- und Westküste und über die üppigen grünen Flanken des Bergkammes, an dessen Hängen die winzigen Dörfer und Weiler inmitten der großen Wälder fast verloren wirken.

*Der Seneca-Turm ist ein gern besuchter Aussichtsplatz und Ausgangspunkt für eine längere Wanderung.*

Vom Turm leitet ein markierter Steig erst durch hohe, dann durch immer niedriger werdende Macchia, die den Blick freigibt, hinauf zum Bergkamm. Wer nur einen kurzen Abstecher plant, kann sich mit dem Felsgupf des Monte Rottu (650 m, ¼ Std.) begnügen, der einen umfassenden Blick zur Ostküste bietet. Sehr lohnend ist es, dem Weg weiter zu folgen, bis auch die Westküste mit dem Dorf Pino ins Blickfeld rückt. Vorbei an bizarr geformten Felsgestalten (Tafoni), die an ein Seepferdchen und einen Schafskopf erinnern, folgen wir dem Weg ansteigend, bis er unter dem Kamm des mit einzelnen Felsaufsätzen garnierten, langgestreckten Rückens der Punta Rasiccia (717 m, ¾ Std. ab Turm) quert. Nun gehen wir weglos über die nur noch Polsterhöhe erreichende Macchia in wenigen Minuten zum Kamm hinauf und erleben ein einmaliges Panorama (1½ Std. ab Col de Santa Lucia).

## Tour auf einen Blick

**Zufahrt:** Von Santa Severa zum Col de Santa Lucia (381 m) und Parkplatz unter dem Seneca-Turm.
**Wegverlauf:** Parkplatz (ca. 450 m) – Seneca-Turm (564 m), 20 Min. (40 Min. ab Col de Santa Lucia); Seneca-Turm – Punta Rasiccia (717 m), ¾ Std.
**Leichte Wanderung.**
**Karten:** ign 4347 OT, ign 73.

## 4. Auf einsamen Pfaden zum Monte Sant'Angelo

Ausgangspunkt für diese Tour ist das einsame Dorf Carbonacce, das über den Ort Piazza zu erreichen ist. Piazza liegt an der Straße, die von Santa Severa an der Ostküste zum Col de Santa Lucia hinaufzieht. Es ist eine Wanderung, bei der man kaum einem Menschen begegnen wird – eine Einsamkeit, die in Mitteleuropa selten geworden ist. Nur Weidevieh trifft man vereinzelt, im Frühjahr vor allem Kühe mit ihren Kälbern. Liebevoll werden die Kälber von ihren Müttern umsorgt, das Fell immer wieder abgeschleckt, und in der Mittagshitze führt sie die Mutter zu schattigen Plätzen. Als Kuh sollte man in Korsika geboren werden, auch wenn das Futter im Sommer knapp wird und oft gerade zum Überleben ausreicht. Wie arm sind dagegen die meisten Kälber in Europa, die ihre Mutter nie kennenlernen und oft schon wenige Tage nach ihrer Geburt bis zu ihrem Lebensende an einer kurzen Kette hängen.

Im Frühjahr ist diese Wanderung am schönsten, da Zistrosen weiß und leuchtendrot in Blüte stehen und auch Schopflavendel und Ginster blühen. An feuchteren, schattigeren Plätzen leuchten die weißen Glöckchen des Dreikantlauches und die aparten Blüten der Alpenveilchen, die auf Korsika in zwei Arten vorkommen. Das Geschweiftblättrige Alpenveilchen blüht im Frühjahr und schiebt seine schön gezeichneten Blätter schon vor den Blüten hervor, während das Neapolitanische Alpenveilchen im Herbst zuerst die violetten Blüten entfaltet und dann die Blätter nachschiebt. Die Schopfige Traubenhyazinthe und verschiedene Orchideen setzen leuchtende Farbtupfer zwischen die niedrigen Büsche.

### Wegbeschreibung:

Von Piazza fahren wir bis knapp vor das Dorf Carbonacce, wo bei einer Grabkapelle ein Fahrweg abzweigt, der vorbei an den Ruinen eines Klosters zum Berghang hinaufzieht. Die Fahrwege, denen wir zunächst folgen, sind errichtet worden, da man an einigen Stellen die Macchia gerodet und Kulturen von Lavendel angelegt hat, die ganze Hänge blau färben. Ein

### Tour auf einen Blick

**Zufahrt:** Von Santa Severa über Piazza nach Carbonacce.
**Wegverlauf:** Carbonacce (295 m) – Monte Sant'Angelo (853 m), 1¾ Std.
**Leichte Wanderung.**
**Karten:** ign 4347 OT, ign 73.

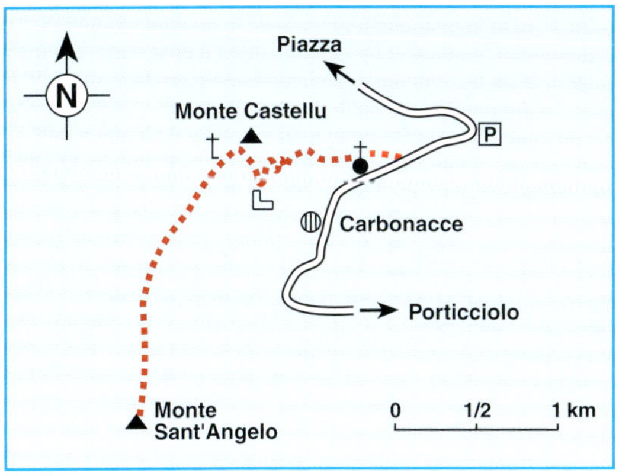


Fahrweg bringt uns auf den Bergkamm und quert jenseits unter dem Hang, bis ein Steig zum felsigen Gipfel des Monte Sant'Angelo (853 m, 1¾ Std.) hinaufzieht. Der Berg ist ein selten schöner Rastplatz mit weitem Blick zur Ostküste, und an sehr klaren Tagen erkennt man am Horizont sogar das italienische Festland.

Als weitere einsame Wanderung auf den Bergrücken des Cap Corse bietet sich der gut markierte Weg an, der, von der Ostküste kommend, 1 km unterhalb des Col de Santa Lucia in einer Straßenkehre abzweigt und in einer halben Stunde in den Sattel Bocca di a Filetta und in einer Stunde nördlich auf den Gipfel der Punta di Gulfidoni leitet.

## 5. Von Lavasina an der Ostküste zum Bergdorf Pozzo

Wer heute durch das Cap Corse fährt oder wandert, erblickt fast überall dichte Vegetation, die teils aus urwaldähnlichem Wald, teils aus unterschiedlich hoher Macchia gebildet wird – ein grünes Meer in allen Schattierungen. Wenn man zu Fuß unterwegs ist, bemerkt man, daß ein Teil dieser Hänge von Terrassen bedeckt ist, die einst mit viel Mühe angelegt wurden. Man schichtete im steilen Gelände, wo genügend Feuchtigkeit vorhanden war, Steinmauern auf und füllte die Mulde dahinter mit Erde auf, die mühsam in Buckelkörben oder mit Eseln herbeigeschafft wurde. Auf den so entstandenen schmalen Terrassen wurden Gemüse, Obst, Oliven, Getreide und der einst be-

*Die Schieferdächer der alten Häuser auf Cap Corse fügen sich harmonisch in die Landschaft.*

### Tour auf einen Blick

**Zufahrt:** Nach Lavasina (Ostküste Cap Corse).
**Wegverlauf:** Lavasina (10 m) – Pozzo (277 m), ¾ Std.; Pozzo – Bocca di Santa Maria (1097 m), 2½ Std. **Leichte Wanderung;** Bocca di Santa Maria **leichte Bergtour.**
**Karten:** ign 4347 OT + 4348 OT, ign 73.

Genuesischer Wachtturm in Miomo. Die Besatzung der Türme warnte einst die Bevölkerung durch Feuer- und Rauchzeichen vor Piratenüberfällen.

rühmte Wein des Cap Corse angebaut. Heute sind die meisten dieser alten Terrassen von Macchia überwuchert und werden nur noch vereinzelt für kleine Gemüsegärten genutzt.

Ein guter Einblick in diese alte Kulturlandschaft bietet sich, wenn wir von der Ostküste in Lavasina auf alten Maultierwegen zu den hoch über der Küste gelegenen Bergdörfern gehen. Jedem Wanderer und Autofahrer werden die vielen Grabkapellen auffallen, die an den Weg- und Straßenrändern stehen. In Korsika ist es üblich, die Toten in eigenen Familiengräbern zu bestatten, die meist oberirdisch errichtet werden. Es sind größere oder kleinere kapel-

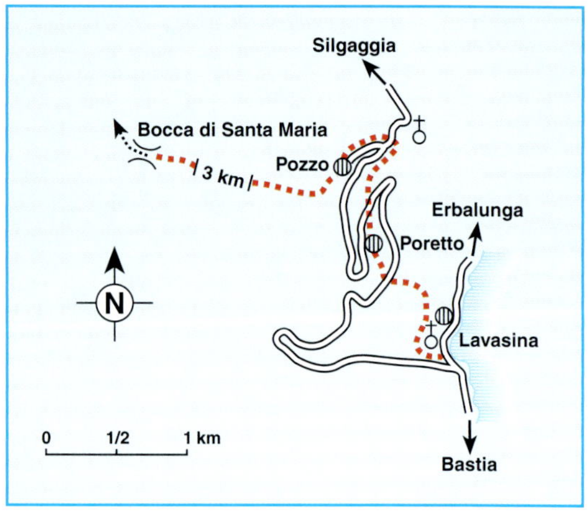


lenähnliche Gebäude, die mehrere Kojen zum Einschieben der Särge haben. Während die Außenfassade der korsischen Häuser meist schmucklos ist, sind diese Grabkapellen oft reichverziert und mit Blumen geschmückt.

**Wegbeschreibung:**

Unser gut markierter Wanderweg beginnt direkt bei der großen Kirche in Lavasina (s. Tour Nr. 6) an der Ostküste des Cap Corse. Steil zieht der alte, von Steinmauern gesäumte Weg hinauf. Auf beiden Seiten des Weges liegen meist nicht mehr bewirtschaftete Terrassen, auf denen sich im Frühjahr ein üppiges Blütenmeer mit vielen Orchideen ausbreitet. Durch Olivenhaine, vorbei an alten Steinhütten und Grabkapellen erreichen wir das in den steilen Hang gebaute Dorf Poretto. Wir wandern durch die engen Gassen vorbei an der Kirche und dem alten, gedeckten Waschplatz hinauf zur großen Kirche beim Kloster „Convento di Cappocini", das inmitten uralter prächtiger Steineichen liegt. Kurz vor dem kleinem Dorf Pozzo treffen wir auf die Straße und stehen bald auf dem hübschen Dorfplatz, einem prächtigen Aussichtsbalkon über der Ostküste (277 m, ¾ Std.). Die Wanderung läßt sich beliebig ausdehnen, denn von Pozzo zieht der markierte Weg hinauf zum 1097 m hohen Paß Bocca di Santa Maria (2½ Std.) und von hier hinab nach Nonza an die Westküste (ca. 6 Std. insgesamt).

## 6. Monte Stello – Berg im Meer

Mit einer Höhe von 1307 m ist der Monte Stello das Dach der Halbinsel Cap Corse und bietet eine einmalige Aussicht. Wer den Aufstieg an einem klaren Tag unternimmt, wird mit einem einzigartigen Panorama belohnt. Man überblickt die gesamte von Meer um-

*Der farbenprächtige Bienenfresser gräbt metertiefe Bruthöhlen in geeignete Hänge.*

schlossene Halbinsel, die Inseln im Tyrrhenischen Meer und oft sogar das italienische Festland. Stürmischer Westwind beschert meist besonders klare Tage, aber der Monte Stello trägt dann oft eine Sturmhaube, und man kann auf dem Kamm kaum aufrecht stehen. Atemberaubend ist an solchen Tagen der Blick über das Meer an der Ostküste. Der Wind stürzt vom exponierten Bergkamm des Cap Corse hinab zum Meer und reißt das Wasser der Wellenkämme mit sich fort, so daß eine feine Gischt über der Meeresoberfläche entsteht, die das Meer weiß färbt.

Wer zufällig am 8. September den Monte Stello besteigt, sollte sich die Prozession, die abends mit Fackeln über den Strand des Küstenortes Lavasina zieht, nicht entgehen lassen. In der großen Kirche Notre-Dame-des-Grâces hängt über dem monumentalen Altar aus weißem und schwarzem Marmor das dunkle Bild der „Madonna von Lavasina", das der italienische Meister Perugino im 16. Jahrhundert geschaffen haben soll. Dem Bild werden wundertätige Kräfte zugeschrieben, und Pilger aus ganz Korsika nehmen an der Prozession teil.

## Wegbeschreibung:

Bei Lavasina zweigt eine Straße hinauf zum Bergdorf Pozzo ab; am Ortseingang hat man in einem Olivenhain einen Parkplatz angelegt. Wir wandern durch das Dorf mit dem reizvollen Dorfplatz, der eine Sandfläche für das beliebte Boulespiel mit den Stahlkugeln und einen kleinen Gasthof besitzt. Über die Schieferdächer der Häuser schweift der Blick hinunter zur Ostküste bis Bastia. Hinter dem Ort folgt die markierte Route dem von Steinmauern gesäumten alten Maultierpfad durch Macchia aufwärts. Die Sträucher der Macchia werden mit zunehmender Höhe immer niedriger und das Panorama immer umfassender. Nach rund zwei Stunden kommen wir an der verfallenen Steinhütte der Bergerie de Teghime vorbei, und nach 2½ Stunden haben wir den Paß Bocca di Santa Maria (1097 m) erreicht, von wo der Weg über die gleichnamige Kapelle nach Nonza an die Westküste hinabzieht. Wir wenden uns hier nach Norden, queren ansteigend durch die Westflanke des Monte Stello und ersteigen schließlich von Norden den aussichtsreichen Gipfel (1307 m, 3 Std.).

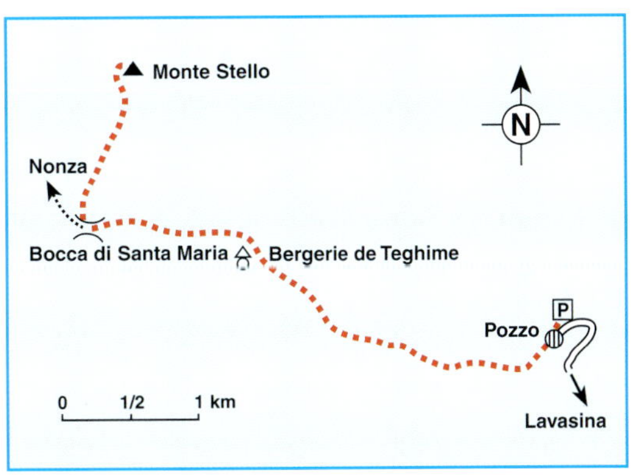


### Tour auf einen Blick

**Zufahrt:** Von Lavasina nach Pozzo.

**Wegverlauf:** Pozzo (277 m) – Bocca di Santa Maria (1097 m) – Monte Stello (1307 m), 3 Std.

**Leichte Bergtour.**

**Karten:** ign 4347 OT + 4348 OT, ign 73.

# NORDWESTKÜSTE – SAINT-FLORENT BIS CALVI

## 7. Reizvolles Hafenstädtchen Saint-Florent im fruchtbaren Nebbio

Saint-Florent (San Fiurenzu) liegt am gleichnamigen großen Golf, besitzt einen großen Jachthafen und hat sich zu einem beliebten Ferienort entwickelt, denn die geschützte Bucht mit langen Sandstränden ist für Wassersport bestens geeignet. Die liebenswerte Kleinstadt mit ihren verwinkelten Gassen und alten Häusern ist in den Sommermonaten von pulsierendem Leben erfüllt. Man flaniert am Hafenkai oder sitzt in einem der gemütlichen Restaurants, Bars, Cafés oder Weinstuben am Hafen. Die Stadt war einst römischer Handelsplatz sowie mittelalterlicher Bischofssitz, und 1439 wurde unter genuesischer Herrschaft auf einem Felsvorsprung eine große Zitadelle errichtet, die ein bedeutender Stützpunkt der Kriegs- und Handelsflotte wurde. Von der Zitadelle hat man einen schönen Blick hinab auf die alten Häuser, die teilweise direkt am Wasser stehen.

Östlich von Saint-Florent (in Kürze auf der Straße D 238 zu erreichen) steht die romanische Kirche Santa Maria Assunta, einst Kathedrale des Nebbio, die Mitte des 12. Jahrhunderts erbaut wurde und sehr an die Kathedrale La Canonica an der Ostküste erinnert. Sie ist aus weißem Kalkstein gemauert und besticht vor allem durch ihre Schlichtheit und schönen Proportionen.

Saint-Florent ist eingebettet in eine fruchtbare Landschaft, die den Ort wie ein Amphitheater umschließt – von der Ebene über Hügel bis

**Tour auf einen Blick**

**Beschreibung** von Saint-Florent und Umgebung.

zum Bergkamm ansteigend. Pasquale Paoli nannte dieses Land, das Nebbio (Nebbiu), eine „Conca d'Oru", eine Goldmuschel. Wer von Bastia über den aussichtsreichen Paß Col de Teghime zur Westküste fährt, durchquert auf der Straße D 81 die liebliche Hügellandschaft mit den jahrhundertealten Weingärten bei Patrimonio. In Familienbetrieben wird hervorragender Wein produziert, den man vor dem Kauf bei den Winzern kosten kann. Rund um die aus Schiefer erbaute, typisch korsische Kirche findet man die kleinen Weinkeller. Bei der Weiterfahrt nach Saint-Florent erblickt man plötzlich neben der Straße weißes Kalkgestein, das viele Fossilien enthält und eine eigene Flora bedingt. Hier fand man auch die einzige Menhir-Statue aus Kalkstein, die in der Nähe der Kirche von Patrimonio aufgestellt wurde. Im Vorfrühling blühen die Scheinkrokusse der Gattung *Romulea,* und im Mai leuchten in den sumpfigen Wiesen unzählige kleine Nelken, von den Korsen „Himmelsröschen" genannt.

Viele freundliche Bergdörfer liegen verstreut auf den Berghängen. Eines der meistbesuchten Dörfer ist Murato, denn auf einem Bergrücken am Ortsrand steht die malerische kleine Kirche San Michele de Murato. Die Erbauer haben für das Mauerwerk bläulich-grünen Serpentin und weißen Kalkstein verwendet, und dieses Wechselspiel der Farben verleiht der romanischen, im Jahr 1280 errichteten Kirche einen

*Das reizvolle Hafenstädtchen Saint-Florent mit der alten Zitadelle bietet Badevergnügen und schöne Wanderungen.*

*Die Wespen-Ragwurz (Ophrys tenthredinifera) lockt zur Bestäubung Wespenmännchen an, indem sie den Hinterleib weiblicher Wespen imitiert und deren typischen Duft verströmt.*

ganz besonderen Reiz (Abb. S. 29). Vielfältige Skulpturen, Tier- und Pflanzenmotive und menschliche Figuren schmücken die Außenwände. Die Kirche ist in einem kurzen Abstecher zu erreichen, wenn man südlich von Bastia über den Col de San Stefano, der einen weiten Blick über das Nebbio bietet, auf der breit ausgebauten Straße D 82 nach Saint-Florent fährt. Ein Blütenwunder überzieht im Mai die vielen Weideflächen zu Füßen des Passes; sie leuchten schneeweiß von unzähligen Blütensternen des vom Weidevieh gemiedenen Affodill.

## 8. Küstenwanderung bei Saint-Florent

Westlich von Saint-Florent liegt ein plateauartiges Bergland, das von 200 bis 400 m hohen Bergkuppen überragt wird. „Désert des Agriates" (Agriates-Wüste) wird diese 160 km² große unbesiedelte Halbinsel genannt. Unter einer Wüste stellt man sich eine weitgehend vegetationslose Landschaft vor, aber diese Wüste ist im Frühjahr ein einziges Blütenmeer. Früher baute man hier Getreide an, und das Land bot reichlich Nahrung für Weidevieh. Aber durch den Ackerbau und die Überweidung war der Boden oft ohne schützende Pflanzendecke. Regengüsse spülten im Laufe der Zeit die dünne Humusdecke weg, und Winde verfrachteten im Sommer den Erdstaub. Das Land, einst Kornkammer der Balagne, konnte nicht mehr genutzt werden und wurde Wüste genannt.

Aber inzwischen haben viele Pflanzen, vor allem Zistrosen, Schopflavendel, Ginster, Orchideen (Kleinblütiger und Verkannter Zungenstendel) und Affodill diese menschenleere Halbinsel, die Désert des Agriates, besiedelt. Bevor Bauspekulanten auf die Idee kamen, den schönen Küstensaum dieser Halbinsel zu verbauen, hat die Regierung vorbildlicherweise den meisten Grund gekauft und zum Naturschutzgebiet erklärt. Ein Wanderweg durchquert die ganze Désert des Agriates von Saint-Florent bis zur Mündung des Ostriconi. Die gesamte Tour dauert knapp 15 Stunden, aber es gibt zwei Zwischenstationen, wo man bei Reservierung nächtigen kann. Ich möchte Ihnen

zwei Tagestouren von den jeweiligen Endpunkten der Route, Saint-Florent und Ostriconi-Mündung (Tour Nr. 9), vorschlagen.

## Wegbeschreibung:

An der Westseite der Bucht von Saint-Florent führt eine Straße vorbei an großen Campingplätzen zu einem schönen Sandstrand mit Parkmöglichkeit (zu Fuß von Saint-Florent ½ Std.). Die erste halbe Stunde wandern wir mit schönem Blick auf Saint-Florent auf einem Fahrweg im Hinterland, denn an der Küste stehen einige Villen mit weitläufig eingezäunten Grundstücken. Dann beginnt bei der Fornali-Bucht (Anse de Fornali) ein wunderschöner Küstenweg – vorbei an zauberhaften Fels- und Sandbuchten, deren Wasser in Abhängigkeit von den Gesteinen des Meeresbodens hell- oder dunkelblau leuchtet. Die Länge der Wanderung kann man beliebig wählen. In 1¾ Stunden erreichen wir den Sandstrand bei der Mündung des Flusses Santu und nach einer weiteren ¾ Stunde den Leuchtturm auf der Punta Mortella. Sehr konditionsstarke Wanderer können auch noch weitere 2½ Stunden zum schönen Strand von Saleccia marschieren. Am schönsten ist die Wanderung im Mai, wenn ein Meer von Blüten den Weg säumt. Besonders faszinierend sind die bizarren Blüten der verschiedenen Zungenstendel-Orchideen. Das oft mehrere Meter hohe Rutenkraut setzt mit seinen intensiv gelben Blütendolden einen reizvollen Kontrast zum Blau des Meeres. Ab Juni kann man die Wanderung mit Badevergnügen in den einsamen Sandbuchten kombinieren.

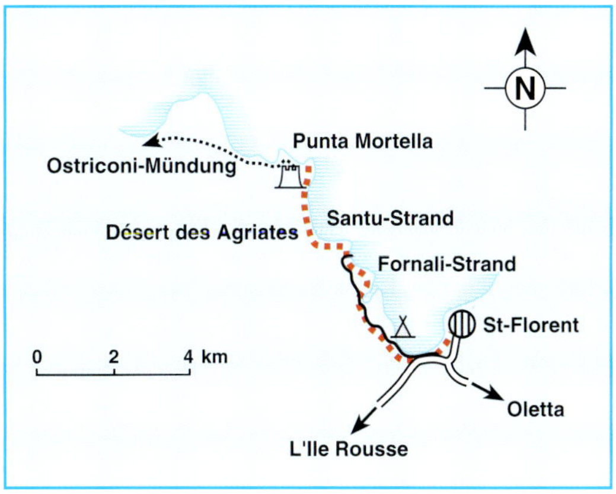


### Tour auf einen Blick

**Zufahrt:** Nach Saint-Florent.
**Wegverlauf:** Saint-Florent (10 m) – Fornali-Strand – Santu-Strand – Punta Mortella (20 m), 3 Std.
**Leichte Küstenwanderung.**
**Karten:** ign 4348 OT, ign 73.

*Eine Küstenwanderung von Saint-Florent führt vorbei an malerischen Sandbuchten zum Leuchtturm auf der Punta Mortella. Anfang Mai begleitet uns ein Blütenmeer.*

**Tour auf einen Blick**

**Zufahrt:** Nach Ogliastro an der Ostriconi-Mündung.
**Wegverlauf:** Ostriconi-Mündung (10 m) – Bocca d'Affacadojo (ca. 130 m), 1½ Std.; Bocca d'Affacadojo – Terricie (ca. 130 m), ¾ Std. (Bucht Ghignu insgesamt 6½ Std.).
**Leichte Küstenwanderung.**
**Karten:** ign 4249 OT, ign 73.

*Bei der Wanderung durch das Naturschutzgebiet der Agriates-Wüste schweift der Blick von der Bocca d'Affacadojo zu den höchsten Bergen der Insel.*

# 9. Durch das Naturschutzgebiet der Agriates-Wüste

Der Fluß Ostriconi hat ein fruchtbares Schwemmland geschaffen, und in seinem Mündungsgbiet ist eine sehr reizvolle Dünenlandschaft entstanden. Einen schönen Blick über das Delta mit seiner weiten Sandbucht und die angrenzende Hügellandschaft der Désert des Agriates hat man von der Straße N 197, von der auch ein schmaler steiler Steig zur Bucht hinabführt. (Die im Bau befindliche Schnellstraße verläuft nicht mehr am Rand der Ostriconi-Bucht). Vom Flußdelta führt eine sehr reizvolle, knapp 15stündige Wanderung durch die unbewohnte, unter Naturschutz gestellte Désert des Agriates bis Saint-Florent. Im vorhergehenden Kapitel wurde der erste Teil

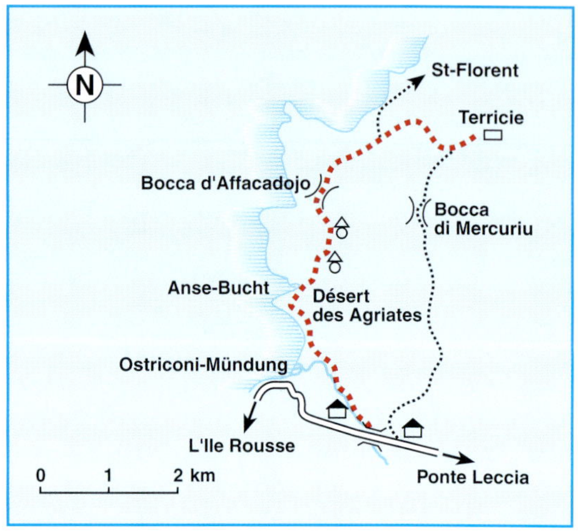


dieses Weges von Saint-Florent aus vorgestellt, hier wird eine Wanderung in die entgegengesetzte Richtung beschrieben.

Im Flußdelta sind viele Vögel zu beobachten, darunter Reiher und Milane. Große Schafherden werden von zwei Hunden – Hirte war weit und breit keiner zu sehen – zu den saftigen Weideplätzen und zurück zum Melken getrieben, wo gleich ein halbes Dutzend Schafe zugleich an eine Melkmaschine angehängt wird. Besonders interessant ist die Vegetation der Sanddünen. Auf den weiter vom Meer entfernten Dünen hat sich der Großfrüchtige Stechwacholder mit bizarr geformten Ästen ausgebreitet, während auf den meernahen Dünen der Strand-Schneckenklee und der Kretische Hornklee eng an den Sand gepreßt über den Boden kriechen. Man entdeckt die zarten Blüten des Ährigen Tausendguldenkrauts, eines Enziangewächses, die Gewöhnliche Immortelle und ein besenartiges Meerträubel, aus dessen unscheinbaren Blüten sich attraktive scharlachrote Früchte entwickeln.

## Wegbeschreibung:

Von der Straße folgen wir zunächst einem Fahrweg in Flußnähe durch eine üppige Vegetation. Meterhohe Filzige Milchfleckdisteln mit ihren prächtig marmorierten Blättern und Brombeeren säumen den Wegrand. Vorbei an Wiesen, auf denen sich Schafe das durch die Feuchtigkeit üppig wachsende Gras schmekken lassen, erreichen wir die bezaubernde Dünenlandschaft. Eine Tafel kündigt an, daß wir uns im Natur- und Vogelschutzgebiet der Ostriconi-Mündung befinden, wozu die vielen leeren Hülsen von Schrotpatronen am Boden weniger gut passen.

Wir verlassen die Dünen, und der Weg zieht mit schönem Blick zur Küste durch niedrige Macchia, die Anfang Mai in voller Blüte steht.

Das sanft gewellte Hügelland der Désert des Agriates wird überragt von kleinen, durch Tafoni skurril geformten Felskämmen, zu deren Füßen sich viele Opuntien angesiedelt haben. Nach einer Stunde leitet der Weg bei der kleinen Bucht Anse de Vana hinab zum Meer, wo sich ein kleines Wäldchen von Tamarisken angesiedelt hat. Dann wendet sich der Weg wieder ins Landesinnere, und vorbei an zwei verlassenen Bergerien erreichen wir die Bocca d'Affacadojo (ca. 130 m, 1½ Std.), ein sehr lohnendes Tourenziel. Das Panorama ist umfassend, und der Blick schweift bis zu den höchsten Bergen Korsikas. Zistrosen, Ginster und Schopflavendel werden hier auf dem mageren Boden der „Wüste" kaum höher als einen Viertelmeter, und dazwischen leuchten verschiedenste Knabenkräuter.

Der Weg zieht weiter ins Landesinnere, und nach einer Viertelstunde kommen wir zu einer Weggabelung. Rechts erreichen wir in einer halben Stunde die verfallene Hirtensiedlung Terricie, die aus 14 sogenannten „pagliaghji",

*Die Küstenwanderung von Saint-Florent zur Punta Mortella führt Anfang Mai durch blühende Teppiche verschiedener Zungenstendel (Serapias).*

einem Dreschplatz und einem Backofen besteht (2¼ Std. insgesamt). Sie erinnert an vergangene Zeiten, als hier noch Getreide angebaut wurde und im Winter Viehherden weideten. Ein „pagliaghju" diente nicht nur als Strohschuppen, wie die wörtliche Übersetzung lautet, sondern auch als Unterkunft der Hirten und als Viehstall. Es waren primitive Steinhütten mit einem Raum und der Tür als einziger Öffnung.

*Das alte Festungsdorf Lama besitzt viele malerische Winkel.*

Links zieht der markierte Steig von der Weggabelung über einen Bergkamm wieder zur Küste. Bis zu den wieder instand gesetzten steinernen Unterstandshütten in der malerischen Bucht Ghignu muß man mit insgesamt 6½ Stunden rechnen. Wer hier nächtigen will, sollte vorher anfragen (Saint-Florent, Tel. 0495 370 604). In weiteren 2¾ Stunden erreicht man den schönen Saleccia-Strand mit einem Wäldchen und kleinem Campingplatz (Anmeldung: Saleccia, Accueil Exposition, Tel. 0495 378 251). Der idyllische, abgeschiedene Platz diente einst als Drehort für den Film „Der letzte Tag".

## 10. Panoramawanderung vom Bergdorf Lama nach Urtaca

Einst standen die Dörfer unten im fruchtbaren Tal des Ostriconi, dann flüchteten die Bewohner vor den Sarazenen hinauf in die Berge und errichteten auf felsigen Bergrücken befestigte Dörfer. Eine Wanderung führt uns durch Lama und Urtaca, zwei der malerischsten Festungsdörfer Korsikas. Rund um die Dörfer legte man auf den Berghängen Terrassen an, um Getreide und Gemüse für den Eigenbedarf anzubauen. Schafe, Ziegen und Rinder, die den überwiegenden Teil des Jahres in den Bergen weideten, bildeten die Lebensgrundlage. Im 16. Jahrhundert verpflichtete die Republik Genua alle Grundbesitzer, Kulturpflanzen, vor allem Oliven und Edelkastanien, anzubauen, und an den sonnseitigen Hängen des Tales wurden große Olivenhaine angelegt. Ende des 19. Jahrhunderts brachte die Ernte allein im Anbaugebiet von Lama knapp 100.000 Liter Olivenöl. Aber dann vernichteten

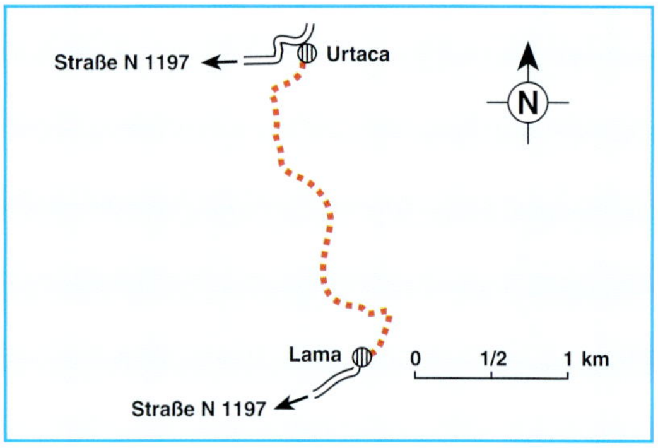


**Tour auf einen Blick**

**Zufahrt:** Nach Lama.
**Wegverlauf:** Lama (502 m) – Urtaca (400 m), 1 Std.
**Leichte Wanderung.**
**Karten:** ign 4348 OT, ign 73.

Brände einen großen Teil der Olivenkulturen, und die Menschen begannen aus dem einst wohlhabenden Dorf abzuwandern.
Ein sehr rühriger Bürgermeister in Lama versuchte diese Landflucht einzubremsen, indem man die alten Häuser restauriert, das Dorf mit vielen Blumen zum anerkannten „Blumendorf" gemacht und markierte Wanderwege angelegt hat. Lama ist heute auf einer guten Straße zu erreichen, die von der N 1197 (Verbindungsstraße von Ponte Leccia nach Calvi) abzweigt. Vor dem Ort gibt es einen geräumigen Parkplatz, wo unsere Wanderung beginnt.
Eine halbe Stunde sollte man sich mindestens Zeit nehmen, um auf den alten gepflasterten Wegen und Treppen durch das terrassenförmig in den felsigen Hang gebaute mittelalterliche Dorf zu bummeln, in dem viele malerische Winkel und bezaubernde Innenhöfe zu entdecken sind. Der alte Ortskern war durch eine mächtige Mauer geschützt, und viele enge Torbögen, die leicht verbarrikadiert werden konnten, schufen zusätzliche Sicherheit (Abb. S. 28). Die große Kirche mit dem geräumigen Vorplatz wurde erst später erbaut.

**Wegbeschreibung:**

Von der am höchsten gelegenen Straße des Bergdorfes Lama (502 m) führt ein Weg in wenigen Minuten zu einer Quelle mit überdachtem Brunnenhaus und schattigen Steinbänken. Folgt man dem Weg kurz weiter, erreicht man in einigen Minuten einen Aussichtsplatz mit schönem Blick über den Ort. Wir gehen zurück ins Dorf und steigen nordseitig durch die engen Gassen der ältesten Dorfanlage ab. Einige Torbögen enden in Innenhöfen, aber bei einem gelangen wir an die Außenseite der alten Festungsmauer, wo der Weg zum Nachbardorf Urtaca beginnt. Absteigend durchqueren wir die einst mühsam errichteten Terrassen, die heute fast nur noch als Weide genutzt werden, überqueren den Bach und folgen dem alten, von Macchia gesäumten Maultierweg, der den Berghang quert, nach Urtaca. Auf den Steinmauern, die den Weg flankieren, huschen muntere Eidechsen, und im Mai ist manch seltene Orchidee am Wegrand zu entdecken. Der Weg bietet eine schöne Aussicht zum zentralen Gebirgsstock Korsikas und zur Ostküste. Bei

*Das Bergdorf Lama wurde zum Schutz vor Seeräubern hoch oben auf einem felsigen Hang errichtet.*

einer kleinen Steinhütte erreichen wir die Bocca di u Pianu, einen wenig ausgeprägten Sattel, und nach einer Stunde taucht plötzlich vor uns Urtaca (400 m) auf. Mühlsteine erinnern an alte Zeiten, in denen noch Getreide auf den heute meist von Macchia überwucherten Terrassen angebaut wurde.

## 11. Von Lama auf den einsamen Monte Astu

Wie ein Schwalbennest klebt das Bergdorf Lama (s. Tour Nr. 10) an einem felsigen Bergrücken hoch über dem Tal des Ostriconi. Über dem Dorf ragt eine sehr einsame Berggruppe auf, die im Monte Astu eine Höhe von 1535 m erreicht. Es ist der höchste Gipfel in weitem Umkreis, und das Panorama umfaßt den zentralen Gebirgsstock und die Ost- und Westküste der Insel. Der Anstieg führt immer in freiem Gelände durch eine reizvolle einsame Bergwelt. Der neu markierte Weg ist in den Karten (Stand 1998) noch nicht eingetragen. Bei der Besteigung des Monte Astu sind 1000 Höhenmeter zu bewältigen, aber auch die auf halbem Weg erbaute kleine Steinhütte, die in der Hauptsaison Speisen und Getränke anbietet, ist ein sehr lohnendes kürzeres Tourenziel.

### Tour auf einen Blick

**Zufahrt:** Nach Lama.
**Wegverlauf:** Lama (502 m) – Refuge du Prunincu (1046 m), 1½ Std.; Refuge du Prunincu – Monte Astu (1535 m), 1½ Std.
**Leichte Wanderung** zur Refuge du Prunincu; **leichte Bergtour** zum Monte Astu.
**Karten:** ign 4348 OT, ign 73.

### Wegbeschreibung:

Der Anstieg beginnt bei den höchstgelegenen Häusern des Bergdorfes Lama (502 m) und folgt einem alten Hirtenweg, der in vielen Kehren den felsigen Hang über dem Dorf hinaufzieht. Mit viel Mühe und meterhohen

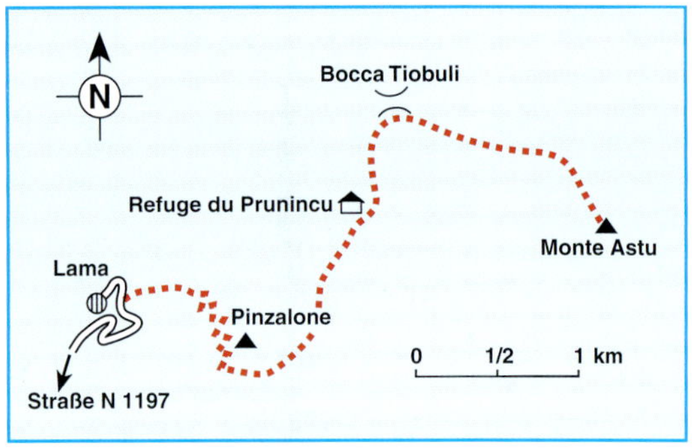

Stützmauern wurde dieser zum Teil gepflasterte Weg, der Zugang zu den Sommerweiden, einst erbaut. Am Wegrand blühen das Schmetterlings-Knabenkraut und andere Orchideen, Zistrosen, Ginster und Schopflavendel, und bizarre Tafoni-Felsen begleiten uns. Einige uralte Wacholderbäume säumen den Weg, und unter uns leuchten die roten Ziegeldächer des Festungsdorfes.

Über uns ragt der felsige Gipfel Pinzalone auf, der wie ein Emmentaler Käse von Tafoni durchlöchert ist. Nach einer Stunde erreichen wir einen kleinen ebenen Platz auf einem Bergrücken, und wer zeitig aufgebrochen ist, kann den Anstieg bis hierher in angenehmem Schatten bewältigen. In kaum merklicher Steigung führt der Weg zur kleinen Refuge du Prunincu (1046 m, 1½ Std.), die idyllisch inmitten einer fast ebenen Weidefläche steht und eine schöne Aussicht bietet. In der Nebensaison, im Mai und September, war die Hütte geschlossen, aber das zur Hütte geleitete Wasser einer nahen Quelle löschte den Durst. Neben der Hütte liegen einige riesige runde Felsblöcke, die so aussehen, als ob ein Riese seine Spielkugeln hier abgelegt hätte. Eine Felskugel hat er auf einer Felsplatte vergessen – ein riesiger Wackelstein, den besorgte Wanderer mit untergeschobenen Steinen zu fixieren versuchten. Der weitere Anstieg zum Monte Astu erfordert nochmals 1½ Stunden. Der Weg ist weniger begangen, man muß gut auf die Markierungen achten, und unerfahrene Bergsteiger sollten bei Nebel auf den weiteren Anstieg verzichten. In weitem Bogen führt der Weg durch niedrige Macchia zur Rückseite (Ostflanke) des Monte Astu und zum Gipfel. An klaren Tagen hat man von hier oben einen prächtigen Rundblick.

## 12. L'Ile-Rousse – beliebter Badeort

Die überwiegend felsige Nordwestküste Korsikas zeigt zwischen den Orten L'Ile-Rousse, Algajola und Calvi ein überraschend freundliches Gesicht mit vielen reizvollen Sandbuchten. Das hügelige Hinterland der Balagne mit seinen idyllischen Dörfern war schon immer der Garten Korsikas. Zu Beginn des 18. Jahrhundertes,

*Neben der kleinen Steinhütte Refuge du Prunincu sind typische Verwitterungsformen des Granit und ein Wackelstein zu sehen.*

*Der beliebte Badeort L'Ile Rousse verdankt seinen Namen den vorgelagerten Inseln aus rötlichem Fels. Bei Sonnenuntergang ist die kurze Wanderung auf die Inseln am schönsten.*

## Tour auf einen Blick

**Beschreibung** von L'Ile Rousse und Kurzwanderung zu den vorgelagerten Inseln.

als die Nachbarstädte Algajola und Calvi schon auf eine lange Geschichte zurückblicken konnten, erhob sich an der Stelle, wo heute L'Ile-Rousse steht, nur ein genuesischer Wachtturm. Erst 1758 gründete Pasquale Paoli, der große korsische Freiheitsheld, diese Stadt, als ihm Vertreter Genuas den Zugang zum Hafen Algajola verwehrten. Man vermißt in L'Ile-Rousse den Charme der verwinkelten, engen Gassen. Die relativ breiten Straßen des Ortes, die sich noch dazu rechtwinkelig schneiden, sind auf Korsika sehr selten und erfreuen vor allem die Autofahrer. Das milde Klima, die zahlreichen Geschäfte und die schöne Umgebung ließen zahlreiche Villen entstehen, darunter viele Ferienhäuser von Franzosen, aber auch von Korsen, die auf dem Festland arbeiten und den Sommer in ihrer Heimat verbringen.
Zentrum ist ein großer Platz mit einem Brunnen und der Marmorbüste Paolis. Paoli war nicht nur der bekannteste und erfolgreichste korsische Freiheitskämpfer, sondern vollbrachte das Wunder, die Insel, die fast in Anarchie zu versinken drohte, in einem Jahrzehnt zu einem geordneten Staatswesen umzugestalten. Er vertrat – Jahrzehnte vor George Washington und der Französischen Revolution – die Ansicht, daß Macht und Gesetze vom Volk ausgehen und diesem dienen müßten. Zu seinen großen Bewunderern gehörten Jean-Jacques Rousseau und Friedrich der Große, der ihm einen Ehrendegen mit der Inschrift „Patria Liberatas" sandte. Katharina von Rußland und Joseph II. wollten den gebildeten und talentierten Korsen an ihre Höfe holen.

## Wegbeschreibung:

Die Stadt trug zunächst den Namen ihres Gründers und wurde dann nach den vorgelagerten Inseln aus rötlichen Felsen in L'Ile-Rousse (L'Isula Rossa) umbenannt. Auf den Inseln, die heute durch eine Mole mit der Stadt verbunden sind, steht ein genuesischer Wachtturm, und auf den felsigen Hängen entfaltet die attraktive Aloe ihre orangeroten Blüten, deren intensive Farbe mit dem leuchtenden Ockerton der Felsen wetteifert. Eine Kurzwanderung (¼ Std.) zu den Inseln ist vor allem bei Sonnenuntergang, wenn die von Tafoni durch-

löcherten Felsen zu glühen scheinen, ein unvergeßliches Erlebnis. Sehenswert ist auch das Ozeanische Museum östlich des Hafens, das den Besucher mit der Unterwasserwelt Korsikas vertraut macht und mehrsprachige Führungen anbietet.

## 13. Monte Sant'Angelo – felsige Aussichtskanzel

Einen besonders schönen Blick auf die Küste bei Algajola, L'Ile-Rousse und das freundliche Hügelland der Balagne genießt man vom Gipfel des Monte Sant'Angelo. Südlich von L'Ile-Rousse zweigt eine Straße hinauf nach Corbara (Curbara) ab, das sich im Halbrund an einen sonnigen Hang schmiegt und einst der Hauptort der Balagne war. Alte gepflasterte Gassen, malerische Winkel, Brunnen und die Ruinen zweier Burgen verleihen dem Dorf ein mittelalterliches Gepräge. Üppig wuchern Opuntien auf diesem sonnendurchfluteten Hang.
Bald hinter Corbara zweigt eine Straße zum gleichnamigen Kloster ab, das 1456 von den Franziskanern gegründet, während der Revolution zerstört und von den Dominikanern 1856 erworben und ausgebaut wurde. Es ist ein mächtiger, von einem Turm überragter Gebäudekomplex mit einer großen Klosterkirche inmitten alter Olivenbäume. Der Ort strahlt

*Das Geschweiftblättrige Alpenveilchen (Cyclamen repandum) öffnet im Frühling an feuchten Plätzen seine Blüten.*

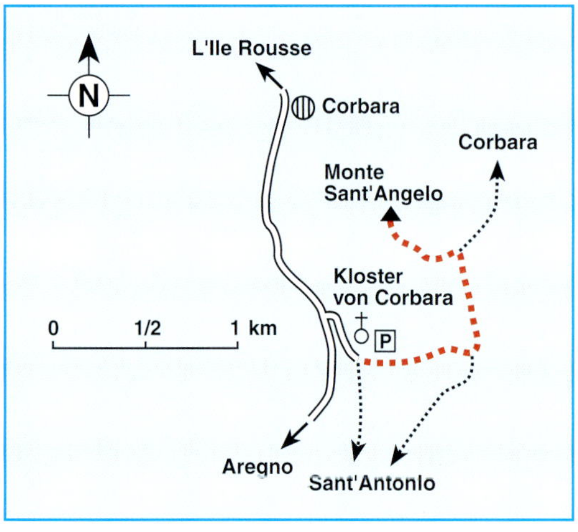


### Tour auf einen Blick

**Zufahrt:** Von L'Ile Rousse zum Kloster von Corbara.
**Wegverlauf:** Kloster von Corbara (ca. 300 m) – Monte Sant'Angelo (562 m), ¾ Std. (von Algajola insgesamt 2½ Std.).
**Leichte Wanderung.**
**Karten:** ign 4249 OT, ign 73.

Ruhe und Geborgenheit aus, und auch Laien können sich zur inneren Einkehr hierher zurückziehen.

### Wegbeschreibung:

Vor den mächtigen Mauern des Klosters stellen wir den Wagen ab und folgen einem alten Maultierpfad, der streckenweise von hohen Steinmauern gesäumt ist, in einen Sattel über dem Kloster. Hier treffen wir auf einen Fahrweg, der mit schöner Aussicht durch niedrige Macchia über einen Kamm zum Fuß des Monte Sant'Angelo führt. Ein markierter Steig zieht über den teils felsigen Ostkamm durch ein Blumenparadies bis zum felsigen Gipfelaufbau. In weitem Bogen umrunden wir den Gipfel und ersteigen ihn leicht über die Westflanke (¾ Std.; von Algajola 2½ Std.). Die Aussicht von dem 562 m hohen Felsgupf ist vor allem an klaren Tagen einmalig und reicht bis zum Cap Corse.

## 14. Höhenwanderung in der Balagne – von Dorf zu Dorf

Die Balagne ist ein von Bergen umschlossenes und von mehreren Tälern durchzogenes Hügelland im Nordwesten der Insel, das vom Ostriconi-Tal im Norden bis zum Fango-Tal im Süden reicht. Das eigentliche Herz dieser Landschaft, die sogenannte „fruchtbare" Balagne, ist der Küstenstreifen zwischen L'Ile-

Rousse und Calvi mit dem hügeligen Hinterland. Es ist uraltes Siedlungsgebiet; Etrusker Phönizier und Griechen ließen sich auf dem fruchtbaren Landstreifen nieder, und die Römer kultivierten das Land. Im 12. Jahrhundert war die Balagne eines der bedeutendsten Weinbaugebiete der Insel, der Wohlstand nahm zu, und zahlreiche Kirchen wurden errichtet, die noch heute das Bild dieser Landschaft prägen. Die Dörfer lagen aus Sicherheitsgründen zunächst meist im Landesinneren auf steilen Hängen oder felsigen Kuppen. Erst im 13. Jahrhundert wurden unter der Herrschaft Genuas die Festungen Calvi und Algajola an der Küste errichtet.

## Wegbeschreibung:

Hier sei eine Wanderung vorgeschlagen, die neben der weiten Aussicht gleich zwei Höhepunkte der Balagne einschließt – das malerische Bergdorf Sant'Antonio und die berühmte romanisch-pisanische Kirche La Trinità in Aregno. Wir beginnen die Wanderung bei dem in Tour Nr. 13 beschriebenen Kloster von Corbara, wo ein beschilderter Fußweg ansteigend durch den Berghang quert – mit schöner Aussicht zur Küste und auf das malerische Dorf Pigna. Das Dorf ist eines der Hauptzentren für das wiederbelebte korsische Hand-

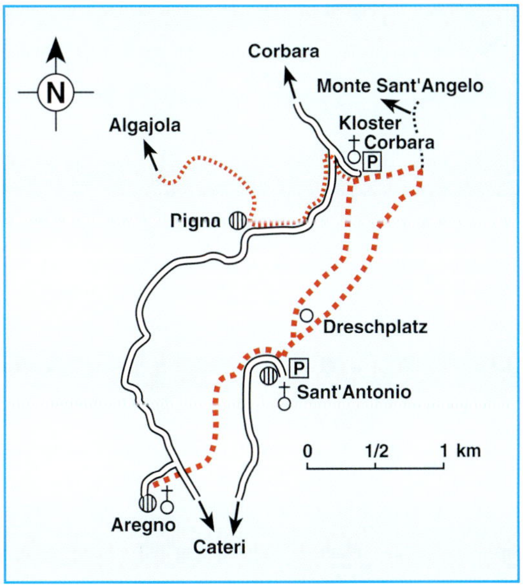


*Vom rasch erreichbaren Gipfel des Monte Sant'Angelo in der Balagne genießt man einen weiten Blick über die Küste von Algajola bis Calvi.*

### Tour auf einen Blick

**Zufahrt:** Von L'Ile Rousse zum Kloster von Corbara.
**Wegverlauf: Rundweg:** Kloster von Corbara (ca. 300 m) – Sant'Antonio (447 m), ¾ Std.; Sant'Antonio – Aregno (211 m), ½ Std.; Aregno – Kloster von Corbara, 1½ Std.
**Leichte Wanderung.**
**Karten:** ign 4249 OT + 4149 OT, ign 73.

*Das Kloster von Corbara strahlt Ruhe und Geborgenheit aus; auch Laien können sich hierher zurückziehen.*

werk. Der Verkauf der reizvollen Produkte als Souvenirs soll der Landflucht entgegenwirken. Vorbei an Grabkapellen und Steinhütten erreichen wir ein schmiedeeisernes Tor, das zu einem kreisrunden, mit Steinen ausgelegten, alten Dreschplatz führt, der darauf hinweist, daß auf diesen, heute nur als Weide genutzten Flächen früher Getreide angebaut wurde.
Vor uns taucht Sant'Antonio auf (¾ Std.), das wie eine Festung auf der Spitze eines felsigen Hügels thront. Am Fuß des Dorfes liegt die große, erst später erbaute Kirche Nunziata, bei der die Autos abgestellt werden müssen, denn das Dorf selbst ist nur zu Fuß begehbar. Über Treppen und schmale gepflasterte Gassen erreichen wir den oberen Ortsteil mit dem Aussichtspunkt „A Cima", der einen weiten Rundblick über die Berge und die Meeresküste beschert. Zum Bummeln durch das Festungsdorf mit seinen alten Häusern, Torbögen und malerischen Winkeln sollte man mindestens 20 Minuten einplanen. Eine kleine Taverne bietet Erfrischung, und ein Kunstgewerbeladen zeigt Produkte der Region.
Vom Dorf führt ein alter Maultierpfad direkt hinab zur Dreifaltigkeitskirche (La Trinità), die inmitten eines Friedhofes steht (½ Std.). Der besondere Reiz dieser im 12. Jahrhundert erbauten Kirche liegt in der Verwendung verschiedenfärbiger Granitquader für das Mauerwerk. Das Farbenspiel von hellem und dunklem Ocker bis Olivgrün verleiht der Fassade einen ganz besonderen Reiz. Reicher Skulptur- und Reliefschmuck sowie sehenswerte Fresken aus dem 15. Jahrhundert im Inneren machen die Kirche zu einer der bedeutendsten Korsikas. Am First der Kirche sitzt ein Männchen mit angezogenem Bein – eine Allegorie des Sünders.
Beim Rückweg gehen wir wieder hinauf nach Sant'Antonio und wählen von hier den Weg, der oben auf dem freien Bergrücken verläuft und in weitem Bogen gegen den Monte Sant'Angelo zieht, der in die Tour einbezogen werden kann (Tour Nr. 13). Wir treffen auf den Weg, der uns zum Kloster Corbara hinunterführt, und schließen die Rundtour (2¾ Std. insgesamt). Man kann diese Tour auch in Algajola oder Lumio beginnen, muß dann allerdings teilweise Straßen benützen. Es werden aber laufend alte, von Macchia überwucherte Wege ausgeputzt und markiert, und es lohnt, in den örtlichen Touristenbüros nach Wegbeschreibungen zu fragen.

## 15. Calenzana und Speloncato – Bergdörfer in der Balagne

Calenzana (Calinzana) liegt inmitten von Olivenhainen und Mandelbäumen am Hang des Monte Grosso und war unter genuesischer Herrschaft ein Zentrum des Unabhängigkeitskampfes der Korsen. Da die Republik Genua mit den Rebellen nicht fertig wurde, erbat sie von Kaiser Karl VI. Hilfe. Der Kaiser stellte 9000 Söldner zur Verfügung, für die 30.000 Gulden pro Monat bezahlt werden mußten; außerdem waren 100 Gulden für jeden getöteten oder vermißten Soldaten zu entrichten. Im Jahr 1732 landeten 800 deutsche Söldner in Calvi und marschierten nach Calenzana. Die Bewohner des Ortes besaßen kaum Waffen,

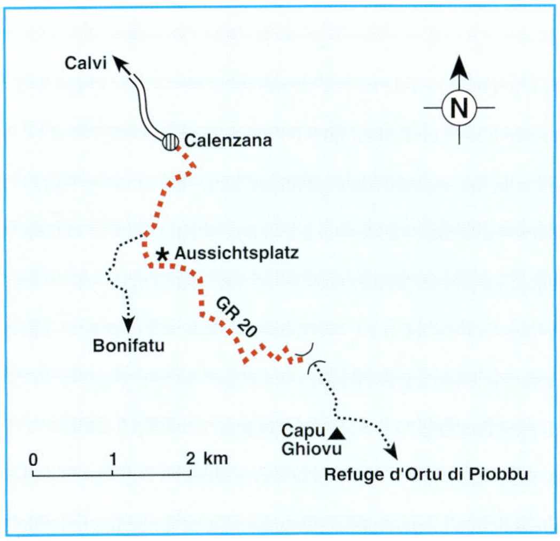

um sich zu verteidigen, aber sie stellten alle verfügbaren Bienenkörbe auf Dächer, Terrassen und Fensterbänke, und als die Deutschen in das Dorf eindrangen, stürzten sie die Bienenkörbe um, und die gereizten Bienen stürzten sich auf die Söldner. Die Soldaten warfen die Waffen weg und rannten zum Brunnen, um die Bienen loszuwerden. Nun hatten die Bewohner ein leichtes Spiel und töteten 500 Söldner.

Das Dorf wird beherrscht von der Barockkirche Saint Blaise, die einen eleganten Glockenturm besitzt und im Inneren mit reichem Marmorschmuck ausgestattet ist. Neben der Kirche liegt der Friedhof „Campu Santu di i Tedeschi", der Friedhof der gefallenen deutschen Söldner. Sehr sehenswert ist die Kapelle Santa-Restituta, die etwas außerhalb des Ortes inmitten hundertjähriger Ölbäume steht. Sie ist der

*Der aparte Glöckchen- oder Dreikant-Lauch (Allium triquetrum) liebt schattige Plätze.*

*Über einem alten Dreschplatz erhebt sich das malerische Bergdorf Sant'Antonio, das wie eine Festung auf einem felsigen Hügel thront.*

korsischen Märtyrerin Santa-Restituta geweiht, die 303 n. Chr. unter Kaiser Diokletian enthauptet wurde. Ein Fresko im Kircheninneren zeigt die Hinrichtung der Heiligen und ihrer fünf Anhänger. Der Henker trennt mit einem einzigen Hieb alle sechs Köpfe von den Körpern. In der Krypta ist der schöne Sarkophag der hl. Restituta aus Carrara-Marmor mit interessanter Ornamentik zu sehen, der in das 4. Jahrhundert datiert wird. Der Schlüssel für die Kapelle ist am Kirchplatz von Calanzana in einem kleinen Tabakladen erhältlich.

Das Balagne-Dorf Speloncato (Spiluncatu) klebt wie ein Adlerhorst auf einer felsigen Anhöhe. Hohe turmartige Häuser flankieren die Gassen, die oft nur ein bis zwei Meter breit sind. Diese Bauweise ermöglichte einerseits eine gute Verteidigung, und andererseits sorgen die exponierte Lage und die schattigen Gassen für angenehme Kühle im Sommer. Den Namen verdankt der Ort vermutlich Höhlen *(spelunca)* und einem 8 m großen natürlichen Felsenfenster im gegenüberliegenden Felskamm der Pietra Tafonata. Jedes Jahr am 8. April und am 8. September kann man auf dem Dorfplatz ein einzigartiges Phänomen beobachten. Nachdem die Sonne hinter dem Bergkamm verschwunden ist, erscheint sie wenig später nochmals im Felsenfenster, und ihre Strahlen fallen auf den kleinen Platz.

## Tour auf einen Blick

**Zufahrt:** Von Calvi bzw. L'Ile Rousse nach Calenzana.
**Wegverlauf:** Calenzana (255 m) – Aussichtsplatz an GR 20 (ca. 800 m), 1¾ Std.; Aussichtsplatz – Scharte im Nordgrat des Capu Ghiovu (1250 m), 1¼ Std.
**Leichte Wanderung** zu Aussichtsplatz; **leichte Bergtour** in Scharte.
**Karten:** ign 4149 OT, ign 73.

## Wegbeschreibung:

Den schönsten Blick auf das Dorf Speloncato mit seinen leuchtendroten Ziegeldächern hat man vom felsigen Hügel über dem Ort, der in fünf Minuten erreicht wird und eine einmalige Aussicht über die Balagne bietet.

Calenzana (255 m) ist Ausgangspunkt für eine ganze Reihe von Touren. Ein extrem langer Anstieg (ca. 5 Std.), bei dem knapp 1700 Höhenmeter zu bewältigen sind, führt auf den einsamen Monte Grosso. Calenzana ist auch Ausgangspunkt für zwei Weitwanderwege, den GR 20 und den „Tra Mare e Monti“. Die erste Etappe des GR 20 führt unter dem Gipfel des Capu Ghiovu zur schön gelegenen Hütte Refuge d'Ortu di Piobbu (1570 m), die von lichten Birkenwäldchen umgeben ist. Für den gesamten Anstieg muß man fünf bis sechs Stunden einpla-

nen. Als bequemere Tagestour ist auch ein Teilanstieg – vorbei an einem uralten Kastanienbaum mit 7 m Stammumfang – bis zu einem Aussichtsplatz in 800 m Höhe (1¾ Std.) oder in eine Scharte unter dem Capu Ghiovu (4 Std.) lohnend. Im Spätfrühling wandern wir im oberen Wegabschnitt durch ein Blütenmeer von Ginster, Thymian und Rotem Fingerhut.

## 16. Zum Monte Tolu – aussichtsreiche Kammwanderung

Ende des 19. Jahrhunderts schwärmte der französische Reiseschriftsteller Ardouin-Dumazet von der Balagne: „Keine andere Gegend der Welt könnte reicher wirken ... Das Tal ist ein einziger Garten mit Feigen-, Orangen- und Ölbäumen ... Die Dörfer auf den Gipfeln und Hängen dieser sanft oder kühn aufragenden Hügel erscheinen wie Perlen einer Kette, die sich kapriziös um die grüne muschelförmige Küstenebene legt."
Diese freundliche Landschaft lockt auch heute viele Besucher an. Es ist allerdings nur noch ein Teil der Landschaft kultiviert. Verheerende Brände, die vor allem die alten Ölbäume vernichteten, und die Landflucht führten dazu, daß viele der alten Terrassen nur noch als Weiden genutzt werden. Die Natur hat diese Kulturflachen zurückerobert. Im Frühling überziehen Zistrosen, Ginster und Affodill viele Terrassen mit einem bunten Blütenteppich. Um diese Jahreszeit ist auch eine Wanderung durch die Balagne und die mittelalterlichen Dörfer am reizvollsten.

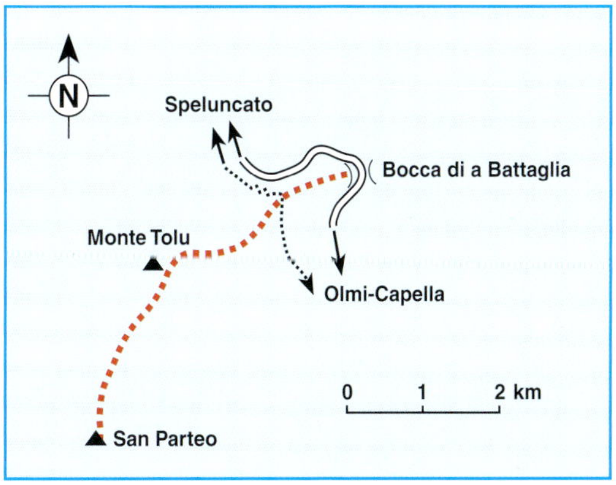


*Wie ein Adlerhorst kleben die Häuser von Speloncato auf einem Felshang. Der Blick schweift über das fruchtbare Hügelland der Balagne bis zur Küste.*

## Tour auf einen Blick

**Zufahrt:** Von L'Ile Rousse über Speloncato zur Bocca di a Battaglia (Barraglia).
**Wegverlauf:** Bocca di a Battaglia (1099 m) – Monte Tolu (1332 m), 1¼ Std.; Monte Tolu – San Parteo (1680 m), 1 Std.
**Unschwierige Wanderung.**
**Karten:** ign 4249 OT, ign 73, DR 20.

## Wegbeschreibung:

Von dem malerischen Dorf Speloncato (s. Tour Nr. 15) windet sich eine Straße in vielen Kehren zur Bocca di a Battaglia (Barraglia, 1099 m), unserem Ausgangspunkt hinauf. Hier öffnet sich der Blick zu den hohen Bergen Monte Grosso und Monte Padru, die das Asco-Tal flankieren. Zu unseren Füßen breitet sich die reizvolle Landschaft der Balagne aus. Die Bergdörfer mit ihren roten Ziegeldächern setzen freundliche Tupfen in das grüne Land, und über den Küstensaum verliert sich der Blick im endlos scheinenden Meer. Dieses Panorama genießt man während des ganzen Anstieges zum Monte Tolu.

Im Schatten prächtiger alter Steineichen parken wir das Auto und folgen dem orange markierten, schon begrünten Fahrweg über den freien Kamm zuerst leicht an-, dann leicht absteigend gegen Westen. Nach 20 Minuten wendet sich der orange markierte Weg hinab nach Pioggiola. Wir bleiben auf dem fast ebenen Rücken und folgen dem mit Steinmännchen markierten Pfad. Am schönsten ist diese Wanderung in der zweiten Maihälfte, wenn der Ginster blüht. Dann wandern wir durch ein gelbes duftendes Blütenmeer, denn der Ginster besiedelt fast flächendeckend diesen Kamm, und lange Hosen sind stellenweise recht nützlich, denn die Pflanze schützt sich mit spitzen Dornen gegen das Gefressenwerden. Zwischen den Ginsterbüschen leuchten Kleinode des Pflanzenreiches – bezaubernde Orchideenblüten.

Es ist ein gemütlicher Spaziergang durch eine bezaubernde einsame Landschaft. Einzelne Felsen unterbrechen das Grün des Bergrückens, und bald stehen wir vor dem felsigen Gipfelaufbau des Monte Tolu und folgen den Steinmännchen über den Südostgrat. Nur einige leichte Felsstufen sind zu überklettern, und schon stehen wir auf dem Gipfel (1332 m, 1¼ Std.), den ein großer Steinhaufen markiert. Der einmalig schöne Rundblick verführt zu einer langen Gipfelrast. Wer die Panoramawanderung länger ausdehnen will, kann den Steinmännchen weiter über den Kamm folgen und erreicht nach einer Stunde den San Partéo (1680 m).

## 17. Calvi – vielbesuchte Perle der Nordwestküste

Calvi ist einer der meistbesuchten und beliebtesten Ferienorte Korsikas, denn es hat nahezu alles, was Gäste anlockt: eine malerische Altstadt mit einer mächtigen Zitadelle auf einer Halbinsel im Meer, eine große geschützte Bucht mit herrlichem Sandstrand und ein reizvolles Hinterland, das zu Wanderungen einlädt. Während sich in den Dörfern der Balagne gerade ein bescheidener Gasthof oder eine Bar halten können, sind in Calvi die Restaurants, Cafés, Pizzerias, Diskotheken, Geschäfte, Hotels und Campingplätze wie Pilze aus dem Boden geschossen. In der Hauptsaison können die engen Gassen der Altstadt die große Zahl der Besucher kaum fassen. Autofähren und reger Flugverkehr bringen zusätzliche Gäste, und alles ist überfüllt. Man sollte den Reiz dieser Stadt in der Nebensaison genießen, z. B. Anfang Mai, wenn auf den Felsen der Halbinsel die Mittagsblumen ihre großen roten und cremefarbenen Blüten öffnen und über der Zitadelle die noch schneebedeckten Berge grüßen. Den schönsten Blick zur Zitadelle hat man von den Felsen westlich der Halbinsel, wo sich kleine Steige durch die niedrige Macchia zur Küste schlängeln.

Die von einer Festungsmauer umschlossene Oberstadt wurde in der zweiten Hälfte des 13. Jahrhunderts von den Genuesen erbaut, und die mächtigen Festungsmauern wurden immer wieder verstärkt. Genua stattete die Stadt mit vielen Privilegien aus, und Calvi bekannte sich jahrhundertelang zu Genua. Vom 16. Juni bis 15. August 1794 belagerten 6000 Engländer und Anhänger von Paoli die Stadt. Dabei verlor Nelson, der damals noch nicht Admiral war, durch eine Verletzung ein Auge. Mehrere Städte in Italien und Spanien streiten sich um die Ehre, der Geburtsort von Christoph Kolumbus zu sein, und auch Calvi erhebt auf diese Auszeichnung Anspruch.

Von den Mauern der Festung schweift der Blick über die Unterstadt und den Golf von Calvi bis zu den hohen Bergen über der Balagne. Sehenswert ist die Kirche Saint-Jean-Baptiste, die erhöht auf dem Felsen in der Altstadt steht und Johannes dem Täufer geweiht

### Tour auf einen Blick

**Besichtigung** von Calvi und Kurztour: Calvi (10 m) – Kapelle Notre-Dame de la Serra (220 m), ½ Std.; Kapelle – Aussichtsfelsen (250 m), 5 Min.

*Die reizvolle Altstadt mit der mächtigen Zitadelle, die weite Sandbucht und die Wandermöglichkeiten in der Umgebung haben Calvi zu einem beliebten Urlaubsziel gemacht.*

ist. Sehr empfehlenswert ist der Besuch der ehemaligen Betkapelle der Antonius-Bruderschaft (Oratorium Saint-Antoine). Heute ist hier ein Museum untergebracht, das eine Sammlung christlicher Kunst vom 16. bis zum 19. Jahrhundert zeigt, darunter wertvolle liturgische Gewänder, viele Kultgegenstände und eine sehr schöne Christusfigur aus Elfenbein. Sie wird dem Florentiner Bildhauer Sansovino, der 1570 in Venedig starb, zugeschrieben.

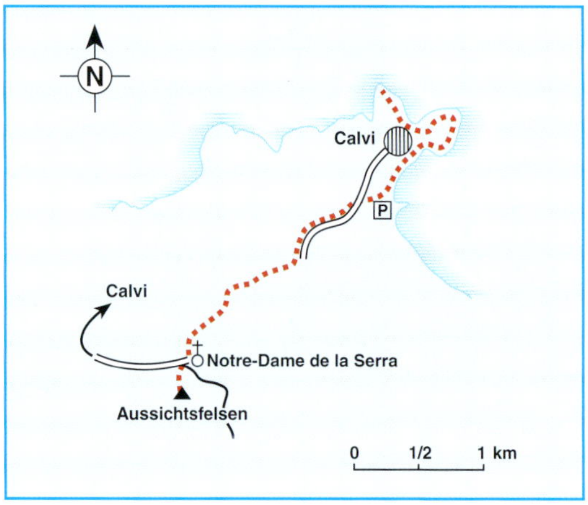


## Wegbeschreibung:

Wie einzigartig die Lage Calvis ist, zeigt sich von der hoch über der Stadt gelegenen Kapelle Notre-Dame de la Serra. Ein Weg führt zunächst durch die Villenviertel oberhalb der Stadt und dann durch Macchia in einer halben Stunde zur Kapelle. Unter uns liegt die tiefblaue Meeresbucht, gesäumt vom hellen Sandstrand, und über den freundlichen Dörfern der Balagne ragen die mächtigen Felsgipfel des zentralen Gebirgsstockes auf. Die Kapelle ist auch auf einer Straße erreichbar, und bei der Auffahrt von der Küste erblickt man am Straßenrand phantastische Tafoni.

Gegenüber der Kapelle erheben sich flache Felsbuckel, auf denen Felsbrocken liegen, die zu skurrilen Gebilden verwittert sind. Meist ist die härtere Oberschicht erhalten geblieben, und die Unterseite wurde ausgehöhlt, so daß oft tischförmige Tafoni entstanden sind, die nur mit einzelnen Füßen auf den flachen Felsplatten ruhen. Ein schmaler Steig führt in wenigen Minuten auf den aussichtsreichen Felsrücken.

## 18. Capu di a Veta – Hausberg von Calvi

Der felsige Gipfel des Capu di a Veta liegt 703 m über dem Meer und bildet eine perfekte Aussichtsplattform über der großen Bucht von Calvi. Im Mai wandern wir durch einen Blumengarten von Zistrosen, Ginster, Schopflavendel, Pankrazlilien und Orchideen (Zungenstendel und Knabenkräuter).

### Wegbeschreibung:

Der Anstieg beginnt direkt im Ort beim Feriendorf „Zum störrischen Esel", das von deutschsprachigen Wanderern gern als Quartier gewählt wird. Am Beginn des Weges lernen wir das neue und das alte Korsika kennen – modernste Hotels und alte Steinhäuser. Bald führt der markierte Steig in dichte Zistrosenbestände und zieht zum Fuß des Gipfelaufbaues. Wir queren unter den felsigen Abbrüchen und steigen dann leicht über flache Felsplatten und Schrofen zum Gipfel, der ein großes Kreuz trägt (2¼ Std.). Zwischen seltsam geformten Tafoni-Felsen machen wir es uns bequem und genießen den einmaligen Rundblick. Als Abstieg kann man dem felsigen Gipfelgrat gegen Südosten folgen und dann steil durch manchmal recht dichte Macchia zum Ortsrand hinabgehen, wo sich beide Wege vereinigen.

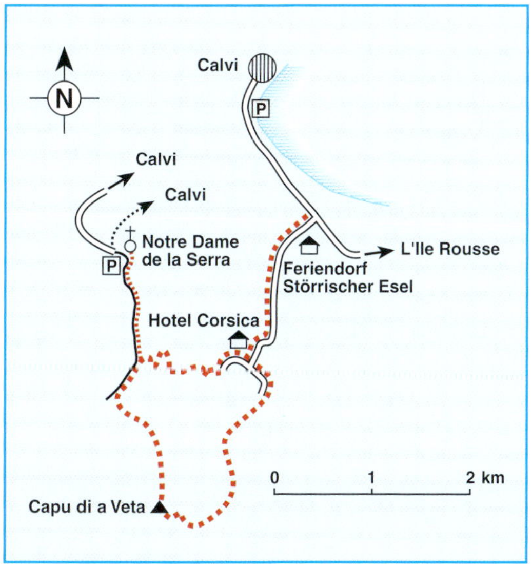


*Von der Kapelle Notre-Dame de la Serra und dem Hausberg Capu di a Veta hat man einen schönen Blick auf die ausgedehnte Anlage der Zitadelle von Calvi (rechts), die den Bewohnern einst Schutz bot.*

### Tour auf einen Blick

**Zufahrt:** Nach Calvi.
**Wegverlauf:** Calvi (10 m) – Capu di a Veta (703 m), 2¼ Std.
**Leichte Wanderung.**
**Karten:** ign 4149 OT, ign 73, DR 20.

*Bild rechte Seite:*
*Eine beliebte Wanderung führt vom Forsthaus von Bonifatu zur luftigen Spasimata-Hängebrücke.*

Wer den weiten Blick über die reizvolle Landschaft möglichst lange genießen will, kann vom Fuß des Gipfelaufbaues auf einem Fahrweg durch niedrige Macchia fast eben zur Kapelle Notre-Dame de la Serra (243 m) wandern und von hier nach Calvi absteigen. Wenn man in der Hauptsaison keinen Parkplatz in Calvi ergattert, kann man auch zur Kapelle hinauffahren und die Wanderung hier beginnen; der Anstieg ist aussichtsreicher und kürzer.

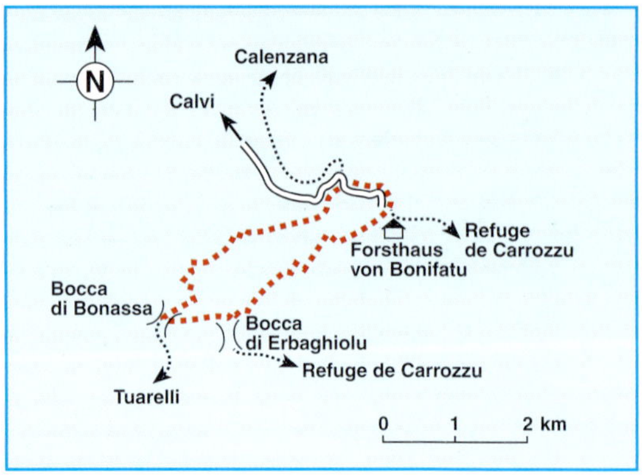


## 19. Durch den „Urwald“ von Bonifatu

„Insel der Kontraste“ wird Korsika oft genannt, denn auf engstem Raum finden sich unterschiedlichste Landschaften. Wer vom leuchtendblauen Golf bei Calvi südwärts fährt, passiert eine fruchtbare Ebene, und schon nach 15 km umgibt uns eine wilde Gebirgslandschaft. Über dem Wildbach Figarella, dessen Lauf wir folgen, ragen ockerfarbene, durch Tafoni ausgehöhlte, bizarre Felswände und Spitzen auf – das „Chaos de Bocca Rezza“. Prächtige Lariciokiefern säumen die Straße, und bald erreichen wir die „Auberge de la Forêt“ (Forsthaus), ein Hotel inmitten des berühmten Forstes von Bonifatu mit großem Parkplatz. Die Herberge ist Etappenstützpunkt für den Weitwanderweg „Tra Mare e Monti“ und bildet auch eine Zustiegsmöglichkeit zum GR 20. In den steilen Hängen über dem Tal konnte sich ein forstwirtschaftlich kaum genutzter Urwald erhalten, durch den unsere Tour leitet.

### Wegbeschreibung:

Wir gehen vom Parkplatz auf der Straße zurück, bis bei einer Brücke und einem Rastplatz mit großem Steintisch der markierte Weg in den Wald hinauf abzweigt. Es ist ein alter Maultierpfad, der in vielen flachen Kehren durch dichten Wald hinaufzieht. Riesige Kiefern, Steineichen, Eukalyptusbäume und einzelne Pappeln schaffen ein so dichtes Blätterdach, daß kaum ein Sonnenstrahl den Boden erreicht und die sommerliche Hitze ausgesperrt bleibt. Steine und Äste sind mit dickem Moos überzogen – ein einzigartiger Kontrast zu der flimmernden Hitze in der nur wenige Kilometer entfernten Ebene. Umgestürzte Bäume bleiben liegen und sind Lebensgrundlage für viele Tiere und Pflanzen. Es ist ein Wald, in dem man bei Nebel Trolle und Waldgeister zu sehen vermeint. Baumheide erreicht hier Höhen bis vier Meter, und der feuchte Waldboden leuchtet violett von Alpenveilchen. Der Weg führt im unteren Teil immer in der Nähe des Baches, der im Frühjahr in vielen Kaskaden zu Tal stürzt. Im Sommer bleiben oft nur noch Gumpen zurück.

Nach einer halben Stunde überqueren wir einen Nebenbach, und das Gelände wird deutlich trockener. Zwischen Kiefern und Felsblöcken zieht der einsame, stellenweise etwas verwachsene Weg in zahllosen Kehren zur Bocca di Erbaghiolu (1195 m, 2 Std.) hinauf und quert dann unter dem Kamm in 20 Minuten zur Bocca di Bonassa. Hier treffen wir auf den Weitwanderweg „Tra Mare e Monti“, der von der Auberge de la Fôret über diesen Sattel hinunter ins Fango-Tal leitet. Diesem gut markierten Weg, auf dem sich Pankrazlilien angesiedelt haben, folgen wir zurück zum Parkplatz. Er leitet durch prächtige Kiefernwälder mit bemoosten Steinen und durch Macchia hinab zur Straße, auf der wir eine Viertelstunde zum Forsthaus von Bonifatu zurückgehen (4½ Std. insgesamt).

### Tour auf einen Blick

**Zufahrt:** Von Calvi zum Forsthaus von Bonifatu.
**Wegverlauf: Rundweg:** Forsthaus von Bonifatu (536 m) – Bocca di Erbaghiolu (1195 m), 2 Std.; Bocca di Erbaghiolu – Bocca di Bonassa (1153 m) – Forsthaus von Bonifatu, 2 ½ Std.
**Leichte Wanderung.**
**Karten:** ign 4149 OT, ign 73, DR 20.

## 20. Zur Spasimata-Hängebrükke im Cirque de Bonifatu

Nur 18 km Luftlinie vom Golf von Calvi entfernt öffnet sich der Cirque de Bonifatu (Bergkessel von Bonifatu), der von bis zu 2000 m hohen Felsgipfeln im Halbrund eingefaßt ist. Es ist das Sammelbecken des Wildbaches Figarella, eine grandiose Berglandschaft, die auch der GR 20 durchquert. Eine gute Straße führt von Calvi zur „Auberge de la Fôret“, einem Gasthof, der in der deutschsprachigen Literatur häufig „Forsthaus von Bonifatu (Bonifato) “ genannt wird und bereits im großem Naturpark Korsikas (s. S. 25) liegt. Von hier führt ein Zustieg zur Carrozzu-Hütte (Refuge de Carrozzu), dem zweiten Etappenziel des Weitwanderweges, und weiter über die berühmte Spasimata-Hängebrücke unter dem Felsgipfel der A Muvrella in die Bocca di Stagnu und hinunter ins Asco-Tal. Diesem vielbegangenen Weg kann man je nach Lust und Kondition kürzer oder länger folgen.

## Wegbeschreibung:

Die „Auberge de la Fôret" (536 m) mit großem Parkplatz ist von Calvi auf einer guten Straße rasch erreicht (vgl. Tour Nr. 19). Wir folgen eine halbe Stunde einer Forststraße am Ufer des Wildbaches Figarella, bis der deutlich beschilderte und markierte Weg zur Carrozzu-Hütte abzweigt. Der Weg leitet durch Hochwald, riesige Lariciokiefern, Steineichen und einzelne Tannen spenden Schatten. Umgestürzte, von Moos überwucherte Baumriesen und Steine erwecken den Eindruck eines Urwaldes. Wir überqueren eine kleine Hängebrücke, und rote, von Tafoni zerfressene Felsen rücken ins Blickfeld. Gleichmäßig ansteigend kommen wir nach 2¼ Stunden bei einer kleinen Unterstandshütte zu einer Weggabelung, von der man in wenigen Minuten die Carrozzu-Hütte (1270 m) erreicht.

Von der Weggabelung sollte man auf jedem Fall dem hier einmündenden GR 20 folgen, der in einer Viertelstunde hinab zu der langen Spasimata-Hängebrücke führt, die den Bach bei einer felsigen Schlucht überspannt. Die lange Brücke gerät leicht in Schwingungen, wenn man nicht mit viel Gefühl knieweich über die Bretter schleicht. Unter uns liegen Wassergumpen, in die der Spasimata-Bach stürzt (2½ Std. ab Parkplatz). Bei Niedrigwasser im Sommer und Herbst kann man den Bach auch problemlos oberhalb der Hängebrücke überqueren.

Es ist sehr lohnend, dem GR 20 zumindest noch eine halbe Stunde zu folgen. Der Wald tritt zurück, und wir steigen mit freiem Blick auf die imponierenden Felsgipfel, die diesen Kessel umrahmen, in felsigem Gelände höher. Der Weg führt teils über geneigte Felsplatten, ist aber in allen ausgesetzten Stellen mit Drahtseil gesichert, und nach einer halben Stunde laden Wiesenfleckchen zum Rasten. Vor allem im Frühjahr wird man während des ganzen Anstieges vom Rauschen des Baches begleitet, und viele Wasserkaskaden ergießen sich über die Felsplatten der umliegenden Wände.

Wer genügend Kondition hat, kann weiter in das Hochtal hineinwandern und kommt nach weiteren 1½ Stunden zum winzigen Muvrella-See. Hier gabelte sich früher der GR 20 in eine alpine Variante, die über den Gipfel der A Muvrella führte, und eine Normalvariante, die unter dem Berg in die Scharte Bocca di Stagnu zieht. Die alpine Variante, die einen raschen Zustieg zur A Muvrella ermöglichte, ist aufgelassen, und die Markierungen sind kaum zu erkennen. Wer diesen Gipfel, einen einzigartigen Aussichtsbalkon vor den höchsten Bergen Korsikas, auch noch erklimmen will (insgesamt 1600 Höhenmeter und rund 6 Std.), sollte dem Normalweg des GR 20 in die Scharte Bocca di Stagnu folgen und von hier den Gipfel ersteigen (s. Tour Nr. 22, die den wesentlich kürzeren Anstieg von Haut-Asco beschreibt).

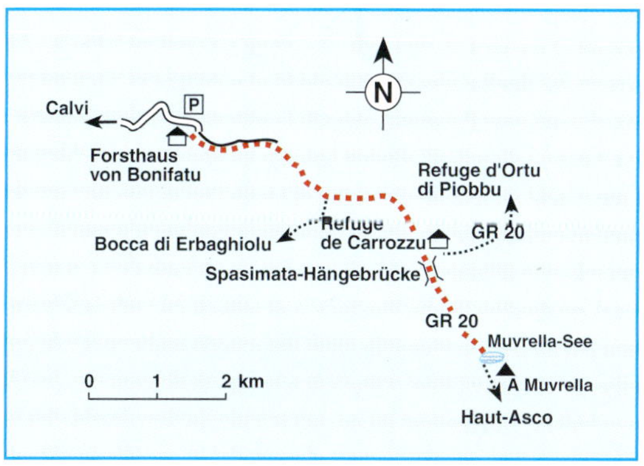


### Tour auf einen Blick

**Zufahrt:** Von Calvi zum Forsthaus von Bonifatu.

**Wegverlauf: Rundweg:** Forsthaus von Bonifatu (536 m) – Refuge de Carrozzu (1270 m), 2¼ Std.; Refuge de Carrozzu – Spasimata-Hängebrücke (ca. 1230 m), ¼ Std.; zum Muvrella-See (ca. 1850 m) weitere 1½ Std.

**Leichte Wanderung** bis Hängebrücke, dann **leichte Bergtour** (Seilsicherungen).

**Karten:** ign 4149 OT, ign 73, DR 20.

# MONTE-CINTO-GRUPPE UND NIOLU

## 21. Durch das wilde Asco-Tal zu den höchsten Gipfeln

Keine Mittelmeerinsel bietet einen ähnlichen Kontrast an Farben, Formen und Landschaften wie Korsika. Eine Fahrt durch das Asco-Tal zum Fuß der höchsten Gipfel zeigt diese Mannigfaltigkeit besonders deutlich. Im Unterlauf des Flusses Asco bestimmen Ölbaume, Robinien, Judasbäume und Manna-Eschen das Landschaftsbild. In einer kleinen Station des Naturparks (direkt an der Straße gelegen) züchtet man Griechische Landschildkröten, um diese in Korsika fast ausgerottete Art wieder heimisch zu machen.

Dann verengt sich das Tal schluchtartig, und die Straße windet sich in vielen Kehren hoch über dem Fluß unter felsigen Abbrüchen taleinwärts. Im Frühling lockt der Fluß Wildwasserfahrer an, im Hochsommer und Herbst ist der Wasserstand meist so niedrig, daß man in leuchtendblauen Gumpen ein erfrischendes Bad genießen kann. Bis 1000 m hohe Felswände flankieren das Tal, das im Frühjahr mit einem goldenen Teppich aus Ginsterblüten überzogen ist. Bienenzucht war und ist ein wichtiger Erwerbszweig des Tales, und in Asco, dem einzigen, einsamen Bergdorf des Tales, kann man die verschiedenen Honigsorten kosten und erwerben. In der Asco-Schlucht gedeiht der robuste Buchsbaum, dessen Holz schon im Altertum zur Herstellung von Flöten diente.

Die Lebensgrundlage der Bauern im Asco-Tal war schon immer die Viehwirtschaft. Früher trieb man die Schafherden im Winter über den

L'Ondella-Paß, Olmi-Capella und Speloncato in die Balagne, die anspruchsloseren Ziegen durch die Asco-Schlucht und den San-Colombano-Paß in die Desért des Agriates. Man muß sich diese Strecken einmal auf der Karte anschauen! Oft waren die Hirten nur wenige Wochen im Jahr in ihrem Heimatdorf, wenn Ende Mai die Tiere geschoren wurden. Die Schafwolle wurde von den Frauen versponnen und verwebt, und das Ziegenhaar verarbeitete man zu wetterfesten Mänteln und Seilen. Die Tradition der Transhumanz, der Wanderweidewirtschaft, wird immer seltener und stirbt langsam aus, da die Winterweidegebiete an der Küste durch Bautätigkeit ständig abnehmen. In der Nähe des Dorfes Asco gibt es größere Bestände des Zedern-Wacholders, aus dessen Holz die Hirten die zur Käseherstellung nötigen Geräte – Löffel, Kellen und Gefäße – schnitzten. Heute wird nahezu die gesamte Schafmilch zu Roquefort verarbeitet.

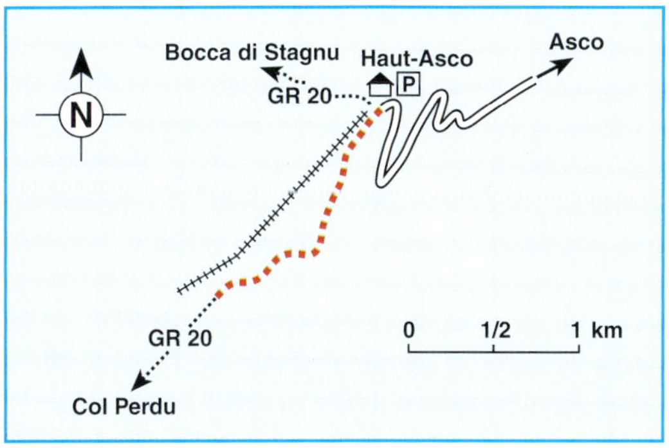


Oberhalb des Dorfes weitet sich das Tal, und schöne Wälder aus Lariciokiefern und Korsischen Sternkiefern bedecken den Talboden. Bei der Schistation Haut-Asco öffnet sich der Blick in einen grandiosen Talschluß. Wir befinden uns mitten im Hochgebirge; bis in den Juni hinein leuchtet der Schnee in den Bergflanken, und in den Nordwänden halten sich einzelne Schneefelder das ganze Jahr. Haut-Asco ist Ausgangspunkt für viele schöne Bergtouren, die in den folgenden Kapiteln beschrieben werden.

## Wegbeschreibung:

Hier sollen nur einige Kurzwanderungen im Tal vorgestellt werden. Vom Parkplatz westlich

*Der grandiose Talschluß bei Haut-Asco mit dem eleganten Doppelgipfel des Capu Larghia. Bis in den Sommer hinein halten sich Schneereste in den Nordwänden.*

## Tour auf einen Blick

**Zufahrt:** Von Ponte Leccia nach Haut-Asco.
**Wegverlauf: Zwei Kurzwanderungen:** Dorf Asco (700 m) – genuesische Brücke (535 m), ½ Std.; Schistation Haut-Asco (1422 m) – Talschluß (erste Stufe, 1700 m), ¾ Std.
**Leichte Wanderungen.**
**Karten:** ign 4250 OT, ign 73, DR 20.

*Beim Anstieg zur A Muvrella sieht man öfter Mufflons, die hier wieder angesiedelt wurden.*

des Bergdorfes Asco leitet ein Fahrweg hinunter zu einer malerischen genuesischen Brücke, die den schluchtartig eingegrabenen Fluß überspannt. Beim 20minütigen Abstieg genießt man einen schönen Blick über das Tal und die vielen terrassierten Hänge in der Umgebung des Dorfes. Empfehlenswert ist auch ein Bummel durch das Dorf selbst, das von der Straße umfahren wird. Die lohnendste Kurzwanderung von Haut-Asco folgt dem GR 20 parallel zur Schipiste auf die erste Höhenstufe im Talschluß (¾ Std.), die ein eindrucksvolles Panorama der mächtigen, im Halbrund stehenden Felsgipfel beschert.

## 22. A Muvrella – im Reich der Mufflons

Von den vielen eindrucksvollen Felsgipfeln, die halbkreisförmig den prächtigen Talschluß bei der Schistation Haut-Asco (1422 m) formen, sind nur zwei Gipfel auf normalen Steigen zu erreichen – der Monte Cinto und die A Muvrella; alle anderen sind nur im Rahmen von Klettertouren (meist Schwierigkeit II bis III) zugänglich. Einen besonders schönen Blick über die höchsten Gipfel Korsikas und hinab zum Küstensaum bei Calvi hat man von der A Muvrella. Der Anstieg dauert nur zwei Stunden und hat den Vorteil, daß er über den südostseitigen Hang führt, der relativ bald schneefrei ist.

Das wissen auch die Mufflons zu schätzen, die durch Jahrhunderte, vermutlich sogar Jahrtausende hier heimisch waren, denn die ältesten Mufflonfunde auf der Nachbarinsel Sardinien sind mindestens 6000 Jahre alt. Durch intensive Jagd wurden die Tiere ausgerottet und im Naturpark wieder angesiedelt. Eine Gruppe lebt im oberen Asco-Tal, und vor allem Anfang Mai, wenn Hütte und Hotel in Haut-Asco noch geschlossen sind, kann man die Tiere zeitig in der Früh beim Anstieg zur A Muvrella oder auf der Schipiste, wo sie die ersten grünen Halme abweiden, beobachten. Ähnlich wie unsere Rehe sind sie vor allem in der Morgen- und Abenddämmerung unterwegs. Steinadler sind im Asco-Tal öfter zu beobachten, und mit viel Glück bekommt man den wieder angesiedelten, prächtig gefärbten Bartgeier zu Gesicht.

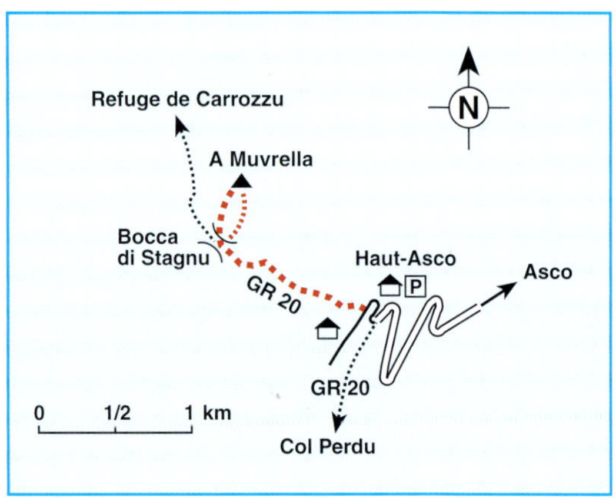


### Tour auf einen Blick

**Zufahrt:** Von Ponte Leccia nach Haut-Asco.
**Wegverlauf:** Schistation Haut-Asco (1422 m) – Bocca di Stagnu (1985 m), 1½ Std.; Bocca di Stagnu – A Muvrella (2148 m), ½ Std.
**Leichte Bergtour** (Variante über Grat Stellen I).
**Karten:** ign 4250 OT, ign 73, DR 20.

**Wegbeschreibung:**

Der Anstieg beginnt direkt bei der Schistation Haut-Asco und zieht gleich hinter der Hütte Refuge de Stagnu den mit urigen Lariciokiefern bestandenen Berghang hinauf. Bald wird der Hang felsiger, nur noch einzelne Kampfbäume konnten hier überleben – jeder eine unverwechselbare Erscheinung. Wir folgen der Trasse des rot-weiß markierten GR 20 mit immer schöner werdender Aussicht über teils flache Felsschrofen in die Scharte Bocca di Stagnu (Brèche de Stagnu, 1985 m, 1½ Std.). Hier verlassen wir den GR 20 und steigen rechts über den Felskamm in einer knappen halben Stunde zur A Muvrella (2148 m), wobei man zwischen zwei mit Steinmännchen markierten Varianten wählen kann. Eine verläuft direkt auf dem Grat; der erste Felsaufschwung wird umgangen, und dann leitet der Steig in lustiger, leichter Blockkletterei direkt am Grat zum Gipfel. Die andere Variante quert ansteigend westlich unterhalb des Grates durch ein mit Wacholder und Erlen bewachsenes Schuttfeld und weist außer einer eineinhalb Meter hohen leicht zu überkletternden Felsstufe keinerlei Schwierigkeiten auf. Der Blick vom Gipfel schweift über die grandiose Bergwelt Korsikas und verführt zu einer langen Rast.

## 23. Gratwanderung hoch über dem Asco-Tal

Eine besonders schöne Gratwanderung leitet hoch über dem Asco-Tal zur Punta Culaghia mit eindrucksvollem Blick zum Cinto-Massiv. Die Tour erfordert allerdings Trittsicherheit und weist einige leichte Kletterpassagen (I) auf. Sie bietet eine gute Gelegenheit, die vielfältige Pflanzenwelt des korsischen Gebirges kennenzulernen. Von der Schistation Haut-Asco folgen wir dem GR 20, der abseits der Schipiste mit prächtigem Blick auf den eindrucksvollen Doppelgipfel der Capu Larghia über einen Rücken hinaufzieht. Letzte, urtümliche und vom Sturm zerzauste Lariciokiefern und ihre hellgrünen kleinen Nachkommen kämpfen hier an der Baumgrenze ums Überleben. Sie scheinen direkt im Fels und Geröll zu wachsen, kein Brösel Erde ist zu sehen. Die Lariciokiefern haben eine eigene Überlebensstrategie entwickelt. Die Keimlinge ihrer Samen wachsen außerordentlich schnell, um möglichst bald mit ihren Wurzeln in tiefer gelegenen Schichten unter Schutt und Geröll auf Wasser und Mineralsalze zu stoßen.
Zwischen den Baumriesen und oberhalb der Baumgrenze bedecken Zwergsträucher, vor allem Ätna-Berberitzen, Wacholder, Korsischer Ginster, Niederliegender Schlehdorn, Dorniger Wundklee und Gennargentu-Tragant, den Boden und bilden einen recht dornigen Filz. Alle feuchten Stellen hat die Korsische Grünerle erobert. Als erste Frühlingsboten öffnen bald nach der Schneeschmelze die Korsischen Krokusse ihre schön gezeichneten Blüten, und die Korsische Nieswurz bringt ganze Sträuße leuchtendweißer Blüten hervor, die Anfang Mai auch an den Straßenrändern des oberen Asco-Tales blühen.

*Vom Bergdorf Asco erreicht man in einer kurzen Wanderung eine genuesische Brücke.*

## Tour auf einen Blick

**Zufahrt:** Von Ponte Leccia nach Haut-Asco.
**Wegverlauf: Rundtour:** Schistation Haut-Asco (1422 m) – Brèche de Missoghiu (2048 m) – Punta Calughia (2034 m), 2¾ Std.; Punta Calughia – Bocca di Stagnu (1985 m) – Haut-Asco, 2¼ Std.
**Unschwierige Bergtour** (stellenweise Schwierigkeit I).
**Karten:** ign 4250 OT, ign 73, DR 20.

## Wegbeschreibung:

Nach dem steileren Anstieg neben der Schipiste zieht der Weg flacher in das weite, einst von Gletschern ausgeschürfte Kar hinein. Mächtige Felsabbrüche – mit rötlich bis violett oder durch Flechten grünlich gefärbtem Gestein – säumen den weiten Talkessel. Nach einer Stunde zweigt ein Weg rechts hinauf zu den Felswänden ab. Hier verlief früher, als die Altore-Hütte noch stand, der GR 20, der – von Norden kommend – die Schistation damals nicht berührte. Heute ist dieser Weg, dem wir folgen wollen, als Variante des GR 20 ausgeschildert.
Durch eine steile Fels- und Schuttrinne gelangen wir in die Scharte Brèche de Missoghiu (2048 m). Der Steig umgeht die eleganten Felstürme der Punta Stranciacone, steile Schuttfelder und einige ausgesetzte Felspassagen erfordern Trittsicherheit und können bei Schneeresten in den Rinnen gefährlich sein. Wir erreichen einen kleinen Felsgupf, steigen kurz ab und jenseits hinauf zum Gipfel der Punta Culaghia (2034 m, 1 Std. ab Brèche de Missoghiu), einem herrlichen Rastplatz mit eindrucksvollem Panorama. Wir wandern auf oder knapp unterhalb des Grates – mit prächtigem Blick zu den höchsten Gipfeln und hinunter nach Calvi – und erreichen nach einer weiteren Stunde die Bocca di Stagnu (Brèche de Stagnu, 1985 m), wo wir auf den von der Carrozzu-

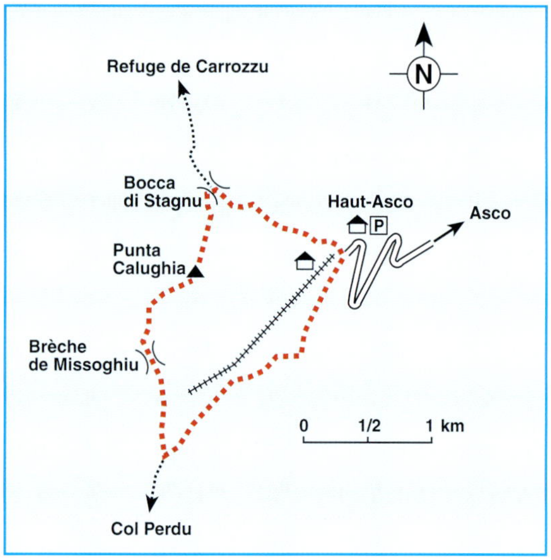

Hütte (Refuge de Carrozzu) über die Spasimata-Hängebrücke heraufziehenden GR 20 treffen. Er bringt uns, wie in Tour Nr. 22 beschrieben, hinab zur Schistation und schließt die Runde dieser eindrucksvollen Panoramatour (5¼ Std. insgesamt).

## 24. Auf dem GR 20 von Haut-Asco zum Col Perdu

Die Schistation Haut-Asco in 1422 m Höhe betreibt im Winter Schilifte und ist im Sommer ein beliebter Stützpunkt für Wanderer und Kletterer. Am Berghang stehen auf Stelzen einige spitzgiebelige Holzhäuschen, die sich ganz gut in die Landschaft einfügen, was man von der häßlichen Schistation und dem Hotel „Le Chalet" nicht behaupten kann. Nur die versteckt hinter dem Hotel liegende Hütte „Refuge de Stagnu", eine Etappenstation für GR-20-Wanderer, ist reizvoller. Das südliche Etappenziel des GR 20 ist von hier der Refuge de Tighiettu, und diese Wegstrecke gehört zu den großartigsten und alpinsten des ganzen Weitwanderweges, denn vom Col Perdu (Bocca Tumasginesca) führt der GR 20 durch den Cirque de la Solitude („Kessel der Einsamkeit"), ein wildes Labyrinth aus fast senkrechten Granitwänden und Felstürmen, in das wenig Sonne dringt und in dem der Schnee lange liegen bleibt.

**Wegbeschreibung:**

Der erste Teil des Weges ist identisch mit Tour Nr. 23. Von der Weggabelung wandern wir weiter in den Talschluß hinein, der zunehmend felsiger wird. Über Gesteinsschutt und Felsabsätze kommen wir zu einer kleinen Terrasse, wo einst die durch einen Brand zerstörte Altore-Hütte stand (1¾ Std.). Wir steigen kurz in einen Kessel ab, der oft bis in den Juli hinein mit Schnee bedeckt ist und im Herbst meist einen winzigen See beherbergt. Jenseits geht es steil hinauf zum Col Perdu (Bocca Tumasginesca, 2183 m, 2¼ Std. ab Haut-Asco), und wir können einen atemberaubenden Blick hinab in den wilden Kessel Cirque de la Solitude werfen.

*Die Gratwanderung von Haut-Asco über die Punta Culaghia bietet ein einmaliges Panorama.*

## Tour auf einen Blick

**Zufahrt:** Von Ponte Leccia nach Haut-Asco.
**Wegverlauf:** Schistation Haut-Asco (1422 m) – Col Perdu (2183 m), 2¼ Std.; Durchquerung des Kessels Cirque de la Solitude weitere 1¼ Std.
**Leichte Bergtour** zum Col Perdu; (Durchquerung des Kessels leichter Klettersteig).
**Karten:** ign 4250 OT, ign 73, DR 20.

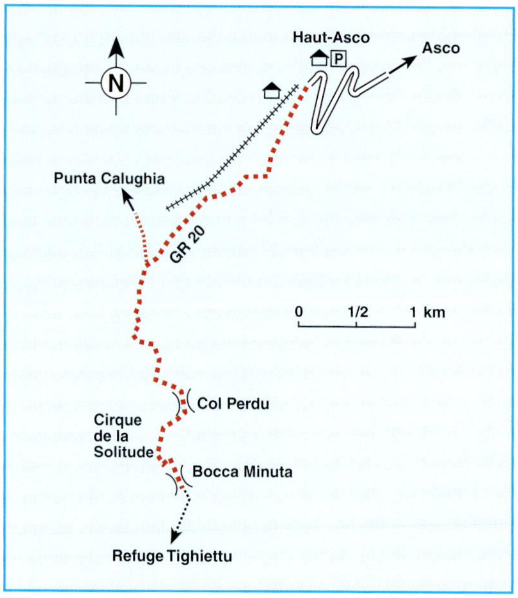


Wer sich nicht mit einem Blick hinunter begnügen will, kann in einer Dreiviertelstunde in den Kesselboden absteigen, wo man sich inmitten der Wände und Türme winzig klein fühlt. Abstieg und Durchquerung des Kessels haben den Charakter eines leichten Klettersteiges und erfordern Schwindelfreiheit und Trittsicherheit. Bei Nässe und vor allem bei Schnee- und Eisresten kann sich die Schwierigkeit erheblich steigern, und ohne Erfahrung und entsprechende Ausrüstung (Pickel, Steigeisen) sollte man dann nicht in den Kessel absteigen. Die Durchquerung des Kessels (1¼ Std.) ist die schwierigste, allerdings mit Ketten und Seilen gut gesicherte Passage des GR 20 und sollte nur bei gutem Wetter und Klettersteigerfahrung durchgeführt werden. Lohnend ist es, in den Kessel abzusteigen und dann auf den Col Perdu zurückzukehren.

## 25. Monte Cinto – das Dach der Insel

Der höchste Berg Korsikas, der Monte Cinto, ragt 2706 m über dem Meeresspiegel auf. Und das ist hier wörtlich zu nehmen, denn gegen Westen ist der Gipfel nur 25 km vom Meer entfernt, gegen Osten 48 km. An klaren Tagen – bei Nord- oder Nordwestwind – ist der

*Blick vom Gipfel des 2706 m hohen Monte Cinto, des höchsten Berges der Insel, zur Paglia Orba.*

Rundblick von diesem Gipfel, der weite Teile der Insel umfaßt, ein unvergeßliches Erlebnis. Winde aus südlichen Richtungen dagegen, die feuchte Luft herbeischaffen, führen zu intensiven Niederschlägen und heftigen Gewittern im Hochgebirge. Häufig sind diese Gewitter im Herbst und Frühjahr, aber auch im Sommer muß man in den Bergen mit Unwettern rechnen. Die jährliche Niederschlagsmenge im Cinto-Massiv beträgt 2000 mm und sinkt gegen die Küsten rasch auf rund ein Drittel dieses Wertes.

Der Monte Cinto ist sicher kein Berg, den man in minimaler Wanderausrüstung, nur mit kurzen Hosen versehen, ersteigen sollte. Denn selbst wenn die Sonne an schönen Tagen stärker wärmt, als einem beim Anstieg lieb ist, kühlt es, wenn sich die Sonne hinter Wolken versteckt und starker Wind aufkommt, rasch ab, und bei Gewittern sind auch im Hochsommer Graupelschauer nicht selten. Ein zeitiger Aufbruch ist immer zu empfehlen, denn die höchsten Berge der Insel setzen sich um die Mittagszeit gerne Hüte auf. Zwei bezeichnete Steige leiten auf den Gipfel. Der Anstieg von Haut-Asco ist länger und erst im Hochsommer und Herbst zu empfehlen, da sich in den Nordflanken oft bis in den Juli hinein Schnee- und Eisreste halten. Hier ist der lohnende Anstieg vom Calacuccia-Stausee im Niolu durch die Südostflanke des Bergriesen beschrieben.

*Das reizende Korsische Edelweiß (Helichrysum frigidum), eine Strohblumenart, blüht im Sommer in Felsspalten.*

## Tour auf einen Blick

**Zufahrt:** Vom Calacuccia-Stausee nach Lozzi und auf schlechtem Fahrweg 7,5 km bis zu Parkplatz bei Jausenstation.
**Wegverlauf:** Parkplatz (1600 m) – Refuge de l'Ercu (1667 m), ½ Std.; Refuge de l'Ercu – Monte Cinto (2706 m), 3 Std.
**Unschwierige Bergtour** (Stellen I-).
**Karten:** ign 4250 OT, ign 73, DR 20.

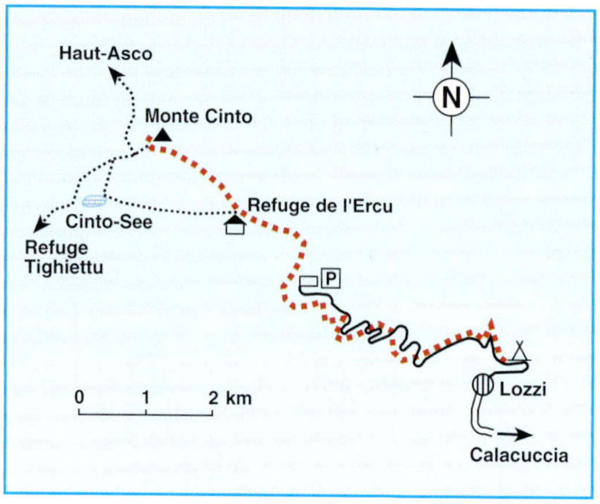


## Wegbeschreibung:

Vom Calacuccia-Stausee führt eine Straße zum Bergdorf Lozzi, von wo ein schottriger Fahrweg 7,5 km zu einem Parkplatz mit Buvette (Jausenstation) in 1600 m Höhe auf der Bergerie de Pietra Pinzuta zieht. Der Fahrweg ist nicht steil, aber von Regengüssen oft so ausgewaschen, daß nur geländegängige Autos mit guter Bodenfreiheit die Auffahrt bewältigen. Alternativen sind ein Fußweg von Lozzi oder eine verkürzte Anfahrt, denn am schlechtesten ist die Schotterstraße meist die letzten 2 km. Vom Parkplatz erreichen wir in leichtem Auf und Ab, einen Bach überquerend und durch niedrige Macchia wandernd, in einer halben Stunde die kleine Selbstversorgerhütte Refuge de l'Ercu, in der Monte-Cinto-Besteiger gerne nächtigen. Während der Hauptsaison fährt der Hüttenwirt täglich hinauf, sorgt für Holz und Wasser und macht sauber.

Der mit roten und weißen Tupfen und Steinmännchen markierte Anstieg zieht zunächst lange über ein Schuttfeld hinauf, das im oberen Teil mit Erlen bewachsen ist. Nach einer guten Stunde wird das Gelände felsig, und der Steig führt sehr abwechslungsreich über Felsschrofen und Gesteinsschutt höher – vorbei an markanten Felstürmen. Besonders faszinierend ist das wechselnde Farbenspiel der Felsen, das alle Schattierungen von grau, ocker, violett und braun bis grünlich zeigt. Der Gipfelaufbau besteht aus griffigem Fels, und hier sind einige ganz leichte Kletterstellen (I-) zu überwinden. Nach drei Stunden (ab Hütte) stehen wir auf

dem höchsten Punkt der Insel und genießen das Traumpanorama.
Im Frühsommer werden wir fast bis zum Gipfel von Blumen begleitet, die sich in schützende Felsspalten ducken. Korsische Teufelskralle, Hirschgeweih-Steinbrech, verschiedene Nelken- und Mauerpfefferarten setzen farbige Tupfen in den Fels. Am Fuß der Felsen wächst die Kratzdistel, und der Klebrige Ziest öffnet seine zarten Blüten. Im Spätsommer erfreuen uns die weißen Blütensterne des Korsischen Edelweiß.

## 26. Durch die Dörfer des Niolu – jahrhundertealtes Hirtenland

Das Niolu (Niolo) ist ein großes Becken am Oberlauf des Golo, das von den hohen Gipfeln des Monte Cinto, der Paglia Orba und der Punta Artica umschlossen ist. Unterhalb dieses Beckens hat sich der Golo schluchtartig eingeschnitten, so daß das Niolu durch Jahrhunderte eine von der Küste weitgehend isolierte, abgeschiedene Region war und alte Traditionen bewahrt wurden. Die Bewohner lebten vor allem von der Viehzucht, und noch heute werden im Niolu große Schaf- und Ziegenherden durch das oft stark überweidete Land getrieben. Auch Rinderherden werden hier gehalten, und zunehmend sieht man in ganz Korsika Reitpferde grasen, die an Touristen vermietet werden. In Calacuccia, dem größten Ort des Niolu, kann man sehr schmackhaften Ziegen- und Schafkäse erwerben, der noch mit den Namen des Hirten und Käsers gekennzeichnet ist. In den einfachen Herbergen und Gaststätten kann man typische Speisen der Region kosten.
Das Niolu war schon in vorgeschichtlicher Zeit besiedelt. Das kleine Museum in Albertacce beherbergt archäologische Funde des Niolu und dokumentiert die Besiedlungsgeschichte. In unmittelbarer Nähe der Straße D 84 steht in einer Wiese ein riesiges Steingrab (von Calacuccia Richtung Col de Verghio, kurz nach der Abzweigung der Straße nach Lozzi, links gegen den See hinab). 1968 wurde ein Staudamm eingeweiht, der den am tiefsten gelegenen Teil des Niolu-Beckens in einen großen Stausee verwandelte. Das Wasser dient der Stromerzeu-

*Verstreut liegen die Bergdörfer des traditionellen Hirtenlandes Niolu über dem Calacuccia-Stausee am Fuß des Monte Cinto.*

## Tour auf einen Blick

**Zufahrt:** Nach Albertacce am Calacuccia-Stausee.
**Wegverlauf: Rundtour:** Albertacce (860 m) – Calasima (1095 m), 1¾ Std.; Calasima – Aussichtspunkt (1370 m), ¾ Std.; Aussichtspunkt – Poggio di Lozzi (1029 m) – Albertacce, 1½ Std.
**Leichte Wanderung.**
**Karten:** ign 4250 OT, ign 73, DR 20.

gung und der Bewässerung der Kulturen an der Ostküste. Im Mai, wenn sich der schneebedeckte Monte Cinto im See spiegelt und der noch volle Stausee von blühenden Hängen umrahmt wird, ist diese Landschaft am schönsten. Man hat in den letzten Jahren viele Wanderwege markiert und ausgeschildert, die auf alten Hirtenwegen von Bergdorf zu Bergdorf hoch über dem See durch dieses uralte Weideland führen.

## Wegbeschreibung:

Über Calacuccia führt der Weitwanderweg „Mare a Mare Nord" hinauf zum Col de Verghio (Bocca di Verghju) ; diesem folgen wir im ersten Teil dieser Tour. Wir fädeln uns in Albertacce westlich von Calacuccia in diesen gut markierten Weg ein und folgen dem alten, von Steinmauern gesäumten Pfad zwischen kaum noch genutzten Terrassen aufwärts. Nach fünf Minuten erblicken wir neben dem Weg riesige Felsblöcke, die eine Höhle formen, in der man prähistorische Funde machte. Vorbei an uralten Edelkastanien zieht der Weg durch stark überweidetes Land, auf dem nur dornenbewehrte oder giftige Pflanzen ungehindert

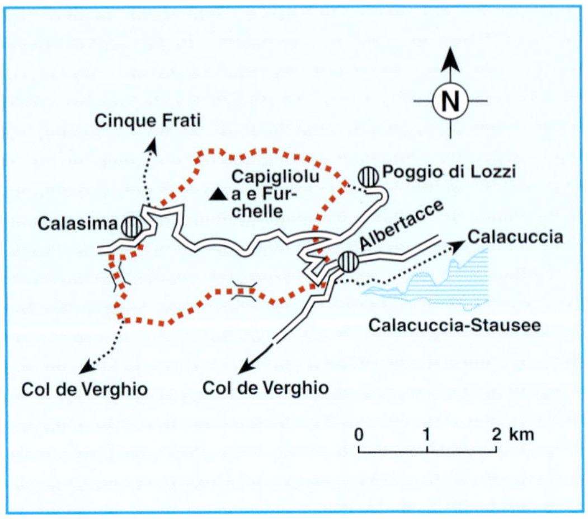


wachsen können. Im Frühjahr leuchten die Weiden weiß von den Blütensternen des Affodill, unterbrochen von leuchtendgelben Doldenblüten der Palisaden-Wolfsmilch.

Der Weg biegt in das Viru-Tal ein, und die elegante Felspyramide der Paglia Orba, auch „Matterhorn Korsikas" genannt, taucht vor uns auf. Wir wandern zunächst hoch über dem hier schluchtartig eingegrabenen Fluß Viru und überqueren ihn dann auf einer alten Steinbrükke (½ Std.). Am jenseitigen Ufer steht eine alte

*Rastplatz bei einer alten Mühle im Viru-Tal, die man bei einer Wanderung durch die Niolu-Dörfer passiert.*

Mühle mit einem waagrecht liegenden Mühlrad, das von der dem Fluß zugewandten Seite der Mühle zu besichtigen ist. Der Weg führt weiter durch Macchia und lichten Mischwald, bis wir bei einer Weggabelung den Weitwanderweg verlassen, kurz absteigen und abermals den Viru überqueren. In steilerem Anstieg erreichen wir Calasima (1095 m, 1¼ Std.), das höchstgelegene Dorf des Niolu, das sich an den Hang des Monte Albanu schmiegt und eine einmalige Lage hat.

Von hier bieten sich zwei Varianten an: Abstieg über die Straße nach Albertacce (¾ Std.) oder eine Höhenwanderung (1¾ Std.) nach Poggio di Lozzi, die den felsigen Gipfel des Capigliolu a e Furchelle (1401 m) umrundet und einen besonders schönen Blick über den Stausee und das Niolu bietet. Vom kleinen Dorf Poggio di Lozzi führt der markierte Weg durch altes Kulturland direkt hinunter nach Albertacce (gesamte Rundtour etwa 4 Std.).

## 27. In der wilden Schlucht Scala di Santa Regina

Korsika besitzt viele phantastische Schluchten, die keinen Vergleich mit der viel berühmteren Samaria-Schlucht auf Kreta scheuen müssen. Unterhalb des Calacuccia-Stausees hat sich der Fluß Golo tief eingegraben und die beeindrukkende Schlucht Scala di Santa Regina geschaffen. Bis zu 1000 m hohe Felsgipfel ragen über der Schlucht auf und brechen mit rötlichen, violetten oder ockerfarbenen Felswänden zum Schluchtgrund ab. Heute führt eine mit viel Aufwand in den Fels gesprengte Straße durch die enge, rund 5 km lange Schlucht, die das Niolu mit der Ostküste verbindet.

Früher gab es nur einen Maultierweg, der hoch über der Schlucht durch die Felswände zieht. Man suchte beim aufwendigen Wegebau Passagen, wo sich die Wände schon etwas zurückneigen und man schmale Terrassen und Felsbänder nutzen konnte. Gefährlich war dieser oft treppenartige Steig, über den die Herden zu ihren Winterweiden an der Küste getrieben wurden, wohl immer. Und so nannten ihn die Hirten nach ihrer Schutzpatronin „Scala di Santa Regina" (Treppe der Himmelskönigin). In Casamaccioli (s. Tour Nr. 28), einem kleinen Dorf südlich des Calacuccia-Stausees, feiert man jedes Jahr am 8. September mit einer Prozession das Fest der Himmelskönigin.

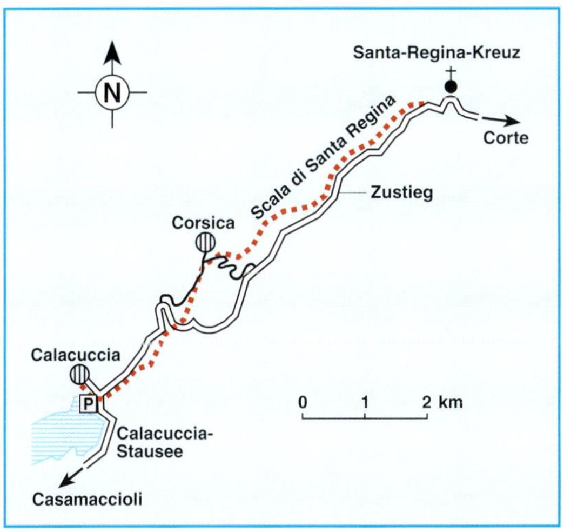


*Den alten Hirtenweg durch die Schluchtwände der Scala di Santa Regina, der „Treppe der Himmelskönigin", auf dem das Weidevieh ins Niolu getrieben wurde, hat man als Wanderweg wieder instand gesetzt.*

## Tour auf einen Blick

**Zufahrt:** Nach Calacuccia bzw. zum oberen Schluchtende.
**Wegverlauf:** Calacuccia (812 m) – Corsica (830 m), 1¼ Std.; Corsica – Schlucht Scala di Santa Regina – Santa-Regina-Kreuz (492 m), 2½ Std.;
**Variante:** Zentraler Teil der Schlucht, 1 Std.
**Leichte Wanderung.**
**Karten:** ign 4250 OT, ign 73, DR 20.

## Wegbeschreibung:

Den alten Hirtenweg durch die Schlucht Scala di Santa Regina hat man wieder instand gesetzt und markiert. Eine Wanderung auf diesem mit oft meterhohen Stützmauern versehenen und teils gepflasterten Weg durch die felsigen Abbrüche gehört zu den eindrucksvollsten Touren auf der Insel. Der Pfad führt auf der Sonnseite der Schlucht, und schon zu Ostern blühen in den Felsen Rosmarin, Ginster und Affodill, und bei jeder Wegbiegung öffnet sich ein neuer atemberaubender Blick in die Schlucht.
Man kann die Wanderung in Calacuccia starten, zunächst dem Weg eine Dreiviertelstunde unterhalb der Straße im Tal des Golo folgen und dann eine halbe Stunde zum winzigen Dorf Corsica aufsteigen, wo die eigentliche Schluchtwanderung beginnt. Von hier folgen wir dem Hirtenweg noch rund 2½ Stunden durch die Schlucht, bis der Weg beim Santa-Regina-Kreuz die Straße erreicht. In der Hauptsaison gibt es auch ein- bis zweimal täglich Busverbindungen nach Calacuccia, die man zur Rückkehr nutzen kann. Es ist aber auch sehr lohnend, den Weg zurückzugehen; es öffnen sich viele neue Blicke, und das Licht auf den Felsen verändert ständig das Bild der Schlucht. Wem das zu lange ist, der kann auch unterhalb des Dorfes Corsica von der Straße zum Schluchtweg aufsteigen und nur den schönsten zentralen Teil der Schlucht durchwandern (ca. 2 Std. hin und zurück).

## 28. Capo di a Vorba – hoch über dem Stausee von Calacuccia

Fast alle Dörfer des Niolu liegen an den sonnseitigen Hängen über dem Calacuccia-Stausee. Den schönsten Blick auf diese Dörfer und den darüber aufragenden Gipfel des Monte Cinto hat man von der gegenüberliegenden Südseite des Sees und von der kleinen Halbinsel, die ostseitig neben dem Staudamm in den See hineinreicht und nur als Weideland genutzt wird. Noch schöner wird der Blick über das alte Weideland und die höchsten Gipfel der Insel,

Von der hoch über dem Calacuccia-Stausee gelegenen Bocca a l'Arinella präsentiert sich die Paglia Orba als elegantes Horn.

wenn man – wie in dieser Tour vorgeschlagen – zum Bergrücken über dem Südufer des Sees aufsteigt.

Zuvor wollen wir noch dem alten Hirtendorf Casamaccioli, dem einzigen an der Südseite des Sees gelegenen Dorf, einen Besuch abstatten. Nach der Überlieferung wurde in einem Kloster die Statue einer wundertätigen Madonna aufbewahrt. Nach der Zerstörung dieses Klosters wurde die Statue Streitobjekt mehrerer Klöster. Da man sich nicht einigen konnte, setzte man die Statue auf ein Maultier und bestimmte, daß jener Ort, wo das Maultier stehen bliebe, die Statue erhalten sollte. Casamaccioli war der von dem Tier erwählte Ort, und seitdem steht die Statue der Santa Regina, der Himmelskönigin, in einem Seitenschiff der Pfarrkirche des Ortes und wird bei dem großen Hirtenfest und der Prozession am 8. September durch den Ort getragen. Es ist ein mehrtägiges Volksfest, bei dem vor allem Abbilder und Figuren der Himmelskönigin, aber auch Gerätschaften für die Hirten und bodenständige Produkte angeboten werden. In einem Raum neben der Kirche brennen Tausende und Abertausende, mit frommen Wünschen zu Ehren der Heiligen entzündete Kerzen. Sehenswert in der Kirche ist auch die Holzfigur des hl. Rochus, die einem korsischen Schäfer ähnelt.

## Tour auf einen Blick

**Zufahrt:** Zum Staudamm des Calacuccia-Sees.
**Wegverlauf:** Staudamm (800 m) – Bocca a l'Arinella (1592 m), 2 Std.; Bocca a l'Arinella – Capo di a Vorba (1759 m), ½ Std.
**Leichte Bergtour.**
**Karten:** ign 4250 OT, ign 73, DR 20.

## Wegbeschreibung:

Der Weg beginnt neben dem großen Staudamm, unter dem man die Überreste einer alten Brücke sieht. Sie war eine der schönsten genuesischen Brücken, aber nach dem Bau des Dammes ließ man sie verfallen, da das Gebiet unter dem Damm aus Sicherheitsgründen nicht betreten werden darf.

Der flach angelegte Weg, dem wir rund 800 Höhenmeter über den mit niedriger Macchia bewachsenen Bergrücken folgen, ist ein alter Maultierpfad, der als Etappe des Weitwanderweges „Mare a Mare Nord Principal“ (M. A. M. N. P.) von der Macchia befreit und markiert wurde. Der Weg ist meist schon zu Ostern schneefrei, während die gegenüberliegenden Gipfel des Cinto-Massivs und der Paglia Orba noch in ein leuchtendweißes Schneekleid gehüllt sind. Wir passieren einige Schweine- und Schafalmen mit uralten Korkeichen, und zu Ostern blühen am Wegrand unzählige Krokusse und die Korsische Nieswurz. Nach zwei Stunden erreichen wir die Scharte Bocca a l'Arinella (1592 m) und genießen einen weiten Blick über das von Mauern eingefriedete alte Weideland des Niolu, das sich zu Füßen der höchsten Berge der Insel ausbreitet. Erstmalig öffnet sich auch der Blick zu den hohen Bergen der Rotondo-Gruppe, und diese Aussicht wird noch umfassender, wenn wir den Gipfel des Capo di a Vorba (Capu di a Borba) ersteigen. Der orange markierte Weitwanderweg führt von der Bocca a l'Arinella hinunter zum Refuge de la Sega. Wir verlassen diesen Weg und folgen dem breiten Bergrücken sanft ansteigend durch grasiges Gelände und niedrige Macchia. Einige Steinmännchen markieren den Anstieg, der an bizarren, von Tafoni durchlöcherten Felsbrocken vorbei zur ersten Erhebung im Kamm, dem felsigen Gipfel Capo di a Vorba (1759 m, ½ Std.), führt.

## 29. Vom Viru-Tal auf den Aussichtsgipfel Monte Albanu

Das Viru-Tal ist eines der landschaftlich reizvollsten Täler der Insel, das von der markanten Felspyramide der Paglia Orba beherrscht wird.

Gegen Norden bilden die eleganten Felstürme der Cinque Frati und der Monte Albanu eine großartige Kulisse, und über dem Talschluß ragt die eindrucksvolle Felsgestalt der Punta Minuta auf.
Das Viru-Tal ist jahrhunderte-, wahrscheinlich sogar jahrtausendealtes Weideland, und nur Pflanzen, die sich durch Dornen, Gift oder Bitterstoffe vor den dauernd zupfenden Mäulern unzähliger Schafe, Ziegen, Schweine und Rinder retten konnten, hatten hier eine gute Überlebenschance. Wacholderbüsche, Berberitzen, Schlehen, Ginster, ungenießbare Wolfsmilch und Affodill beherrschen das Pflanzenkleid dieser Region. Man hat alte Wege zu den teilweise nicht mehr bewirtschafteten Bergerien wieder instand gesetzt und markiert und so diese einsame großartige Landschaft für Wanderer erschlossen.

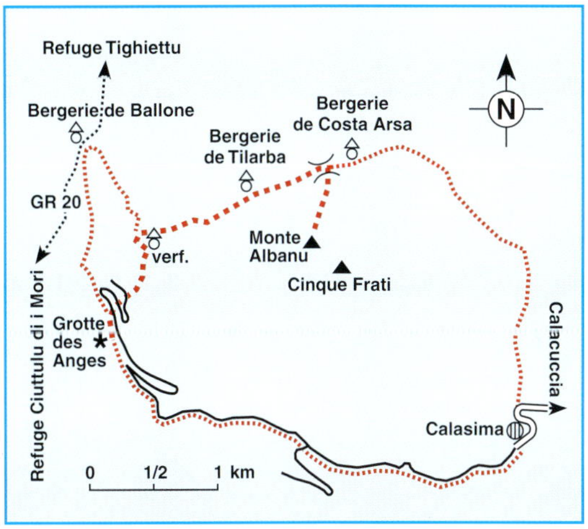


## Wegbeschreibung:

Ausgangspunkt für die Wanderungen ist Calasima (1095 m), das höchstgelegene Dorf des Niolu, das in einmaliger Lage am steilen Südosthang des Monte Albanu (Monte Albano) klebt. Hier beginnt die „Tour de Cinque Frati“, die den mächtigen Bergstock des Monte Albanu mit den kühnen Felstürmen der „Fünf Brüder“ (Cinque Frati) umrundet. Der markierte Weg führt knapp unter dem Gipfel des Monte Albanu vorbei und über die Bergerie de Costa Arsa durch ein Tal zurück hinunter nach Calasima. Für die gesamte Rundtour muß man

*Zu Füßen der Felstürme der Cinque Frati leuchten bei Sonnenaufgang die Blütenkerzen des Affodill (Asphodelus aestivus) – von den Korsen sehr treffend Luminelli (Lichtlein) genannt.*

## Tour auf einen Blick

**Zufahrt:** Von Calacuccia über Calasima zur Grotte des Anges.
**Wegverlauf:** Grotte des Anges (1226 m) – Bergerie de Tilarba (1623 m), 1 Std.; Bergerie de Tilarba – Monte Albanu (2018 m), 1¼ Std. (Variante: Rundtour „Cinque Frati“ von Calasima, 6 Std.).
**Unschwierige Bergtour,** im Gipfelbereich einige Stellen I; „Tour de Cinque Frati“ **leichte Bergtour).**
**Karten:** ign 4250 OT, ign 73, DR 20.

*Das Gemeine Rutenkraut (Ferula communis) kann einige Meter hoch werden.*

*Der Aufstieg zur Tighiettu-Hütte führt durch eine wilde Bergwelt.*

gut sechs Stunden einplanen, und rund zwei Stunden davon geht man auf einer Schotterstraße.

Als lohnende Variante ohne längeren Straßenabschnitt bietet sich eine kürzere Tour an, bei der man von Calasima bis zur sogenannten Grotte des Anges (1226 m) fährt. Diese „Grotte" besteht aus einem riesigen runden Felsblock, der auf dem ebenen Talboden liegt und auf einer Seite so stark überhängt, daß unter dem Felsen ein schattiger Platz für eine kleine Bank ist. Von hier steigen wir mit immer schöner werdender Aussicht zu einem Rastplatz bei einer verfallenen Bergerie auf (½ Std.), wo sich

ein prächtiges Panorama bietet – ein lohnendes Ziel einer Kurzwanderung.

Der Weg zieht weiter hangaufwärts zu den kleinen Steinhütten der Bergerie de Tilarba (1623 m, ½ Std.) und dann in vielen Kehren durch den Nordwesthang des Monte Albanu in eine breite grasige Scharte (1922 m, ¾ Std.). Ende April stehen die Krokusblüten auf dem Hang so dicht, daß man fast nicht weiß, wo man hintreten soll. Der Gipfel des Monte Albanu (2018 m) ist unschwierig zu ersteigen und bietet eines der schönsten Bergpanoramen Korsikas (2 ¼ Std. ab Grotte des Anges).

Als lohnende kürzere Wanderung sei folgende 2½ stündige Rundtour empfohlen. Wir steigen nur bis zur Bergerie de Tilarba auf, kehren auf dem Anstiegsweg zum Aussichtsplatz bei der verfallenen Bergerie zurück und wählen hier den Abstieg zur schön gelegenen Bergerie de Ballone im Viru-Tal (s. Tour Nr. 30). Durch prächtigen Hochwald mit uralten Kiefern wandern wir im Tal zurück zur Grotte des Anges.

## 30. Über die Tighiettu-Hütte zur Felswildnis der Bocca Minuta

Es ist eine Wanderung der Kontraste, die hier vorgeschlagen wird und die auch als Teilstrecke sehr lohnend ist. Im oberen Viru-Tal hat sich ein prächtiger Hochwald mit mächtigen Laricokiefern erhalten, und die nicht mehr als Weide genutzten Talhänge werden großflächig

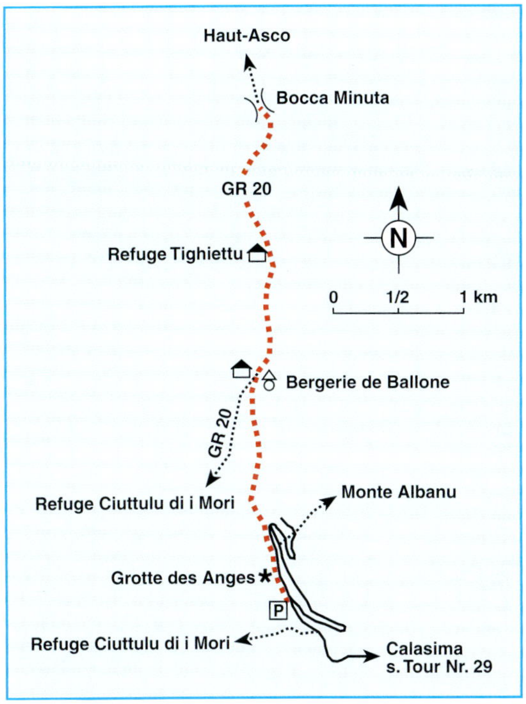


aufgeforstet. Von dieser grünen Oase leitet unsere Tour zu einer der wildesten Felsregionen des Hochgebirges – zum Cirque de la Solitude („Kessel der Einsamkeit").

## Wegbeschreibung:

Wir beginnen unsere Wanderung wieder bei der von Calasima auf einer Schotterstraße erreichbaren Grotte des Anges (1226 m, s. Tour Nr. 29) und wandern vorbei an imponierenden Baumriesen talaufwärts zu der einmalig schön gelegenen Bergerie de Ballone mit der neu erbauten Herberge Auberge u Vallone (1 Std. von der Grotte bzw. ½ Std. von einer Forststraße oberhalb der Grotte).

Unser Weg folgt dem Tal aufwärts, wir lassen die letzten urigen Lariciokiefern hinter uns und steigen steil zum Refuge Tighiettu (1683 m, ¾ Std.) auf, einem sehr eigenwilligen, aber ansprechenden Bau – ein Holzhaus, das auf Stelzen steht und windschiefe Wände hat. Die schön gelegene Hütte mit ihrer reizvollen Umgebung ist schon ein sehr lohnendes Tourenziel. Sie ist Stützpunkt für GR-20-Wanderer, und man erblickt zahlreiche kleine, von Steinen befreite Rasenflecken, die als Zeltplätze dienen, da die Hütte in der Hochsaison oft voll belegt ist.

Vom Refuge Tighiettu führt der GR 20 über Felsplatten und Blockwerk in 1¾ Stunden zur Bocca Minuta (2218 m), und der Blick von dieser Scharte hinab in den von Granitwänden und Türmen umschlossenen Kessel Cirque de la Solitude ist atemberaubend. Der GR 20 durchquert diesen Kessel auf der Route ins Asco-Tal, und wer diese Felswildnis vom Boden des Kessels aus erleben will, kann auf einem zum Teil mit dicken Eisenketten gesicherten Steig hinab in den Kessel gelangen (s. Tour Nr. 24).

## 31. Zur Bergerie Radule und den Kaskaden des Golo

Für eine Insel, deren größte Ausdehnung nur 183 km beträgt, ist die Länge des Flusses Golo von 84 km sehr beachtlich. Dieser längste und bedeutendste Fluß Korsikas entspringt am Fuß

### Tour auf einen Blick

**Zufahrt:** Von Calacuccia über Calasima zur Grotte des Anges.
**Wegverlauf:** Grotte des Anges (1226 m) – Refuge Tighiettu (1683 m), 1¾ Std.; Refuge Tighiettu – Bocca Minuta (2218 m), 1¾ Std.
**Leichte Bergtour.**
**Karten:** ign 4250 OT, ign 73, DR 20.

*Unterhalb der Bergerie Radule stürzt der Golo in mehreren Kaskaden zu Tal.*

## Tour auf einen Blick

**Zufahrt:** Zur Straßenkehre „Le Fer à Cheval“ östlich des Col de Verghio.
**Wegverlauf:** Straßenkehre (1329 m) – Bergerie de Radule (1300 m), ½ Std.; Bergerie de Radule – Kaskaden des Golo, 10 Min.; Kaskaden – Golo-Tal (1600 m ), ¾ Std.
**Leichte Wanderung.**
**Karten:** ign 4250 OT, ign 73, DR 20.

eines großen Schuttfeldes unterhalb der Scharte Col des Maures (s. Tour Nr. 32), die die mächtigen Felsgipfel der Paglia Orba und des Capu Tafunatu (Capo Tafunato) trennt. Im Oberlauf hat der Fluß viele kleine Felsenbecken ausgewaschen, und unterhalb der Bergerie de Radule stürzt der Golo in einem Wasserfall und vielen kleinen Kaskaden (Cascades de Radule) über eine Felsstufe. Im Frühjahr, zur Zeit der Schneeschmelze, sind es beeindruckende Wassermassen, die hier wildbrausend zu Tal stürzen und die Felsbecken durchtosen. Im Sommer und Herbst sucht sich nur ein bescheidener Bach den Weg, und die wassergefüllten Felsbecken (Gumpen) laden zu einem erfrischenden Bad.
Im Mittellauf durchfließt der Golo das weite Becken im Herzen des Niolu (Niolo), bis der große Calacuccia-Stausee seinen Lauf bremst. Unterhalb des Sees hat der wilde Fluß die Schlucht Scala di Santa Regina gegraben und dadurch das Niolu lange Zeit von der übrigen Insel weitgehend abgeschnitten. Diese isolierte Lage brachte einerseits Nachteile, hatte aber den Vorteil, daß die Bewohner kaum Überfälle von Seeräubern und Eroberern fürchten mußten. Die Dörfer des Niolu sind aufgelockerte Siedlungen inmitten fruchtbaren Kulturlandes und schattiger Kastanienhaine. Sie kleben nicht wie die küstennahen Festungsdörfer mit turmartigen Häusern eng verschachtelt an möglichst unzugänglichen felsigen Kuppen und Bergrücken. Das Kulturland rund um die Dörfer des Niolu, wo einst Getreide, Obst und Gemüse angebaut wurden, wirkt heute allerdings oft etwas verwildert, weil es meist nur noch als Viehweide genützt wird.

## Wegbeschreibung:

Vom Calaccucia-Stausee fahren wir talaufwärts in Richtung des Passes Col de Verghio (Bocca di Verghju). Von einigen Aussichtsplätzen an der Straße hat man einen schönen Blick hinab in das Tal des Golo mit dem großen Stausee und zu den freundlichen Dörfern des Niolu an den Sonnenhängen des Tales. In der Straßenkehre „Le Fer à Cheval“ (Hufeisen, 1329 m) beginnt unsere Wanderung. Abenteuerlich verbogene und verkrüppelte Birken, die hier

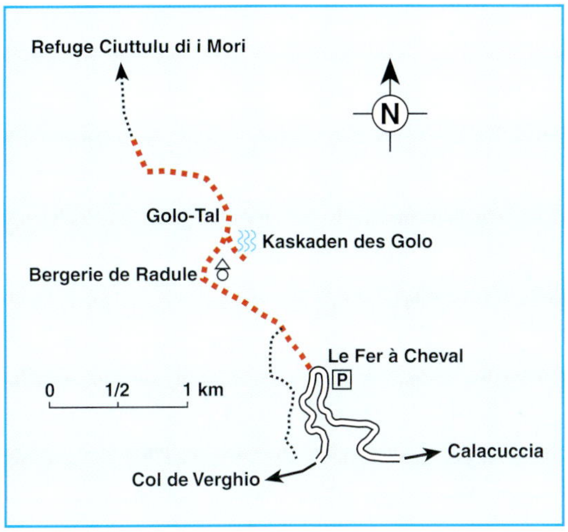


an der Waldgrenze ums Überleben kämpfen, und stattliche Lariciokiefern säumen den Weg. Sobald wir uns der Bergerie de Radule (Gradule, 1300 m, ½ Std.) nähern, ist der Boden von Schweinen aufgewühlt, die hier nach begehrten Leckerbissen, den Knollen und Zwiebeln von Krokus und Gelbstern, graben. Die Steinhäuser der Bergerie, bei der man in den Sommermonaten Käse kaufen kann, scheinen mit dem felsigen Untergrund zu verschmelzen. Wir verlassen den markierten Weg und steigen in wenigen Minuten steil zu den Cascades de Radule ab. Es ist sehr lohnend, anschließend dem GR 20 durch eine malerische Felswildnis weiter talaufwärts zu folgen (rund ¾ Std., s. Tour Nr. 32).

## 32. Durch das Golo-Tal zur Paglia Orba, dem „Matterhorn Korsikas“

Die kühne Felspyramide der Paglia Orba wird oft das „Matterhorn Korsikas“ genannt. Als „Matterhorn“ präsentiert sich dieser Felsgipfel allerdings nur über dem Viru-Tal (s. Touren Nr. 26 und Nr. 29), und von dieser Seite ist der Gipfel nur über Kletterrouten zu bezwingen. Über dem Talschluß des Golo zeigt sich die Paglia Orba als breiter Felsrücken, und von hier ist ihr Gipfel auch für versierte Bergsteiger mit Kletterkenntnissen erreichbar.

*Die Steinhütten der Bergerie Radule verschmelzen fast mit der Landschaft. In den Sommermonaten kann man hier würzigen Ziegenkäse erwerben.*

## Tour auf einen Blick

**Zufahrt:** Zur Straßenkehre „Le Fer à Cheval" östlich des Col de Verghio.
**Wegverlauf:** Straßenkehre (1329 m) – Refuge Ciuttulu di i Mori (1991 m), 2¾ Std.; Refuge Ciuttulu di i Mori – Col des Maures (2155 m), 20 Min.; Col des Maures – Paglia Orba (2525 m), 1½ Std.
**Leichte Bergtour** zum Col des Maures; **mäßig schwierige Bergtour** (eine Stelle II) auf die Paglia Orba.
**Karten:** ign 4250 OT, ign 73, DR 20.

## Wegbeschreibung:

Von der Straßenkehre „Le Fer à Cheval" unter dem Col de Verghio wandern wir – wie in Tour Nr. 31 beschrieben – in einer halben Stunde ohne nennenswerte Steigung zur Bergerie de Radule (Gradule, 1300 m). Hier öffnet sich ein von Felsgipfeln umrahmtes wildromantisches Hochtal, das von riesigen Felsbrokken und felsigen Abbrüchen geprägt ist. Der Golo, dessen Lauf wir folgen, hat hier in vielen Kaskaden Felsbecken ausgewaschen und Felsplatten zu perfekten Rutschbahnen poliert. In dieser grandiosen Felswildnis behaupten sich noch einige urtümliche Lariciokiefern – riesige Bäume, die nur im Kronenbereich ein paar Äste haben. An einigen, vom Sturm gefällten Baumriesen sieht man deutlich, daß das Holz der Äste und der Stämme stark gedreht ist – offenbar eine Wuchsform, die dem Holz in diesen extremen Lagen höhere Bruchfestigkeit verleiht. Leider beknabbern die Ziegen der Bergerie de Radule – wenn es sonst nichts Grünes mehr gibt – auch die jungen Lariciokiefern, so daß in weitem Umkreis der Alm kein Baum mehr hochkommt.

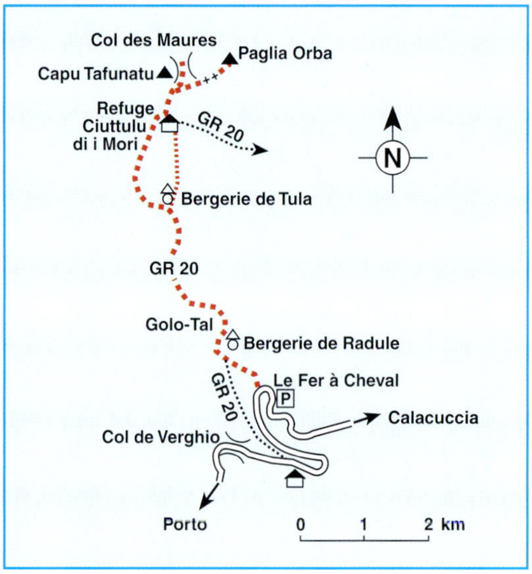


Nach einer guten halben Stunde ändert sich der Charakter des Tales. Ein breiter, von Gletschern überformter Talboden, der großen Schafherden ausreichend Futter bietet, liegt vor uns. In den von Gletschern glattgehobelten,

großen Granitplatten hat der Golo einige malerische Gumpen ausgeschliffen – kristallklare Minibadeteiche. Wir wandern über den fast ebenen Talboden zur Bergerie de Tula (2 Std. ab Straße) und erblicken vor uns die Felsgipfel des Capu Tafunatu und der Paglia Orba, die der breite Sattel Col des Maures trennt. Ein kurzer steiler Anstieg führt hinauf zur Refuge Ciuttulu di i Mori (Ciottuli di i Mori, 1991 m, ¾ Std.), einem Etappenziel des GR 20.
Wanderer können vorbei an der Quelle des Golo über das mit violett-rotem Gesteinsschutt bedeckte Kar in den Col des Maures (2155 m, 20 Min.) aufsteigen, wo sich ein prächtiger Blick in die wilden Nordabbrüche und zum großen Felsenfenster des Capu Tafunatu öffnet. Manchmal ziehen von der Westküste Nebelschwaden durch dieses 30 m lange Loch, und es sieht so aus, als ob mitten in der Felswand der Rauch eines Riesenfeuers aufsteigen würde.
Versierte Bergsteiger können von hier die Paglia Orba erklimmen. Dabei sind allerdings einige kurze leichte Kletterstellen (I) und eine schwierigere Schlüsselstelle (II) zu bewältigen. Ein wildes Chaos von rostfarbenen und violetten Konglomeraten und rhyolithischen Gesteinen umgibt uns. Durch Schluchten zwischen wildzerrissenen Felswänden und gewaltigen Gesteinstrümmern führt der mit Steinmännchen markierte Anstieg zu einem Vorgipfel, von dem man mit kurzem Ab- und Gegenanstieg über einen breiten schuttbedeckten Rükken den Gipfel der Paglia Orba erreicht (2525 m, 1¾ Std. ab Hütte) und die wohlverdiente einmalige Rundsicht genießt. Da das Terrain teilweise sehr unübersichtlich ist und man beim Abkommen von der richtigen Route in sehr schwieriges Gelände gerät, ist bei Nebel von dieser Tour unbedingt abzuraten.

## 33. Nino-Bergsee – Kleinod inmitten saftiggrüner Wiesen

Der Nino-See (Lac de Nino) liegt inmitten saftiggrüner Wiesen in einem breiten, einst von Gletschern geformten Becken. Vom Gletschereis rundgehobelte Berggipfel fassen diese grüne Oase ein, und im Hintergrund grüßen bis in den Sommer firnbedeckte Felsgipfel – die Ber-

*Beim Aufstieg zur Paglia Orba erblickt man das 30 m lange Felsenfenster (schräg oberhalb des Strohhutes) im Capu Tafunatu, das der Sage nach durch einen Hammerwurf des Teufels entstanden ist.*

## Tour auf einen Blick

**Zufahrt:** Zum Forsthaus Poppaghia östlich des Col de Verghio.
**Wegverlauf:** Forsthaus Poppaghia (1061 m) – Bergerie de Colga (1411 m), 1 Std.; Bergerie de Colga – Bocca â Stazzona (1762 m) – Nino-See (1743 m), 1½ Std.
**Leichte Wanderung.**
**Karten:** ign 4251 OT, ign 73, DR 20.

ge über dem Restonica-Tal. An den See grenzen moorige Wiesen, die von mäandrierenden Bächen durchzogen werden und mit winzigen Seeaugen bedeckt sind; diese sogenannten Pozzines sind durch Verlandung ehemaliger Gletscherseen entstanden. Kühe, Pferde und Schweine tummeln sich auf den großen Weideflächen um den See, und sogar die Schweine tragen hier Almglocken. Dieses Bergparadies ist leicht zu erreichen und ein beliebtes Wanderziel.

## Wegbeschreibung:

Ausgangspunkt der Wanderung ist das Forsthaus Poppaghia (1061 m) an der Straße, die von Calacuccia zum Col de Verghio hinaufzieht. Ein alter Weg führt uns zunächst durch einen prächtigen Hochwald von Lariciokiefern und dann über abgeschliffene Steinplatten und durch Erlengebüsch zur Bergerie de Colga (1411 m, 1 Std.), die knapp oberhalb der Baumgrenze liegt. In freiem Gelände steigen wir über Steinplatten und teils begrünten Gesteinsschutt zügig hinauf in die Bocca â Stazzona (1762 m). Gletscher haben die Felsen dieser Scharte glattgehobelt, und auf den flachen Felsplatten liegen einige bizarre Felsgebilde, die der Legende nach versteinerte Ochsen des Teufels sind.

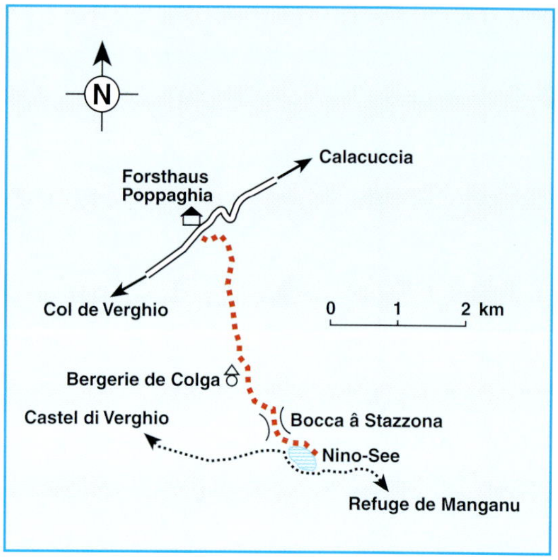


Der Teufel wollte mit seinen Ochsen die saftigen Wiesen um den Nino-See, an dem der hl. Martin sein Vieh weidete, umpflügen. Der Heilige verspottete ihn, daß er nicht einmal eine gerade Furche zustande bringe. Der Teufel wettete, daß er das könne und zog eine schnurgerade Furche. Aber plötzlich traf seine Pflugschar einen versteckten Felsbrocken und zerbrach. Voller Wut schleuderte der Leibhaftige seinen Schmiedehammer über das Talbecken. Die Wucht des Wurfes war so groß, daß der

*Der malerische Nino-See liegt inmitten saftiggrüner Wiesen, die von meandrierenden Bächen durchzogen sind. Auch Schweine weiden hier.*

Hammer die Felswand des Capu Tafunatu jenseits des Niolu-Beckens durchlöcherte (s. Tour Nr. 32). Als er sich der Teufel dann umwandte, war der hl. Martin verschwunden, und die Ochsen standen versteinert vor ihm. Diese Legende erinnert an den jahrhundertealten Streit zwischen Hirten und Bauern auf Korsika. In dem traditionellen Hirtenland des Niolu symbolisiert der Heilige die „guten" Hirten, der Teufel dagegen die „bösen" Bauern.
Unter uns breitet sich der malerische Nino-See aus, den wir bequem in einem viertelstündigen Abstieg erreichen (insgesamt 2½ Std. ab Forsthaus). Wer im Spätsommer hier hinaufsteigt, wird in den Felsspalten unter der Scharte besonders große Polster des reizenden Korsischen Edelweißes sehen. Die weißen sternförmigen Blüten erinnern zwar an das Edelweiß der Alpen, die Pflanze gehört aber zur Gattung der Strohblumen; ihre Blüten bleiben oft bis zum ersten Schneefall erhalten.

## 34. Punte de Cricche – Panorama-Gipfel über dem Col de Verghio

Der Col de Verghio (Bocca di Verghju, 1477 m) ist der höchste Paß der Insel, und von Mitte November bis Mitte April muß man mit Wintersperre rechnen. Bis eineinhalb Meter Schnee können hier oben fallen, und sogar Anfang Mai hat mich auf der Paßhöhe einmal ein Schneegestöber empfangen, während unten an der Küste schon die Rosen blühten. Bei der Anfahrt von Calacuccia zum Paß durchqueren wir einen der schönsten und größten Wälder Korsikas, den forstwirtschaftlich genutzten „Fôret de Valdu Niellu", dessen bis zu 500 Jahre alten Lariciokiefern eine Höhe von über 35 m erreichen können. An der Baumgrenze über dem Kiefernwald kämpft ein schmaler Gürtel von Birken ums Überleben, Wind und Schneedruck formen aus ihnen bizarre Baumgestalten. Der Paß selbst, auf dem eine monumentale Christusfigur steht, liegt schon über der Baumgrenze und bietet einen schönen Blick, der wesentlich umfangreicher wird, wenn man den Felskamm der Punte de Cricche oberhalb des Passes ersteigt.

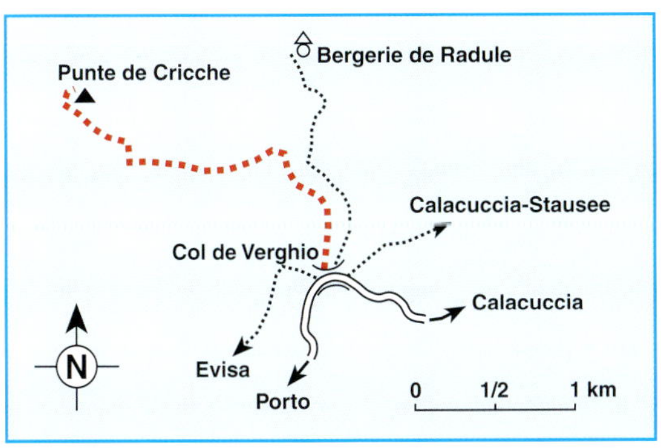

*Auf dem höchsten Paß Korsikas, dem Col de Verghio, steht eine überlebensgroße Christusstatue. Der Felsgipfel Punte de Cricchie im Hintergrund ist leicht zu ersteigen und bietet ein prächtiges Panorama.*

### Wegbeschreibung:

Nordwestlich des Passes erblicken wir einen markanten Felskamm mit größeren und kleineren Felstürmen. Dieser namenlose Vorgipfel der wenig höheren Punte de Cricche ist unser erstes Ziel. Vom Col de Verghio wandern wir kurz durch Büsche von Ginster und Wacholder, die sich eng an den Boden drücken, um dem Wind möglichst wenig Widerstand zu bieten. Ein mit Steinmännchen markierter Steig zieht gegen die Felsen hinauf und führt über einen Rücken und eine teils begrünte Rinne auf den felsigen Grat. Mit prächtiger Aussicht wandern wir über den Grat zum Vorgipfel (2017 m, 1¼ Std.), der von markanten Felstürmen flankiert wird. Das Panorama umfaßt das weite Becken des Niolu mit dem Calacuccia-Stausee, die Gipfel Monte Cinto, Paglia Orba, Capu Tafunatu, Monte Rotondo und schweift bis zur Westküste.
Vor uns ragt die eindrucksvolle, durch Flechten grünlich gefärbte Felsflanke der Punte de Cricche (2057 m) auf, die von der Rückseite problemlos über Gesteinsschutt erstiegen werden kann. Dieser Anstieg ist allerdings kaum noch mit Steinmännchen markiert, aber bei guter Sicht eindeutig zu erkennen und die Aussicht von der Punte de Cricche (20 Min.) noch umfassender. Als wir im Mai auf dem Gipfel saßen, querte ein gedrungenes Tier durch die gegenüberliegende, noch mit einzelnen Schneefeldern bedeckte Bergflanke. Erst durch den Feldstecher entdeckten wir, daß ein mächtiger Eber offenbar in ein anderes Gebiet wechselte.

### Tour auf einen Blick

**Zufahrt:** Zum Col de Verghio.
**Wegverlauf:** Col de Verghio (1477 m) – Punte de Cricche (2017 m), 1½ Std.
**Leichte Bergtour.**
**Karten:** ign 4250 OT, ign 73, DR 20.

# OSTKÜSTE MIT CASINCA UND CASTAGNICCIA

## 35. Barockstadt Bastia und Umgebung

Bis zum Jahr 1791 war Bastia die Hauptstadt Korsikas, und seit der Zweiteilung der Insel im Jahr 1976 ist sie die Hauptstadt des Départements Haute-Corse, das die nördliche Hälfte der Insel umfaßt. Bastia ist die Wirtschaftsmetropole der Insel: rund 60 Prozent des Güterverkehrs und der größte Teil des Personenverkehrs werden über den Hafen dieser Stadt abgewickelt. Trotzdem ist im Zentrum Bastias eine typisch korsische Stadt mit dem Charme eines alten Mittelmeerhafens erhalten geblieben. Die meisten Touristen verschwinden nach dem Verlassen des Fährschiffes sofort in dem Tunnel unter dem alten Hafen, um ein Ferienziel weiter im Süden anzusteuern. Aber Bastia ist eine der sehenswertesten Städte der Insel, und wenigstens einen halben Tag sollte man der Stadt widmen.

Einen Bummel durch die malerischen engen Gassen der Altstadt, über denen die Wäsche zum Trocknen flattert, und zum alten Hafen führt uns in die Vergangenheit. Die Zeit, in der nur Fischerboote am Kai lagen und die Fischer hier ihre Netze flickten, ist allerdings vorbei. Heute verschwinden die Fischerboote fast zwischen den luxuriösen Jachten, die im Hafenbecken vor Anker liegen. Besonders reizvoll ist ein abendlicher Bummel, wenn die Zitadelle und die Kirche Saint-Jean-Baptiste beleuchtet sind und sich im Wasser spiegeln.

Die Doppeltürme der barocken Kirche Saint-Jean-Baptiste, die 1666 erbaut wurde, prägen das Bild des alten Hafens. Das Innere der Kir-

che wurde im 18. Jahrhundert mit Marmor, Gold, Stuck und Gemälden prächtig ausgestattet. Besonders sehenswert sind neben dem Hochaltar die Kanzel und ein Taufstein aus buntem Marmor. In der Terra-Nova (Oberstadt) sieht man in der Kirche Sainte-Marie, die 1570 als Kathedrale errichtet wurde, die ganze Farbenpracht korsischer Gesteine. Der Boden des großen dreischiffigen Innenraumes ist mit weißen, roten und bläulichen Marmorfliesen belegt, und grüner Stein schmückt Wände und Pfeiler. Im rechten Seitenschiff ist in einer Vitrine eine kunstvoll gestaltete Figurengruppe aus getriebenem Silber zu sehen. Sie stellt die „Himmelfahrt Mariens“ dar und wird jedes Jahr am 15. August in einer Prozession durch die Altstadt getragen. Neben diesen großen Kirchen beherbergt Bastia noch die sehr sehenswerten alten Kapellen L'Immaculée Conception (Kapelle der Unbefleckten Empfängnis), Saint-Roch und Sainte-Croix (Heilig-Kreuz-Kapelle).

Über dem alten Hafen erhebt sich die mächtige Zitadelle, die im 15. und 16. Jahrhundert von den Genuesen errichtet wurde. Innerhalb des schützenden Mauergürtels wurden Häuser, Kirchen und der Gouverneurspalast gebaut, in dem sich heute das Museum für korsische Völkerkunde befindet. Es zeigt interessante Dokumente der Geschichte der Insel und archäologische Funde. Hinweise auf die Geologie der Insel, verschiedene Gesteinsproben, Halbedelsteine und ein besonders attraktives Exemplar von Kugeldiorit (s. Tour Nr. 72) machen dieses Museum auch für vorwiegend naturwissenschaftlich interessierte Besucher sehenswert.

Eine schöne Aussicht über die Stadt bietet sich von der Höhenstraße, die über Cardo und Sainte-Lucie nach San-Martino-di-Lotta führt. An klaren Tagen sollte man zur Fernsehrelaisstation auf dem 960 m hohen Serra di Pigno hinauffahren. Der Blick, den man bei guter Sicht von hier oben über die Stadt, weite Teile der Ostküste, das Bergland und das Cap Corse hat, ist überwältigend und eine gute Einstimmung für einen Urlaub auf dieser Insel. Von Bastia kommend fahren wir Richtung Col de Teghime und zweigen kurz vor der Paßhöhe zum Serra di Pigno ab (14 km ab Bastia).

*Südlich von Bastia erstreckt sich ein 90 km langer Sandstrand gegen Süden. In der Lagune Étang de Biguglia (Bildmitte) brüten und überwintern viele Wasservögel.*

## Tour auf einen Blick

**Beschreibung** von Bastia und Umgebung.

*Hohe Steinhäuser umrahmen den alten Hafen von Bastia – einen der malerischsten Plätze der Insel.*

## Tour auf einen Blick

**Zufahrt:** Zum Étang de Biguglia und zur Küste südlich des Étang d'Urbino.
**Wegverlauf:** Kurzwanderungen beim Étang de Biguglia (3 m); Strandwanderung beim Étang d'Urbino (1 m), 1½ Std.
**Leichte Wanderungen.**
**Karten:** ign 4348 OT, ign 4352 OT, ign 73 + 74.

# 36. Die Ostküste – Sandstrand, so weit das Auge reicht

Südlich von Bastia erstreckt sich ein rund 90 km langer Sandstrand bis Solenzara – ein Paradies zum Baden und Surfen. Die großen Flüsse Golo und Tavignano haben fruchtbare Schwemmebenen aufgeschüttet, auf denen in den letzten Jahrzehnten große Obst- und Weinplantagen angelegt wurden. Auf diesem Landstrich, den ehemaligen Winterweidegebieten der korsischen Hirten, wurde ein großer Teil der arabischstämmigen Algerien-Franzosen angesiedelt, die nach der Aufgabe der französischen Kolonien in Afrika repatriiert wurden. Ihre Mentalität und Wirtschaftsweise unterscheiden sich grundsätzlich von jener der Korsen, so daß Spannungen nicht ausblieben.

Die von den Flüssen ins Meer geschwemmten Sedimente wurden teilweise durch küstenparallele Meeresströmungen verfrachtet, so daß entlang der Küste viele Lagunen mit Brackwasser (Étangs) entstanden. Diese Strandseen waren schon immer ein idealer Lebensraum für Wasser- und Watvögel. Viele Seen wurden inzwischen trockengelegt und werden heute für landwirtschaftliche Kulturen genutzt, aber vor allem mit dem Étang de Biguglia südlich von Bastia blieb ein wertvoller Lebensraum erhalten. In dem nur rund einen Meter tiefen Strandsee brüten unter anderem Seiden- und Graureiher, die Kolbenente mit ihren fuchsroten Schopf und die Wasserralle.

Besonders bevölkert ist dieser Strandsee im Herbst und Frühling, denn viele Wasser- und Watvögel machen hier Rast auf ihrer langen Reise zum und vom Winterquartier. Im April und Anfang Mai kann man Pracht- und Rothalstaucher, Baßtölpel, Sichler, Löffler und sogar Flamingos sehen. Viele Enten- und Möwenarten schlagen in dem Strandsee ihr Winterquartier auf. Die südlicher gelegenen Strandseen Étang de Diane und Étang d'Urbino dienen vor allem der Aufzucht von Miesmuscheln, Austern und Fischen, was viele Kormorane und Möwen anlockt.

## Wegbeschreibung:

Die Étangs sind nur wenige Kilometer von der Küstenstraße entfernt, und die Nehrung des Étang de Biguglia mit den vielen Sommerhäuschen ist durch eine Straße erschlossen. In Pinetu befindet sich ein mit Fernrohren ausgerüstetes Informationszentrum, wo man auch

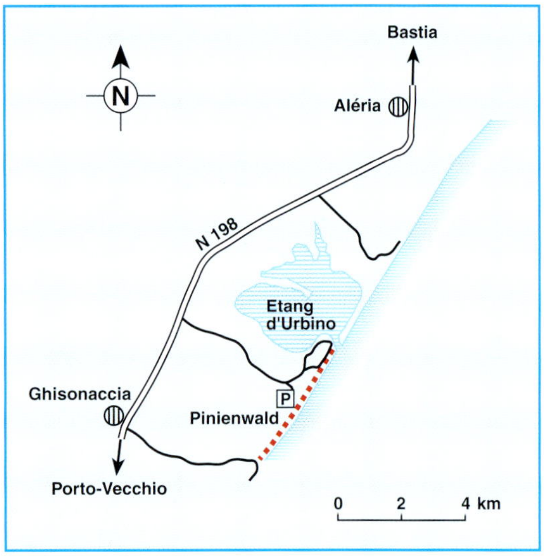

einen Schlüssel für die Beobachtungsplattform im Nordosten des Strandsees erhält. Auch vom Landesinneren führen Steige zum Strandsee, und neben Vögeln sind hier Schildkröten, verschiedene Lurche und farbenprächtige Libellen zu entdecken. An der Nehrung des Étangs blüht im Frühjahr die sonst auf Korsika kaum anzutreffende aparte Gelbe Zistrose, und im Herbst sind die prächtigen Wedel des Pampasgrases und Spanischen Rohres ein Blickfang.
Südlich des Étang d'Urbino liegt ein unter Schutz gestellter, 4 km langer Küstenstreifen mit einem durch Brand teilweise vernichteten Pinienwald. Ein Fahrweg leitet nördlich von Ghisonaccia zu einem Parkplatz vor der Küste. Von hier kann man den völlig naturbelassenen Sandstrand, der nur gelegentlich von den ausgebleichten Gerippen alter Baumriesen unterbrochen wird, in beide Richtungen beliebig weit entlangwandern (rund 1½ Std.). Inmitten der zahllosen Campingplätze und Feriendörfer, die an der Ostküste entstanden sind, ist hier ein Naturparadies erhalten geblieben.

## 37. Durch die malerischen Bergdörfer der Casinca

Südlich von Bastia steht in der Küstenebene die berühmte romanische Kathedrale „La Canonica", die im Jahr 1119 der „Santa Maria Assunta", der auferstandenen Maria, geweiht wurde. Der Bau beeindruckt vor allem durch die Harmonie seiner Proportionen, den warmen Ton des Natursteines und seine Schlichtheit. Nur spärlich wurden Schmuckelemente und Figuren verwendet. Die Tatsache, daß man neben der Kirche die Überreste der römischen Siedlung Mariana entdeckte, weist darauf hin, daß die flache Küstenebene durch viele Jahrhunderte besiedelt war.
Erst als die Zeiten unsicherer wurden und in den versumpften Küstenebenen Malaria auftrat, verlegten die Bewohner ihre Siedlungen auf die Berghänge über der Küstenebene – in die Casinca. Auf den terrassierten Hängen wurden Obst, Gemüse, Oliven und Wein angebaut und Edelkastanien gepflanzt. Um die Dörfer gut verteidigen zu können, erbaute man sie auf felsigen Rücken und Kuppen. Wie Ritterburgen kleben die Dörfer der Casinca mit ihren hohen, eng

*Die Feuerlibelle ist ein besonders auffälliger Bewohner der großen Lagune Étang de Biguglia südlich von Bastia.*

*Die aparte Gelbe Zistrose (Halimium halimifolium) wächst auf Korsika nur im Gebiet des Étang de Biguglia.*

verschachtelten Häusern auf den Bergrücken. Eine Fahrt von Dorf zu Dorf mit Auto oder Rad bringt uns ein Stück echtes Korsika näher.

## Wegbeschreibung:

Von Bastia kommend wenden wir uns bald nach Casamozza von der Küstenstraße landeinwärts und statten dem kleinen Bergdorf Olmo, das sich im Halbrund an den Berghang schmiegt, einen Besuch ab. Während der Auffahrt und vom Dorf hat man einen schönen Blick ins Golo-Tal. Wir kehren auf dem gleichen Weg zurück, um bei der nächsten Abzweigung wieder landeinwärts zu fahren. Die Straße windet sich den Hang hinauf, und nach einer Straßenkehre sehen wir plötzlich hoch über uns die großen turmartigen Häuser von Vescovato aufragen. Vescovato heißt auf korsisch Bischofsstadt, denn als die Siedlungen in der Küstenebene aufgegeben wurden, verlegte man den Bischofssitz hierher, und von 1269 bis 1570 war dieses kleine Bergdorf eine „Bischofsstadt", was die Größe der Kirche und vieler Häuser erklärt.

Das nächste Dorf Venzolasca liegt sehr luftig auf einem Bergrücken, von dem der Blick über die Küstenebene nach Bastia und bis zum Cap Corse schweift. Wie schutzsuchend drängen sich die hohen Häuser mit ihren grauen Schieferdächern auf dem schmalen Rücken aneinander.

Unsere Rundfahrt führt mit einem Abstecher zum höchstgelegenen Casinca-Dorf Loreto-di-Casinca (s. Tour Nr. 38) nach Penta-di-Casinca. Von dessen Dorfplatz am Ortseingang bietet sich ein schöner Blick zur Küste. Bei einem Bummel durch das Dorf sehen wir, daß die aus Bruchsteinen aufgemauerten Häuser teilweise direkt auf Felsen gebaut sind. Man darf sich von den oft verfallen wirkenden Fassaden, zu denen die Spitzenvorhänge der Fenster einen seltsamen Kontrast bilden, nicht täuschen lassen. Das Innere der Häuser ist meist sehr gemütlich und geschmackvoll eingerichtet. Auf schöne Fassaden legen die Korsen keinen Wert, nur die Portale und Haustüren sind oft schön verziert. Über Castellare-di-Casinca gelangen wir wieder zurück zur Küstenstraße.

### Tour auf einen Blick

**Zufahrt:** Von Bastia nach Torra an der Straße N 198.
**Wegverlauf:** Rundfahrt durch die Casinca-Dörfer mit Besichtigungen.
**Karten:** ign 4349 OT, ign 73.

## 38. Von Loreto-di-Casinca auf den Monte Sant'Angelo

Als Casinca bezeichnet man das freundliche fruchtbare Hügelland am Osthang des Monte Sant'Angelo, ein uraltes Kulturland über der schmalen Küstenebene. Bei der in Tour Nr. 37 beschriebenen Rundfahrt durch die malerischen Dörfer der Casinca erblickt man hoch oben – als Silhouette in den Himmel ragend – das höchstgelegene Bergdorf Loreto-di-Casinca. Neben einem mächtigen runden Felsblock ragt der freistehende Kirchturm auf, zu dessen Füßen sich die alten Steinhäuser an den Felsen schmiegen. Am Ortseingang steht das alte, mit schönen Arkaden versehene Waschhaus. Aus vielen verzierten Wasserhähnen ergießt sich das Wasser in einen langen Steintrog. Die fleißigen Hände vieler Generationen von Frauen haben die Wäsche am Steinrand des Beckens geknetet und im Laufe der Zeit den Stein unter jedem Wasserhahn deutlich abgerieben.

Auf dem großen Dorfplatz spenden riesige Platanen Schatten. Hier stellen wir den Wagen ab und bummeln durch die engen Gassen des Dorfes zur alten Kirche, die im Schutz eines riesigen, mit wildem Wein bewachsenen Felsblockes steht. Neben dem freistehenden Kampanile versteckt sich in einem alten Haus das kleine Restaurant „U Campanile", das Spezialitäten der Region anbietet. An dem Nachbarhaus sieht man unter dem Giebel noch die Rolle, über die – ähnlich wie in Amsterdam – mit einem Seil Lasten hinaufgezogen werden. Hinter dem Restaurant liegt über den Felsen eine kleine Terrasse, von der der Blick über die

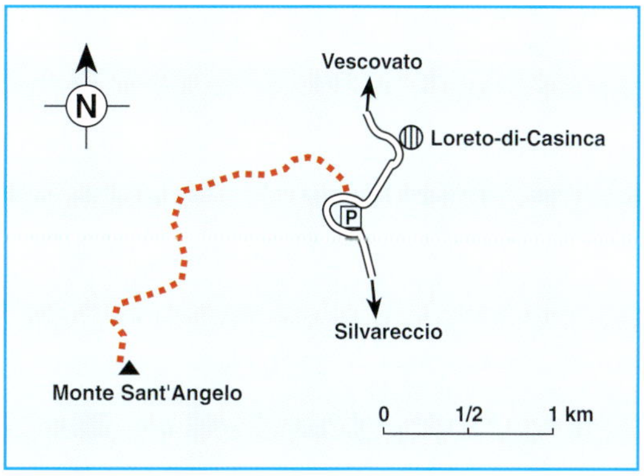


*Aus Sicherheitsgründen wurden die Casinca-Dörfer auf felsigen Bergrücken oberhalb der Ostküste errichtet. Vom Dorf Venzolasca schweift der Blick über die fruchtbare Küstenebene.*

### Tour auf einen Blick

**Zufahrt:** Von Torra an der Straße N 198 nach Loreto di Casinca

**Wegverlauf:** Loreto-di-Casinca (659 m) – Monte Sant'Angelo (1218 m), 1¾ Std.

**Leichte Wanderung.**

**Karten:** ign 4349 OT, ign 73.

*Viele der aus Bruchsteinen aufgemauerten Häuser und die Kirche sind im Dorf Penta-di-Casinca direkt auf Fels gebaut.*

Schieferdächer der Häuser und das freundliche Hügelland der Casinca bis hinunter zur Küste schweift. Noch umfassender wird das Panorama, wenn wir von diesem Dorf zum Monte Sant'Angelo aufsteigen.

**Wegbeschreibung:**

Von der Straße hinter dem Dorf zweigt der eher spärlich mit Steinmännchen und einzelnen roten Tupfen markierte Steig ab und führt durch einen verwachsenen Hang, einen alten Kastanienwald, der ein Opfer der Flammen wurde, zu einer Forststraße. Sanft ansteigend folgen wir der Straße durch lichten Wald von Edelkastanien zu einem großen Schweinepferch. In weitem Umkreis ist der Boden von den freilebenden Schweinen durchwühlt, und außer dem von ihnen verschmähten Farn und der Nieswurz gedeiht hier kaum noch etwas. Die uralten Kastanienbäume, deren Stämme bis zwei Meter Durchmesser haben, produzieren zwar jährlich Millionen von Edelkastanien, die aber alle in den Mägen der Schweine landen, so daß trotz der riesigen Nachkommenschaft weit und breit kein junger Kastanienbaum zu sehen ist.

Wir verlassen die Forststraße und folgen einem Steig durch lichten Wald und Macchia zu einem Bergrücken und weiter über teils felsiges, aber leichtes Gelände auf das kleine Felsplateau des Monte Sant'Angelo (Sant'Angelu, 1218 m, 1¾ Std.), der ein Gipfelkreuz trägt. Da die Schweine auch Steinhäufen in Windeseile beiseite räumen, wenn sie darunter Freßbares erschnüffeln, ist der Verlauf des Steiges nicht immer eindeutig, und man sollte ein wenig Zeit für die Wegsuche einplanen.

## 39. Castagniccia – grünes Meer aus Edelkastanien

Ein unendliches Meer aus Edelkastanien – leuchtend hellgrün im Frühling, sattgrün im Sommer und golden im Herbst – das ist die Castagniccia. Auf Bergrücken sind wie auf Wellenkämmen sitzend viele kleine graue Dörfer in diese einzigartige Landschaft eingebettet. Die Castagniccia (korsisches Wort für Kastanienwald) ist ein aus kristallinen Schiefern aufgebautes Mittelgebirge, das im Monte San Petrone (1767 m) seine höchste Erhebung erreicht. Das hügelige Land ist durch zahllose Täler und Bergrücken gegliedert, und die schmalen Straßen gehören zu den kurvenreichsten Korsikas. Durch viele Jahrhunderte waren Viehzucht und Getreidebau auf terrassierten Hängen die

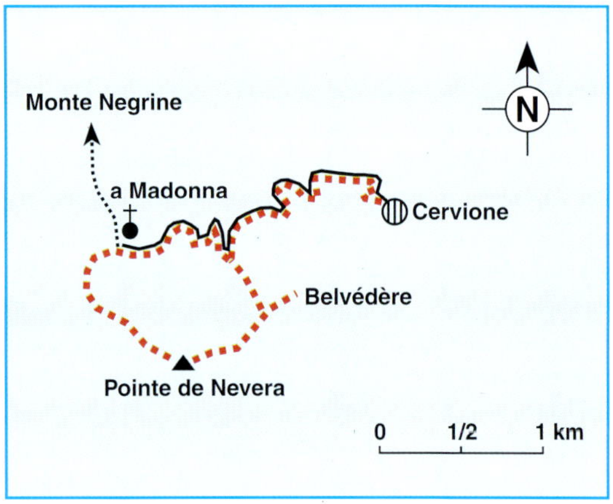

Lebensgrundlage der Bewohner. Im 16. Jahrhundert verfügten die Genuesen, unter deren Herrschaft Korsika von 1284 bis 1729 stand, daß jeder Bauer und Grundbesitzer jährlich vier Bäume pflanzen müsse. Edelkastanie, Feige, Ölbaum und Maulbeerbaum standen zur Auswahl, und für jeden nicht gepflanzten Baum war eine Strafe zu bezahlen. Durch diese Auflagen verwandelte sich der größte Teil der Landschaft im Laufe der Zeit in einen einzigen riesigen Kastanienwald. Das Mehl der Edelkastanien wurde zum Brotbacken, als hochwertiges Viehfutter und als Tauschmittel für Öl, Wein und Zitrusfrüchte verwendet. Der „Brotbaum" spendete so reichlich Früchte, daß die Castagniccia noch im 19. Jahrhundert zu den wohlhabendsten und dichtbesiedeltsten Regionen der Insel zählte. Auch die Kirche profitierte vom Segen der Edelkastanie. In den Dörfern wurden prächtige große Kirchen errichtet, und selbst der kleinste Weiler besaß ein Gotteshaus.

Im Korsischen Unabhängigkeitskrieg spielte die Castagniccia eine zentrale Rolle. Die großen Klöster der Region dienten als Versammlungsorte der Patrioten, und im ehemaligen Franziskanerkloster Orezza (Couvert d'Orezza) wurde 1751 der Freiheitskrieg gegen Genua ausgerufen, und 1790 traf der korsische Freiheitsheld Pasquale Paoli hier mit Napoleon zusammen. Die Ruinen des Klosters liegen direkt an der Straße nördlich von Piedicroce. Pasquale Paoli, der „Vater des Vaterlandes", wurde 1725 in dem Castagniccia-Dorf Morosaglia geboren. Er war ein hochgebildeter Mann, der Italie-

*In Loreta-di Casinca steht noch ein altes Waschhaus (unten). Die fleißigen Hände vieler Generationen von Frauen haben die Wäsche am Steinrand des Beckens geknetet und den Stein unter jedem Wasserhahn im Laufe der Zeit abgerieben (oben).*

*Ausgedehnte Wälder aus Edelkastanien gaben dem Bergland der Castagniccia (korsisches Wort für Kastanienwald) seinen Namen.*

## Tour auf einen Blick

**Zufahrt:** Von Bastia nach Moriane-Plage an der Straße N 198.
**Wegverlauf:** Rundfahrt durch die Dörfer der Castagniccia mit Besichtigungen. Cervione (326 m) – Pointe de Nevera (815 m), 1½ Std.
**Leichte Wanderung.**
**Karten:** ign 4349 + 4351 OT, ign 73.

nisch, Französisch, Englisch und Lateinisch beherrschte, und Goethe schildert ihn als schönen schlanken Mann voll Anmut und Freundlichkeit. Das Geburtshaus Paolis wurde zu einem kleinen Museum ausgebaut.

### Wegbeschreibung:

Eine Fahrt durch die Castagniccia, durch die grünen Laubengänge der Edelkastanien, die immer wieder den Blick zu den in den weiten Wäldern fast verloren wirkenden Dörfern freigeben, wird einen unvergeßlichen Eindruck hinterlassen. Man kann diese Fahrt an der Ostküste in Moriani-Plage beginnen und in Cervione den großen Barockbau der ehemaligen Kathedrale St. Érasme und das Museum für Völkerkunde besuchen, das alte landwirtschaftliche Geräte, eine Gesteinssammlung und religiöse Kunstgegenstände zeigt. Bei klarem Wetter lohnt es sich, dem Aussichtsberg Pointe de Nevera einen Besuch abzustatten (1½ Std. zu Fuß oder auf schlechter Straße mit dem Auto). Die Straße D 71 führt uns weiter in das Herz der Castagniccia. Lohnend ist der kurze Abstecher hinauf zum Kloster d'Alesani, in dem eine der seltsamsten Geschichten dieser Insel spielte. Der Abenteurer Baron Theodor von Neuhoff versprach, die Korsen mit Waffen und mit Munition für ihren Freiheitskampf zu versorgen, wenn er dafür König von Korsika würde. Und 1736 wurde er tatsächlich im Kloster d'Alesani als Theodor I. zum König Korsikas gekrönt, aber schon nach neun Monaten gingen ihm die Geldmittel aus, und er mußte sein Königreich verlassen.
Jedes Dorf, durch das sich die Straße windet, hat seinen eigenen Reiz, und Piedicroce und Porta besitzen sehr sehenswerte Barockkirchen. Dieses Herz der Castagniccia wollen wir zu Fuß auf Wanderwegen erleben, die in den folgenden Kapiteln näher beschrieben werden.

## 40. Rundwanderung durch die Bergdörfer der Castagniccia

Im 16. und 17. Jahrhundert wurde in der Castagniccia der größte Teil des nutzbaren Bodens mit Edelkastanien bepflanzt, die der Region Wohlstand brachten (s. Tour Nr. 39). Als im 20. Jahrhundert der billige Weizen die Edelkastanien als Brotfrucht verdrängte, geriet die Castagniccia in Vergessenheit, und eine

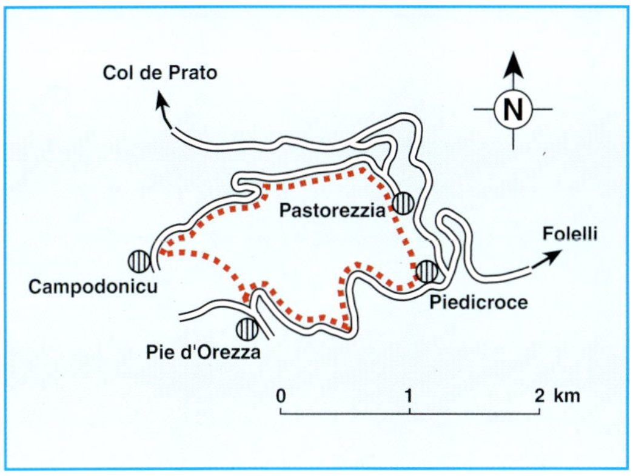


massive Landflucht setzte ein. Noch vor 15 Jahren boten viele Dörfer einen trostlosen Anblick. Nur noch wenige Häuser waren bewohnt, und daneben standen Hausruinen mit eingestürzten Dächern.
In den letzten Jahren hat eine erfreuliche Wiederbelebung eingesetzt. Der Ausbau der Straßen und die zunehmende Motorisierung der Korsen ermöglicht es vielen, in den angenehm kühlen Bergen zu wohnen und an der Küste zu arbeiten. Außerdem versucht man erfolgreich, die Castagniccia als Wandergebiet für den Tourismus zu erschließen. Viele alte Maultierwege, die einst die Dörfer verbanden, wurden ausgeputzt und gut markiert, und das Zentrum der Castagniccia ist in den großen korsischen Naturpark integriert.

## Wegbeschreibung:

Unsere Wanderung beginnt in Piedicroce bei der für ein kleines Dorf geradezu riesigen Kirche St. Peter und St. Paul (St-Pierre-et-St-Paul). Der überreich und prunkvoll ausgestattete Innenraum der barocken Kirche erinnert an den einstigen Wohlstand dieser Region. Vom überdachten Brunnen des Ortes folgen wir dem Wegweiser über zahllose Stufen zu den letzten Häusern hinauf. Erst von hier oben erkennt man die beeindruckenden Dimensionen dieser „Dorfkirche“. Der alte Weg zieht durch einen Kastanienhain zum Weiler Pastorezzia und vorbei an wahren Baumriesen, jahrhundertealten Edelkastanien, zum malerischen Bergdorf Campodonicu (Campodonico), das mit seinen grauen Schieferdächern wie ein Adlerhorst über steilen Abbrüchen auf einem schmalen Bergrücken liegt (¾ Std.).
Wir bummeln durch den kleinen Weiler, von dem der Blick über das endlose Grün der Wälder schweift, in denen die grauen Schieferdächer der Bergdörfer wie winzige Inseln in der Sonne glänzen. Von Campodonicu steigen wir erst steiler, dann flacher ab durch einst terrassiertes und bebautes Land, das heute von Macchia und Brombeeren überwuchert ist. Niemand scheint Interesse an den würzigen Beeren zu haben. Sie fallen einfach zu Boden, so daß ich keine Hemmungen hatte, mich an diesen zwar kleinen, aber köstlichen Beeren gütlich zu tun.
Nach einer halben Stunde erreichen wir den Weiler Pie d'Orezza, in dem sich eine Handvoll aus Bruchsteinen erbauter Häuser um die kleine Kirche schart. Von hier bringt uns eine kaum befahrene Straße zurück nach Piedicroce (1,4 km, 1¾ Std. insgesamt).

### Tour auf einen Blick

**Zufahrt:** Von Folelli an der Straße N 198 nach Piedicroce.
**Wegverlauf: Rundwanderung:** Piedicroce (600 m) – Pastorezzia – Campodonicu (820 m), ¾ Std.; Campodonicu – Pie d'Orezza – Piedicroce, 1 Std.
**Leichte Wanderung.**
**Karten:** ign 4349 + 4351 OT, ign 73, DR 20.

*Das Bergdorf Campodonicu in der Castagniccia ist Ausgangspunkt für die Besteigung des Monte San Petrone.*

*Auf dem felsigen Gipfel des Aussichtsberges Monte San Petrone steht die kleine Skulptur des San Petru, des Schutzpatrones der Hirten.*

## 41. Monte San Petrone – das felsige Dach der Castagniccia

Der Monte San Petrone, das Dach der Castagniccia, ist im weiten Umkreis der höchste Gipfel und bietet ein grandioses Panorama, das vom Cap Corse über die Ostküste zu den höchsten Gipfeln der Insel reicht. Besonders eindrucksvoll ist der Rundblick im Frühjahr, wenn über dem leuchtendgrünen Meer der Kastanienwälder die noch verschneiten Gipfel des Monte Cinto und seiner Trabanten aufragen. Zwei Anstiege stehen zur Auswahl; der hier beschriebene ist landschaftlich wesentlich reizvoller und abwechslungsreicher. Er führt allerdings im unteren Teil durch einen Südhang, und im Sommer ist ein sehr zeitiger Aufbruch empfehlenswert.

### Tour auf einen Blick

**Zufahrt:** Von Folelli an der Straße N 198 nach Piedicroce und Campodonicu.
**Wegverlauf:** Campodonicu (820 m) – Bocca di Favalta (ca. 1350 m), 1½ Std.; Bocca di Favalta – Monte San Petrone (1767 m), 1 Std.
**Leichte Bergtour.**
**Karten:** ign 4349 + 4351 OT, ign 73, DR 20.

### Wegbeschreibung:

Von Campodonicu (Campodonico), einem der malerischsten Bergdörfer der Castagniccia, folgen wir einem alten Saumpfad vorbei an mühevoll in den steilen Hang gebauten Terrassen, die nur noch teilweise genutzt werden. Im September sind die Wegränder von unzähligen Brombeeren gesäumt, denen die südliche Sonne eine unerwartete Süße geschenkt hat. Nach einer halben Stunde wird das Gelände frei, und wir queren durch einen felsigen Hang, der mit Zwergsträuchern und Polsterpflanzen bedeckt ist. Ginster, Zistrosen, Berberitze, Klebriger Ziest und Nelken entfalten im Frühjahr ihre Blüten. Im Spätsommer und Herbst blüht auf dem sonnigen Hang die Rosa Baumheide. Der gut markierte Weg zieht zum Bach im Talgrund und durch üppigere Vegetation weiter aufwärts. Überrascht steht man plötzlich vor den ausgedehnten Wiesen, die zur Bocca di Favalta (Bocca di San Pietro, ca. 1350 m, 1½ Std.) hinaufleiten. Nur einzelne mächtige Buchen, die – um dem Wind zu trotzen – breiter als hoch sind, stehen auf dieser uralten Alm. Die Bocca di Favalta ist ein Rastplatz mit schöner Aussicht und schon ein lohnendes kürzeres Tourenziel.
Über Wiesen und am Rande prächtiger Buchenwälder wandern wir dem von hier schon sichtbaren, felsigen Gipfel des Monte San Petrone zu. Die weitausladenden Äste der riesigen Buchen sind in einer bestimmten Höhe über dem Boden wie mit einer Heckenschere gestutzt. Diese Höhe entspricht exakt der Reichweite der Ziegen, die auch junge Buchen in rundum beknabberte Kugelbüsche verwandeln. Unser Weg vereinigt sich mit dem Anstieg vom Col de Prato (s. Tour Nr. 42) und zieht durch Buchenwald zwischen riesigen Felsblöcken aufwärts. Erst knapp unter dem Gipfel lassen wir die letzte Buche hinter uns und steigen am Fuß einer kleinen Felswand

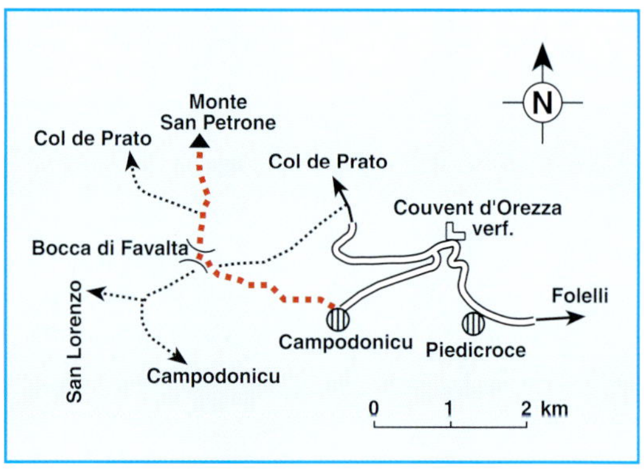

über Schutt und Schrofen zum Gipfelplateau. Auch die Ziegen scheinen im Sommer den kühlenden Wind auf dem Gipfel zu schätzen, denn der Boden ist hier oben mit ihren Kotperlen bedeckt. In der Südostecke des Gipfelplateaus (1767 m, 1 Std. ab Bocca di Favalta) stehen eine kleine Skulptur des San Petru und ein Kreuz. Die Aussicht verführt an klaren Tagen zu einer langen Gipfelrast.

## 42. Durch Buchenwald auf den Monte San Petrone

Der meistbegangene Anstieg auf den höchsten Gipfel der Castagniccia beginnt auf der Paßhöhe Col de Prato. Wer von der Ostküste über die Hauptstraße D 71 auffährt, sollte einen Umweg über La Porta, ein Herzstück der Castagniccia, machen. In unzähligen Kurven windet sich die Straße durch Kastanienhaine, die oft einen grünen Baldachin über der Straße bilden. Der freundliche Ort La Porta wird beherrscht von der Mitte des 17. Jahrhunderts errichteten Barockkirche Saint-Jean-Batiste, die einen besonders schönen, freistehenden Glokkenturm besitzt. Turm und Kirchenportal sind reichgegliedert und strahlen eine harmonische Eleganz aus. Von La Porta windet sich die Straße wieder in vielen Kehren durch Wälder von Edelkastanien und mündet kurz vor dem Col de Prato wieder in die D 71.

### Wegbeschreibung:

Der vielbegangene Weg vom Col de Prato (985 m) führt über zwei Stunden durch Buchenwald, der mit uralten Kastanienbäumen, den Hauptfutterlieferanten für die vielen halbwilden Schweine, durchsetzt ist. Von den Schweinen kann man nicht erwarten, daß sie weitblickend einige Edelkastanien nicht fressen, damit neue junge Bäume heranwachsen können, und der Kastanienwald nicht ausstirbt. Auch die Schweinebesitzer scheinen nicht an kommende Generationen zu denken, denn das wohlschmeckende Fleisch dieser freilebenden Tiere wird gut bezahlt, und die Haltung verursacht wenig Arbeit.

Der Anstieg zum Monte San Petrone verläuft zwar im Schatten, bietet aber keinerlei Aussicht, bis er sich nach gut zwei Stunden auf einer Lichtung (1544 m) mit dem in Tour Nr. 41 beschriebenen Weg vereint, der von Campodonicu heraufzieht. Nach einer halben Stunde stehen wir auf dem felsigen Dach der Castagniccia, dem Monte San Petrone (1767 m, 2¾ Std. insgesamt) und genießen nach dem langen Schattendasein im Wald die herrliche Rundsicht.

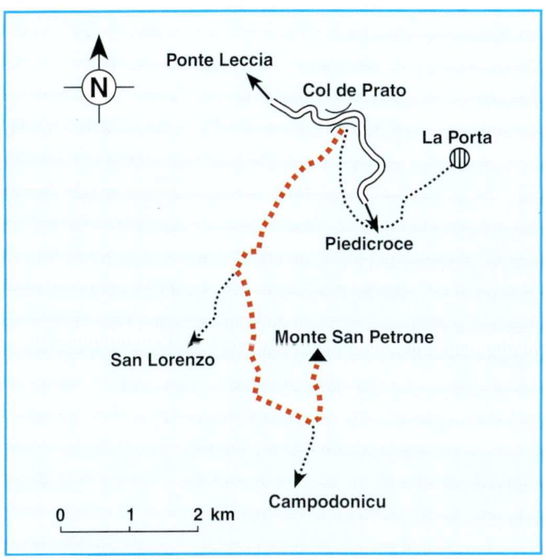

*Das Mittelgebirge Korsikas besitzt ausgedehnte Buchenwälder. Beim Aufstieg zum Monte San Petrone erblickt man Rotbuchen mit imponierendem Stammumfang.*

### Tour auf einen Blick

**Zufahrt:** Von Folelli an der Straße N 198 zum Col de Prato
**Wegverlauf:** Col de Prato (985 m) – Monte San Petrone (1767 m), 2¾ Std.
**Leichte Wanderung.**
**Karten:** ign 4349 OT, ign 73, DR 20.

## 43. Antike Stadt Aleria und Monte Santu

Schon ein Blick auf die Landkarte zeigt, daß Korsika ein „Gebirge im Meer" ist und ebene Flächen auf der Insel rar sind. Die größte Ebene, die eine für Korsika schon beachtliche Breite von 12 km aufweist, hat der Fluß Tavignano an der Ostküste aufgeschüttet. Funde zeigen, daß hier schon im 6. Jahrhundert v. Chr. phokäische Griechen, ein vorwiegend handeltreibendes Volk aus Kleinasien, siedelte und die Stadt Alalia gründete. 259 v. Chr. begann die Eroberung Korsikas durch die Römer, und 81 v. Chr. bauten die Römer das zerstörte Alalia (römisch Aleria) wieder auf. Nur ein kleiner Teil dieser antiken Stadt, deren ehemalige Einwohnerzahl man auf 20.000 bis 30.000 schätzt, wurde bis heute ausgegraben.

Das einst von Säulengängen flankierte Forum, Tempel, Bäder und durch Fußbodenheizung erwärmte Säle wurden freigelegt. Das Prätorium, der Sitz des Statthalters, war offenbar eine prächtige schattige Anlage mit Wasserbecken und Wasserspielen. Bei den Ausgrabungen stieß man auf viele wertvolle Funde einer vorrömischen Nekropole und der römischen Kolonie, die für die Geschichte des Mittelmeerraumes von großer Bedeutung sind. Die Gegenstände sind heute im Jérome-Carcopino-Museum im Fort de Matra, einer von den Genuesen im 16. Jahrhundert errichteten Festung, untergebracht, die auf einem Hügel am Rand des heutigen Dorfes Aleria (Cateraggio) steht. Das Museum zeigt unter anderem schöne etruskische Bronzearbeiten und eine einzigartige Sammlung von Keramiken, unter denen vor allem Weinkannen aus der antiken Stadt Falerii und kunstvolle attische Trinkhörner, die die Form eines Hunde- und Maultierkopfes haben, faszinieren.

Südlich von Solenzara endet der lange, einförmige Sandstrand der Ostküste, und von hier bis Porto-Vecchio erstreckt sich ein sehr reizvoller Küstenabschnitt. Zwischen flachen Felsklippen sind malerische, größere und kleinere Sandbuchten eingebettet, und auf den Halbinseln halten alte genuesische Türme Wacht. Über weite Strecken verläuft die Hauptverbindungsstraße N 198 direkt an dieser anmutigen Küste.

Über Solenzara ragt der kleine Gipfel des Monte Santu (Santo) auf, der einen schönen Blick auf die Ostküste und das Schwemmland des Tavignano bietet, wo einst die reiche Stadt Aleria lag, deren Überreste noch zum größten Teil unter dem heutigen kleinen Dorf schlummern.

## Wegbeschreibung:

Von Solenzara führt eine Straße zum kleinen Dorf Penna-Belvédère, wo unser Anstieg auf den Monte Santu beginnt. Wir parken das Auto auf der schönen, mit einem großen Kreuz geschmückten Aussichtsplattform in Penna-Belvédère (300 m). Vorbei an uralten Korkeichen folgen wir kurz einer Straße zu einem Sendemast. Dann nimmt uns dichte Macchia auf, die sich über dem ausgeschlagenen Pfad als grüne Laube wieder schließt.
Im Frühling wandern wir durch ein duftendes Blütenmeer von Alpenveilchen und viele Meter hohen Baumheide-Sträuchern, die unzählige weiß-violette Blütenglöckchen tragen. Bald gabelt sich der Steig; links führt ein Weg zum

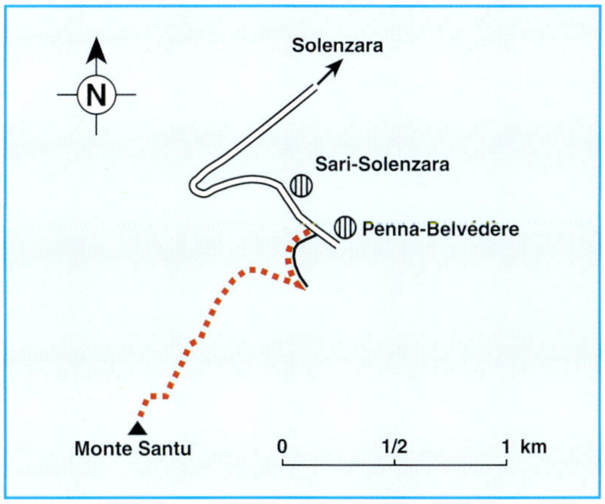


Fuß einer Felswand des Monte Santu, einem beliebten Klettergarten. Wir wählen den rechten Weg, der uns in Kürze durch lichter werdende Macchia auf den felsigen Gipfel des Monte Santu (601 m, ¾ Std.) bringt. Wie eine felsige Insel ragt der Gipfel aus dem Meer der üppigen Macchia auf und bietet eine überraschend weite Rundsicht. An der Küste reiht sich Bucht an Bucht, und im Landesinneren grüßen die eleganten Felszacken der Bavella.

### Tour auf einen Blick

**Zufahrt:** Von Solenzara nach Penna-Belvédère.
**Wegverlauf:** Penna-Belvédère (300 m) – Monte Santu (601 m), ¾ Std.
**Leichte Wanderung.**
**Karten:** ign 4353 OT, ign 74, DR 23.

*Südlich von Solenzara, dem Ausgangspunkt für die Besteigung des Monte Santu, prägen malerische Sandbuchten und flache Felsstrände die Ostküste.*

# IM ZENTRUM DER INSEL

## 44. Von Corte ins einsame Tavignano-Tal

Beherrschend thront die Zitadelle von Corte, die „Akropolis Korsikas", auf einem Felsen hoch über der Stadt. Zu Füßen ihrer mächtigen Mauern und Türme drängen sich die schiefergrauen Häuser der Altstadt. Die roten Ziegeldächer mildern den strengen, fast düsteren Eindruck dieser hohen Gebäude. Während unten im Zentrum der Stadt die Geschäftsstraßen den Verkehr kaum bewältigen können, ist es in der alten Oberstadt recht ruhig geblieben, denn die meisten der steilen, von vielen Stufen unterbrochenen Gassen sind für Autos unpassierbar. Wenn sich am Gründonnerstag die berühmte Büßerprozession „granitolla" durch die Gassen der Altstadt bewegt, fühlt man sich fast ins Mittelalter versetzt. Ausgangspunkt der Prozession ist die Kapelle Sainte-Croix, deren reichverzierter Innenraum viele Kunstschätze beherbergt.

Corte ist für viele Korsen die heimliche Hauptstadt der Insel; sie war die Hochburg des korsischen Freiheitskampfes. Dem in Corte geborenen Arzt Jean Pierre Gaffori gelang es 1746, die Genuesen vorübergehend aus der Zitadelle zu vertreiben, und zwei Jahre später stürmte er sie nochmals, obwohl die Italiener seinen Sohn als lebendes Schutzschild an die Festungsmauer gehängt hatten. „Denkt nicht an meinen Sohn, denkt an das Vaterland!", soll Gafforis Frau Faustina damals gerufen haben. Gleich mehrere Schutzengel müssen das Kind behütet haben, denn es überlebte. Auf dem Place Gaffori steht ein Denkmal des Freiheitshelden vor seinem Haus, das noch die Einschußlöcher genuesischer Kanonenkugeln zeigt. Pasquale Paoli, der „Vater Korsikas", wählte Corte zur Hauptstadt der Insel und gründete sogar eine Universität. Als die Franzosen 1769 die Herrschaft in Korsika übernahmen und Paoli ins Exil nach England gehen mußte, wurde die Universität ge-

schlossen und erst 1981, nach über 200 Jahren, wieder eröffnet.
Bei der Besichtigung Cortes sollte man durch die alten Gassen hinauf zur einst heißumkämpften Zitadelle steigen, die nach dem Auszug der Fremdenlegion wieder zugänglich ist. Direkt unter den zwei mächtigen Festungstürmen (Abb. S. 126) liegt die Aussichtsplattform „Bélvedère", von der man die ganze Stadt, die in ein weites, von Bergen umrahmtes Becken eingebettet ist, überblickt. Unter dem Felsabbruch

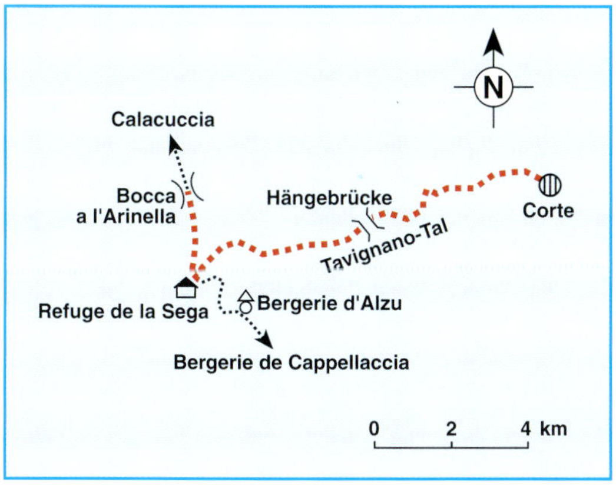


zu unseren Füßen glitzert das kristallklare Wasser des Tavignano. Flußaufwärts hat sich der Fluß tief eingegraben und ein malerisches Tal geschaffen, durch das nur ein alter Hirtenweg führt – eine beliebte Wanderroute.

## Wegbeschreibung:

Die Wanderung beginnt am Fuß der Zitadelle und folgt dem einsamen Tavignano-Tal flußaufwärts. Am schönsten ist diese Tour im Mai, wenn der Schnee in den Bergen schmilzt und der Tavignano wild durch das Tal rauscht. Der teils gepflasterte alte Maultierpfad führt meist 50 bis 100 m über dem Fluß durch den Südhang des Tales, der mit Macchia bewachsen ist, die den Hang im Frühling in ein Blumenparadies verwandelt. Nur vereinzelt gedeihen Bäume auf diesem trockenen Sonnenhang. Der gut markierte Weg ist ein Teil des Weitwanderweges „Mare a Mare Nord Principal", der von Corte über den Col de Verghio zur Westküste leitet.
Nach rund 2½ Stunden überqueren wir den Fluß auf einer Hängebrücke, und hier beenden

*Von Corte zieht ein Weitwanderweg durch das einsame Tavignano-Tal zur Bocca a l'Arinella, die eine prächtige Rundsicht bietet. Ende April sind die höheren Berge noch mit Schnee bedeckt.*

## Tour auf einen Blick

**Zufahrt:** Nach Corte.
**Wegverlauf:** Corte (441 m) – Tavignano-Tal – Hängebrücke (760 m), 2½ Std.; Hängebrücke – Refuge de la Sega – Bocca a l'Arinella (1592 m), 3½ Std.
**Leichte Wanderung;** Bocca a l'Arinella **leichte Bergtour.**
**Karten:** ign 4250 OT, ign 73, DR 20.

die meisten die Wanderung. Im Hochsommer, wenn es die Sonne auf dem weitgehend schattenlosen Südhang zu gut meint und der Tavignano nur noch ein Bach ist, kann man in den Gumpen bei der Brücke ein erfrischendes Bad genießen. Der Weg zieht weiter durch Wald zum Etappenziel der Weitwanderer, dem Refuge de la Sega (2¼ Std.), und wendet sich dann hinauf zur Scharte Bocca a l'Arinella (s. Tour Nr. 28), die einen prächtigen Blick in das weite Becken des Niolu freigibt, das vom Monte Cinto und der Paglia Orba überragt wird (6 Std. insgesamt).

## 45. Hoch über der Zitadelle von Corte

14 Jahre lang, von 1755 bis 1769, war Corte unter Pasquale Paoli Hauptstadt eines freien Korsikas – eine sehr kurze Zeitspanne in dem Jahrhunderte dauernden Kampf um Unabhängigkeit. Die Stadt besitzt nicht nur eine sehenswerte historische Altstadt, die uns die wechselhafte Geschichte dieser Bastion des Freiheitskampfes erzählt, sondern auch eine sehr reizvolle Umgebung mit typisch korsischen Landschaften. Nördlich von Corte ragen Felszacken aus rotem Porphyrgestein auf, die Aiguilles de Popolasca. Zu Füßen der grazilen Felsspitzen liegen in völliger Abgeschiedenheit die winzigen Dörfer Popolasca (Abb. S. 32/33) und Castiglione. Ihre turmartigen Häuser boten einst Schutz und waren leichter zu verteidigen.
Von Corte folgen wir der Straße D 18 auf die Anhöhe Croce d'Arbitro, wo zwei Straßen zu den einsamen Bergdörfern, die von den roten Felsnadeln überragt werden, abzweigen. Als Rundfahrt kann man von der Croce d'Arbitro auf der D 118 mit schöner Aussicht nach Francardo hinabfahren und bei der Rückkehr nach Corte auf der Hauptstraße N 193 noch je einen Abstecher östlich nach Omessa und westlich nach Soveria (Abb. S. 31) machen – malerische Dörfer hoch oben auf steilen Bergrücken. Einen besonders schönen Blick auf das weite Becken von Corte und die Bergdörfer der Umgebung bietet die im folgenden beschriebene Tour, die von der Stadt gegen Süden zur Punta Cisterna hinaufzieht.

## Wegbeschreibung:

Von der Brücke über die Restonica folgen wir dem gut markierten Weg vorbei an schönen Grabkapellen den Hang hinauf und genießen schon bald einen der schönsten Blicke über die von der Zitadelle überragte Stadt. Der Weg ist eine Variante des Weitwanderweges „Mare a Mare Nord“. Es ist eine richtige Frühlingswanderung durch ein Blumenmeer aus rosa und weißen Zistrosen, violettem Schopflavendel und leuchtendweißem Affodill. Verschiedene Knabenkräuter und Pankrazlilien entfalten ihre bezaubernden Blüten am Wegrand. Manche Hänge leuchten schon Ende April weiß von den unzähligen Blüten der Baumheide. Nur einzelne Baumgruppen mit immergrünen Steineichen unterbrechen die Macchia, die so niedrig ist, daß sie die weite Sicht nicht behindert.

Der Weg quert unter den Felsspitzen der Punta di a Corba in einen Sattel (1 Std.), von dem wir einen Blick hinab ins Restonica-Tal werfen können. Wir passieren einen feuchten Graben, in dem einige uralte Edelkastanien Schatten spenden. Im Mai ist der Boden stellenweise violett, so dicht stehen die Alpenveilchen; auch einige weiße „Albinos“ mischen sich darunter. In vielen Kehren zieht der Weg durch schattenspendenden Kiefernwald hinauf zum grasigen, mit einzelnen Felsen durchsetzten Kamm der Punta Cisterna (1019 m, 1¾ Std.). Nach wenigen Minuten erreichen wir eine große Almwiese, die zu einer Rast einlädt. Der markierte Weg führt hinab nach Casanova di Venaco, und es besteht die Möglichkeit, von Venaco mit dem Zug nach Corte zurückzufahren.

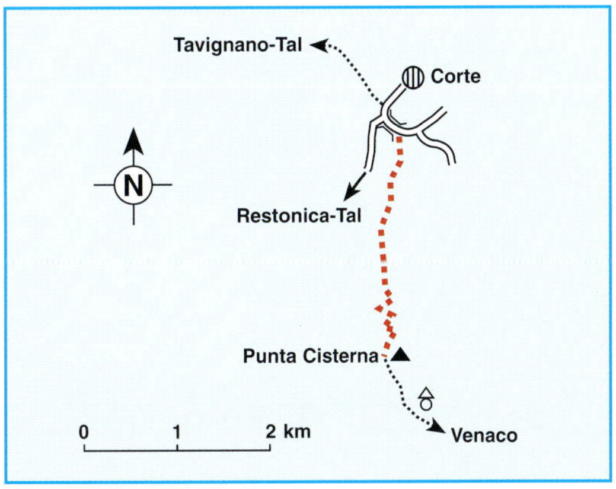


*Die Häuser der Altstadt von Corte drängen sich unter der mächtigen Zitadelle, die beherrschend auf einem Felsen steht.*

### Tour auf einen Blick

**Zufahrt:** Nach Corte.
**Wegverlauf:** Corte (441 m) – Punta Cisterna (1019 m), 1¾ Std.
**Leichte Wanderung.**
**Karten:** ign 4250 OT + 4251 OT, ign 73, DR 20.

## Tour auf einen Blick

**Zufahrt:** Von Corte ins Restonica-Tal zur Pont de Frasseta.
**Wegverlauf:** Pont de Frasseta (900 m) – Bergerie de Cappellaccia (ca. 1650 m), 2 Std.
**Leichte Wanderung.**
**Karten:** ign 4251 OT, ign 73, DR 20.

*Die Felszacken des Capu a Chiostru bilden eine eindrucksvolle Kulisse, wenn man vom Restonica-Tal zur Bergerie de Cappellaccia auf dem Plateau d'Alzu wandert.*

# 46. Vom Restonica-Tal zur Bergerie de Cappellaccia

Das Restonica-Tal ist ein Kleinod der korsischen Bergwelt und in den Sommermonaten entsprechend überlaufen. Die Restonica entspringt im Rotondo-Massiv in 1711 m Höhe, stürzt über Felsstufen und braust durch ausgewaschene Felsschluchten. Der Fluß überwindet auf einer Strecke von nur 14 km eine Höhendifferrenz von 1300 Höhenmetern und mündet im Stadtbereich von Corte in den Tavignano. Durch das Restonica-Tal führen eine schmale Straße und ein Fußweg meist hoch über dem Fluß durch die steilen Talhänge bis zu den Bergeries de Grotelle (1375 m) mit großem Parkplatz, der in der Hauptsaison trotzdem nicht ausreicht. Im unteren Teil ist das Tal teils schluchtartig eingeschnitten, und die Hänge sind dicht bewaldet. Edelkastanien werden bald von mächtigen Stern- und Lariciokiefern abgelöst, und in der Hauptsaison stehen immer Feuerwehren in Alarmbereitschaft, um diesen herrlichen Wald zu schützen.

Die beliebteste Tour in dieser Region führt zum Melo- und Capitello-See; sie wird im nächsten Kapitel beschrieben. Hier sei eine recht einsame Wanderung zu der hoch über dem Restonica-Tal gelegenen Bergerie de Cappellaccia vorgeschlagen. Die Tour kann auch schon Anfang Mai unternommen werden, wenn der Melo-See oft noch von Eis und Schnee bedeckt ist.

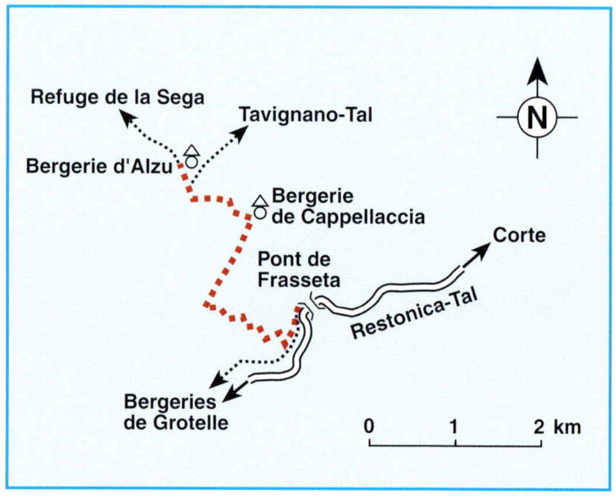

**Wegbeschreibung:**

Der Anstieg beginnt im Restonica-Tal bei der Pont de Frasseta und leitet zunächst durch schönen Wald talaufwärts, bis ein Maultierpfad vom Weg zu den Bergeries de Grotelle abzweigt und in vielen flachen Kehren zum Plateau d'Alzu (Alzo) hinaufzieht. Einzelne urige Lariciokiefern, deren Stamm verkohlt ist, erzählen von überstandenen Bränden. Baumheide, Ginster, Korsische Nieswurz, verschiedenste Disteln und Roter Fingerhut säumen den Wegrand. Im Herbst leuchten die Farne in sattem Gold.
Nach zwei Stunden stehen wir plötzlich am Rand der großen Hochfläche des Plateau d'Alzu, und vor uns ragen der Monte Cinto und die Paglia Orba auf. Die hügelige Hochfläche ist ein wichtiges Sommerweidegebiet mit einigen weitverstreuten Almen. In wenigen Minuten erreichen wir die Bergerie de Cappellaccia (ca. 1650 m), deren Steinhütten sich zwischen bizarre Felsen ducken. Es ist ein einmalig schöner Rastplatz mit weiter Rundsicht, die von den Bergen des Restonica-Tales mit dem mächtigen Monte Rotondo bis zur Bergwelt des Niolu reicht.

## 47. Melo- und Capitello-See – Zeugen der Eiszeit

Die Berge Korsikas sind so hoch, daß sie während der Eiszeit vergletschert waren. Im Restonica-Tal sind die Spuren der Gletscher besonders gut zu sehen. Wer von Corte das Tal hinauffährt oder -wandert, passiert zunächst ein von der Restonica schluchtartig ausgegrabenes, V-förmiges Tal. Im oberen Teil ändert sich der Charakter des Tales auffallend. Es ist durch die Gletscher zu einem breiten, U-förmigen Trogtal ausgeschürft worden, und über die steilen begrenzenden Felswände stürzen zur Zeit der Schneeschmelze Wasserfälle. Im Talgrund sind deutlich die abgeschliffenen Felsbuckel und Moränen zu erkennen. Talterrassen und Gletscherwannen, in denen heute Melo-, Capitello- und Oriente-See liegen, sind stumme Zeugen der Eiszeit.

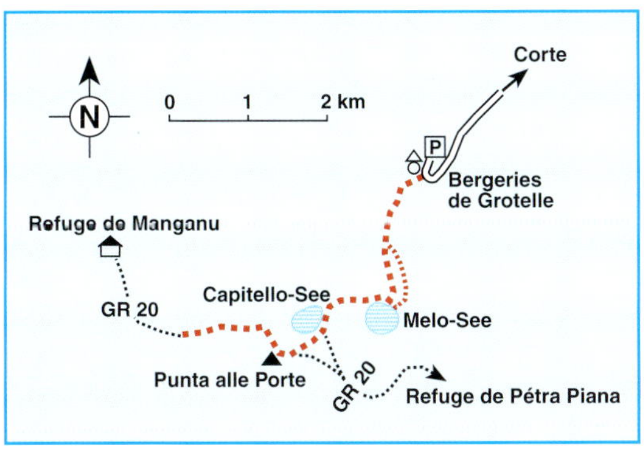

*Ende September weideten nur noch einige Esel bei der Bergerie de Cappellaccia. Im Hintergrund ist die elegante Felspyramide der Paglia Orba zu sehen.*

**Wegbeschreibung:**

Von Corte führt eine schmale Straße zu einem großen Parkplatz bei den Bergeries de Grottelle (1375 m), die in der Hauptsaison auch Getränke und typische Speisen der Region anbieten. Einer der schönsten Talschlüsse der Insel breitet sich vor uns aus. Der vielbegangene Weg führt durch das breite, vom Gletscher überformte Tal aufwärts, und vorbei an einer weite-

### Tour auf einen Blick

**Zufahrt:** Von Corte durch das Restonica-Tal zum Parkplatz bei den Bergeries de Grotelle.
**Wegverlauf:** Bergeries de Grotelle (1375 m) – Melo-See (1711 m), 1 Std.; Melo-See – Capitello-See (1930 m), ¾ Std.; Capitello-See – Brèche de Capitello (2225 m), 1 Std.
**Leichte Wanderung** zum Melo-See; **unschwierige Bergtour** (Stellen I) auf direktem Anstieg zum Melo-See und zum Capitello-See.
**Karten:** ign 4251 OT, ign 73, DR 20.

ren Jausenstation erreichen wir eine kleine Wiese mit einer Weggabelung. Links zieht ein leichter Anstieg durch ausgedehnte Erlenbestände zum Melo-See, rechts ein als „sportiv plus“ bezeichneter Steig über einige mit Eisenketten gesicherte, kleine Felsstufen, die kurzen Passagen eines leichten Klettersteiges entsprechen. Nach je rund einer Stunde stehen wir vor dem von flachen Felsen, Erlen und Wiesen eingefaßten Melo-See (1711 m), der von der eleganten Felspyramide Capu a Chiostru überragt wird. Nach der Schneeschmelze blühen hier zahllose Krokusse und der aparte Gelbstern. Auf feuchte magere Standorte hat sich das Korsische Fettkraut spezialisiert, das mit seinen klebrigen Blättern zur Aufbesserung des Speisezettels kleine Insekten fängt.
Vom Melo-See führt ein Steig über Schutt, Felsblöcke und einige leichte Felsstufen in einer Dreiviertelstunde zum Capitello-See, einem Kleinod der Insel. Glattgeschliffene senkrechte Wände brechen am Nordufer zum Capitello-See ab, und 2000 m hohe Felsgipfel umrahmen diesen tiefen Bergsee, der den überwiegenden Teil des Jahres zugefroren ist. Der Anstieg von den Bergeries de Grotelle zum Capitello-See ist zugleich ein Zustiegsweg zum GR 20, der oberhalb des Sees verläuft. Es ist sehr lohnend, diesem gut markierten Weg vom Capitello-See weiter hinauf zu folgen. Schon nach einer knappen halben Stunde stoßen wir in einer Scharte auf den GR 20, und eine prächtige Aussicht nach Süden öffnet sich. Der Wegabschnitt, der von hier über den Grat zur Brecchè de Capitello zieht, ist einer der landschaftlichen Höhepunkte des GR 20. Der Steig verläuft unter den Felsnadeln und Granittürmchen des Grates und bietet einen großartigen Blick hinunter zum Capitello- und Melo-See und dem mächtigen Felsgipfel des Monte Rotondo (1 Std. ab Capitello-See).

## 48. Idyllischer Oriente-See am Fuß des Monte Rotondo

Gletscher, die von den höchsten Bergen Korsikas herabflossen, haben Felswannen ausgeschürft, die sich nach dem Abschmelzen des Eises mit Wasser füllten. Durch einge-

schwemmtes Gesteinsmehl und feinen Schutt wurden die Randbereiche der Seen sehr flach und verlandeten im Laufe der Zeit. Es bildeten sich Flachmoorwiesen, durch die sich Bäche und Rinnsale von Schmelzwasser winden. Und oft sind diese Riedgraswiesen übersät mit kleinen Tümpeln. Pozzines nennt man diese für Korsikas Hochgebirgslandschaft typischen Moorwiesen, die wie ein Gemälde aussehen, auf dem leuchtendes Grün durchwebt ist von blauen Adern und Punkten. Diese feuchten Wiesengründe bilden sich vor allem über dem wasserstauenden Untergrund von Granitfelsen. Andeutungen solcher Pozzines zeigt der Melo-See (Tour Nr. 47) und besonders schön ausgebildet sind sie am Nino-See (Tour Nr. 33), am Fuß des Monte Renoso (Tour Nr. 53) und des Monte Rotondo beim Oriente-See (Lavu di l'Oriente), zu dem die hier vorgeschlagene Tour führt.

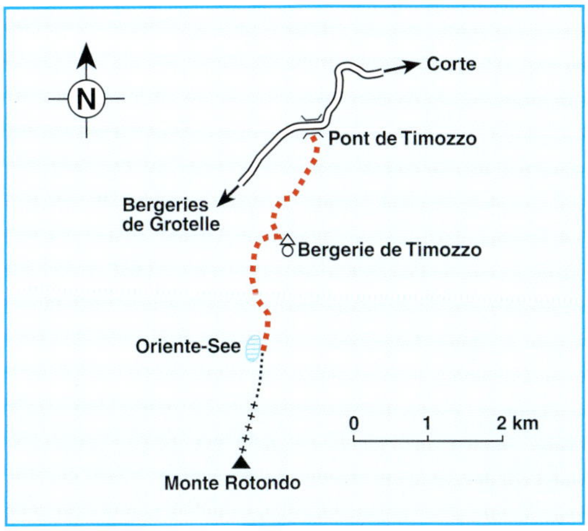


## Wegbeschreibung:

Der Anstieg beginnt im oberen Teil des bewaldeten Restonica-Tales. Im Frühjahr ist die Restonica ein wilder Fluß, im Hochsommer nur noch ein zahmer Bach, und die ausgewaschenen Felsbecken sind beliebte Badeplätze. In den Wäldern des Restonica-Tales lebt der nur auf der Insel vorkommende „Korsenkleiber", der einen weißen Bauch besitzt, während seine im übrigen Europa verbreiteten Verwandten am Bauch ein ockerfarbenes Gefieder tragen.
Der Weg führt zunächst durch schönen Wald

*Der in 1930 m Höhe gelegene, tiefe Capitello-See ist ein Kleinod der korsischen Bergwelt.*

*Die mächtige Zitadelle von Corte spielte im Freiheitskampf der Korsen eine wichtige Rolle.*

### Tour auf einen Blick

**Zufahrt:** Von Corte ins Restonica-Tal zur Pont de Timozzo.
**Wegverlauf:** Pont de Timozzo (990 m) – Bergerie de Timozzo (1513 m), 1¼ Std.; Bergerie de Timozzo – Oriente-See (2061 m), 1½ Std.
**Leichte Bergtour.**
**Karten:** ign 4251 OT, ign 73, DR 20.

den steilen Talhang in vielen Kehren aufwärts; dann lichtet sich der Wald, und nach 1¼ Stunden erreichen wir die Steinhütten der Bergerie de Timozzo (1513 m), die im Sommer frischen Käse anbietet und ein beliebtes Ausflugsziel ist. Der weitere Weg ist nicht soviel begangen und führt etwas mühsam und steil durch Erlen und niedrigen Wacholder über einen Bergrücken aufwärts.

Nach einer Stunde wendet sich der mit Steinmännchen markierte Pfad zum Timozzo-Bach. Wir überqueren ihn und sehen bald die ersten Felszacken des Monte Rotondo vor uns. Die Vegetation wird lichter und niedriger, und Blockwerk und Gesteinsschutt bestimmen zunehmend das Bild. Fast überwältigt steht man dann vor dem gigantischen Felsenamphitheater des Monte Rotondo, an dessen Fuß der in dieser Steinwüste geradezu idyllisch anmutende Oriente-See liegt (2061 m, 2¾ Std. insgesamt). Er ist umrahmt von glattgeschliffenen Felsplatten und grünen Wiesen mit vielen Wasserlöchern, den Pozzines.

Der weitere gut zweistündige Anstieg auf den Monte Rotondo (2622 m) ist nur erfahrenen und sehr ausdauernden Bergsteigern zu empfehlen. Es ist ein anstrengender Aufstieg über Gesteinsschutt, Felsblöcke und teils schuttbedeckte Bänder. Bis in den Hochsommer hinein muß man mit Schneefeldern rechnen. Nur im letzten Teil ist eine kurze leichte Kletterstelle zu bewältigen. Direkt unter dem Gipfelblock liegt in einer Felsnische eine mit Wellblech gedeckte Biwakhütte.

## 49. Monte Renoso – leichtester Zweitausender

Der Monte Renoso (2352 m) zählt zu den sechs höchsten Gipfeln Korsikas. Er überragt alle Berge auf der Südhälfte der Insel, und die prächtige Aussicht reicht von der Ostküste bis zum Golf von Ajaccio, und sogar die Nachbarinsel Sardinien ist an klaren Tagen gut zu erkennen. Da seine Nordhänge als Schigebiet erschlossen wurden, führt eine Straße bis in 1670 m Höhe, und der Berg ist der am leichtesten erreichbare Zweitausender Korsikas.

Als Anfahrt kann man zwischen zwei verschiedenen Routen wählen. Von Ghisonaccia an der Ostküste führt eine Straße durch die sehenswerten Schluchten Défilé de l'Inzecca und die schraubenförmig gewundene Défilé des

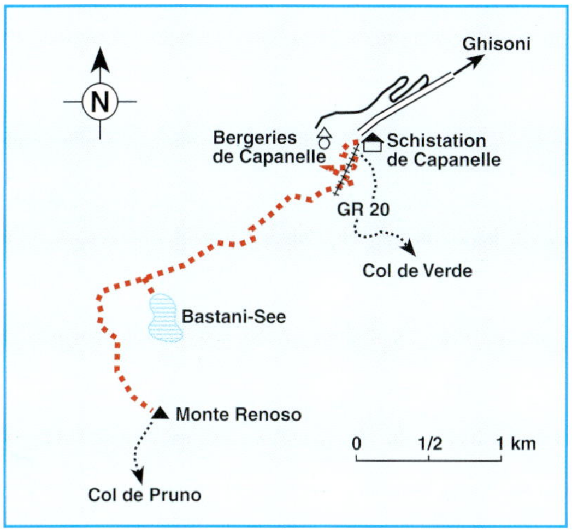


Strette nach Ghisoni und weiter zur Schistation Capannelle. Besonders lohnend ist die Anfahrt über Corte, die durch die malerischen Dörfer Venaco und Vivario hinaufzieht und eine prächtige Aussicht zum Monte Cardo und Monte Rotondo bietet. Oberhalb von Vivario verlassen wir die Hauptstraße, und eine sehr reizvolle schmale Straße windet sich in unzähligen Kehren zum Col de Sorba (1311 m) hinauf. Es ist eine jener alten malerischen Straßen, die noch vor wenigen Jahrzehnten die einzigen Verbindungswege im Bergland waren. Der Col de Sorba gehört zu den aussichtsreichsten Straßenpässen der Insel, die die beste Aussicht bieten, und in einer halben Stunde erreicht man zu Fuß einen kleinen Hügel, der ein noch schöneres Panorama beschert. Durch Wald bummeln wir mit dem Auto auf der schmalen Straße hinab nach Ghisoni, wo wir auf die Straße treffen, die von der Ostküste heraufkommt.

## Wegbeschreibung:

Im Winter vergnügen sich Schifahrer auf den Hängen des Monte Renoso, und im Sommer sind sie Weidegebiet für unzählige Schafe der Bergeries de Capanelle. Der Anstieg führt zunächst die wenig reizvolle Schipiste hinauf, aber bald wandern wir in freiem Gelände auf grasigen Böden. Im Frühjahr blühen hier unzählige Krokusse, im Sommer ist das Gelände ziemlich abgenagt. Plötzlich liegt der große, in eine Wiesenmulde eingebettete Bastani-See (2089 m, 1½ Std.) vor uns – ein idyllischer Rastplatz. Wir steigen steil zum Gipfelgrat des Monte Renoso auf und folgen dem breiten, schuttbedeckten Rücken zum Gipfel (2352 m,

## Tour auf einen Blick

**Zufahrt:** Von Ghisoni zur Schistation Capanelle.

**Wegverlauf:** Schistation bei den Bergeries de Capanelle (1600 m) – Bastani-See (2089 m), 1½ Std.; Bastani See – Monte Renoso (2352 m), ¾ Std. (Rundtour über die Bergeries des Pozzi 9 Std.).

**Leichte Bergtour.**

**Karten:** ign 4252 OT, ign 73, DR 23.

*Eine senkrechte Felswand bricht zum Capitello-See ab, dessen Becken einst vom Gletscher ausgeschürft wurde.*

*Im Juni werden die Schafherden zu den ausgedehnten Weiden am Fuß des Monte Renoso getrieben und im September zurück in die Küstenregionen.*

**Tour auf einen Blick**

**Zufahrt:** Zum Forsthaus „la Foce" nördlich des Col de Vizzavona.
**Wegverlauf:** Forsthaus „la Foce" (1128 m) – Cascades des Anglais – Bergeries de Porteto (1364 m), 1 Std. (vom Bahnhof Vizzavona, 910 m, 1½ Std.).
**Leichte Wanderung.**
**Karten:** ign 4251 OT, ign 73, DR 23.

*Wasseramseln holen Insekten vom Bachgrund und laufen manchmal sogar unter Wasser.*

¾ Std.). Da sich der Renoso oft schon mittags eine Nebelhaube aufsetzt, empfiehlt sich ein zeitiger Aufbruch. Wer über eine gute Kondition verfügt, kann dem Gipfelgrat weiter gegen Süden folgen, über den Col de Pruno zu den Bergeries des Pozzi absteigen, zum Plateau de Gialgone queren und von hier auf dem GR 20 zum Ausgangspunkt zurückkehren (9 Std. insgesamt).

## 50. Cascades des Anglais – ein Naturwunder

Der Agnone entspringt am Fuß des mächtigen Monte d'Oro und hat in den Cascades des Anglais, den „Kaskaden der Engländer", ein faszinierendes Naturwunder geschaffen. Auf einer Strecke von einigen Kilometern stürzt sich der Fluß in zahllosen Kaskaden und Wasserfällen von einem Felsbecken in das nächste – eine lange Kette großartiger Naturschauspiele mit ständig wechselnden Formen und Farben. Besonders schön ist eine Wanderung entlang dieser Kaskaden im Frühjahr, wenn der Fluß Hochwasser führt und die mächtigen Buchen, die sein Bett säumen, im ersten zarten Grün leuchten.

### Wegbeschreibung:

Am schnellsten (20 Min.) erreicht man die Kaskaden vom Forsthaus „la Foce", das etwas unterhalb des Vizzavona-Passes (Col de Vizzavona) an der Hauptstraße N 193 liegt. Eine halbe Stunde länger ist der Anstieg vom Bahnhof von Vizzavona. Nach der Fertigstellung der Schmalspurbahn im Jahr 1889 war Vizzavona von Ajaccio aus schnell zu erreichen und entwickelte sich bald zu einer beliebten, luxuriösen Sommerfrische für begüterte Gäste. Die Wanderung führt uns vorbei an über hundert Jahre alten Villen und der Ruine des Grand Hotels. Auch heute ist der in Wald eingebettete, in 1000 m Höhe am Fuß des Monte d'Oro gelegene Ort ein beliebtes Ferienziel mit vielen Wandermöglichkeiten.
Am Beginn der Kaskaden vereinigt sich der direkte Weg von der Hauptstraße mit dem GR 20, der von Vizzavona heraufzieht. Im Schatten uralter Buchen wandern wir neben den Kaska-

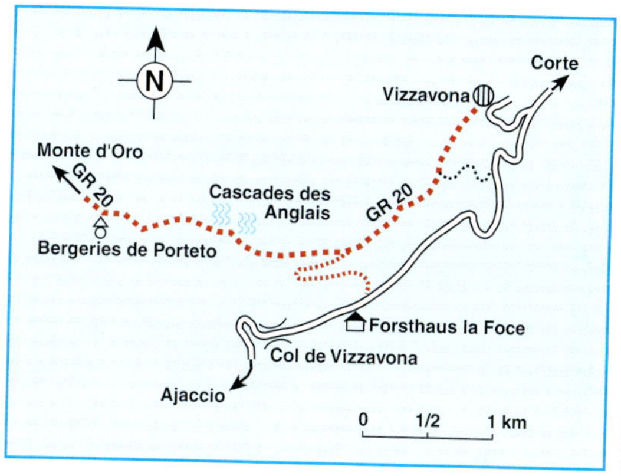


den und malerischen Felsbecken hinauf. Um dieses Wunderwerk der Natur in seiner ganzen Vielfalt zu erfassen, sollte man, wo immer es möglich ist, den Weg verlassen und zum Felsrand neben den Kaskaden gehen. Bald taucht der im Frühjahr noch schneebedeckte Gipfel des Monte d'Oro über den Wasserfällen auf. Dann wird das von Gletschern ausgehobelte Tal weiter und der Fluß sanfter. Wir folgen dem GR 20 über Weideflächen zu den aufgelassenen Bergeries de Porteto, einem wunderschönen Rastplatz (1364 m, 1 Std.; 1½ Std. vom Bahnhof Vizzavona; mit Abstechern zu den Kaskaden sollte man wesentlich mehr Zeit einplanen). Wir sitzen in Blumenwiesen, und über uns ragen die grünlichen Felsen des Monte d'Oro in den Himmel. Es ist eine wilde Berglandschaft von seltener Schönheit, in der auch manches botanische Kleinod wie z. B. die endemische Bernards-Akelei zu entdecken ist. Der weitere Anstieg auf dem GR 20 durch das Tal des Agnone in die Bocca Muratello (2064 m, 2 Std.) ist leicht. Die Besteigung des Monte d'Oro ist versierten Bergsteigern vorbehalten. Denn der Anstiegsweg, der kurz vor der Bocca Muratello vom GR 20 abzweigt, ist abschnittsweise nur sehr spärlich markiert, und die felsige Gipfelkuppe des Monte d'Oro (2389 m, 4½ bis 5 Std. insgesamt) erfordert Kletterfertigkeit (Schwierigkeit I bis II).

## 51. Zur Punta Scarpiccia – hoch über dem Col de Vizzavona

Über den 1163 m hohen Vizzavona-Paß (Col de Vizzavona) führt eine wichtige Straße, die Ajaccio und Bastia, die Hauptstädte der beiden Insel Départements, Haute-Corse und Corse-du-Sud, verbindet. Die meisten Reisebusse halten auf dem Paß und geben ihren Gästen Gelegenheit, sich die Füße zu vertreten. Ich erlebte, wie der erste aussteigende Fahrgast eines Busses im Buchenwald ein schwarzes Schwein verschwinden sah und aufgeregt rief: „Ein Wildschwein, ein Wildschwein!" Mit Fotoapparat bestückt, stürzten alle Fahrgäste an den Waldrand. Und das „Wildschwein" wußte, was man seinen Gästen schuldig ist. Schon nach wenigen Minuten erschien es mit einer Schar rosaroter Ferkel, die nur einige schwarze Flekken von der Mama mitbekommen hatten, und forderte grunzend Freßbares.

Auf dem Paß selbst verstellen mächtige Buchen die Aussicht, aber schon eine kurze Wanderung zu einem Sendemast beschert einen schönen Blick zum Monte d'Oro, und bei der Besteigung der Punta Scarpiccia genießen wir ein prächtiges Panorama.

*Am Fuß des Monte d'Oro entspringt der Fluß Agnone und stürzt in den "Cascades des Anglais" in zahllosen Wasserfällen und Kaskaden auf einer Strecke von mehreren Kilometern zu Tal.*

*Beim Aufstieg vom V*
*zur Punta Scarpiccia s*
*Buchen auf dem Kam*
*vorherrschenden Westi*
*Im Hintergrund der F*
*mächtigen Monte d'C*



hier in einer Dreiviertelstunde auf den Gipfel des Monte Sant'Eliseo (1511 m), auf dem eine kleine Kapelle steht. Die Rundsicht umfaßt das einsame Bergland mit den eingestreuten winzigen Dörfern und reicht bis zu den hohen Gipfeln des Hauptkammes.

## 53. Über das Plateau d'Ese zu den malerischen Pozzines

Westlich von Ajaccio hat man am Plateau d'Ese ein kleines Schigebiet erschlossen. Die gut ausgebaute Straße führt bis auf eine Höhe von 1622 m und macht im Sommer ein schönes Wandergebiet im Süden des Monte Renoso zugänglich. Wer 31 km östlich von Ajaccio die Hauptstraße nach Propriano verläßt und sich ins Landesinnere wendet, wird überrascht sein von den ausgedehnten Buchenwäldern, die uns fast bis zum freundlichen Bergdorf Bastelica begleiten. Hier im einsamen Bergland waren die Bewohner nicht gezwungen, festungsartige Dörfer zu errichten. Die Häuser von Bastelica sind nicht eng verschachtelt, sondern liegen in freundlichen Gärten. Im Dorf steht das Denkmal des großen korsischen Helden Sampiero Corso, der 1468 hier geboren wurde und als Heerführer höchste Ehren erlangte. Der Herzog von Bourbon meinte einmal, daß der stets in vorderster Linie kämpfende Korse 10.000 Soldaten wert wäre.

**Wegbeschreibung:**

Von Bastelica windet sich die Straße den Berghang hinauf. Bald lichtet sich der Wald, Pfriemenginster säumt die Straße, und der Blick auf Bastelica, die unendlichen Wälder und die felsigen Gipfel über dem Tal wird frei. Bei der Schistation Val d'Ese parken wir das Auto und wandern den breiten flachen Rücken mit schöner Aussicht hinauf. Im Mai begleiten uns Teppiche von Krokussen, und im Juni leuchten die Hänge gelb von unzähligen Ginsterblüten. Alle Pflanzen schmiegen sich eng an den Boden, um dem Wind auf diesen freien Hängen möglichst wenig Widerstand zu bieten. Nach einer knappen Stunde erreichen wir die oberste Stütze des Schleppliftes und folgen dem mit Steinmänn-

**Tour auf ein**
**Zufahrt:** Zum
Vizzavona.
**Wegverlauf:** C
(1163 m) – Berg
(1377 m), ½ St
Pozzi – Punta S
(1831 m), 1½ S
**Leichte Wand**
**Karten:** ign 42
DR 23.

chen markierten Weg eine halbe Stunde weiter über den flachen Rücken mit prächtigem Blick zum Monte Renoso und seinen felsigen Nachbarn, den Monte Niello, der Punta Piaggiola und der Punta Scaldasole.
Bald sehen wir unter uns die ausgedehnten saftiggrünen (im Mai noch schneebedeckten) Sumpfwiesen, die von zahllosen Bächlein durchzogen und mit Wasserlöchern bedeckt sind, die sogenannten Pozzines (s. Tour Nr. 48). Einst war hier ein Gletschersee, der verlandet ist, und die Feuchtwiesen dienen heute als Viehweide. Vom 1955 m hohen Col de Scaldasole steigen wir zum Talboden hinab, auf dem wir links zu den eindrucksvollen Pozzines-Wiesen und rechts zu den nach ihnen benannten Almen, den Bergeries des Pozzi, kommen. Mit der Wanderung durch die Pozzines und dem Besuch der Alm sollte man rund 2½ Stunden einplanen.
Für die Rückfahrt kann man unterhalb von Bastelica auf die schmale Straße nach Tolla abbiegen, die zunächst durch die wildromantische Prunelli-Schlucht führt und dann hoch über dem großen Stausee Lac de Tolla verläuft. Vom Paß Bocca di Mercuju (Col de Mercujo) zweigt ein Fußweg zu einem Aussichtspunkt (Belvédère) ab, der flußaufwärts Sicht über Staudamm und See bietet und flußabwärts Einblick in die Prunelli-Schlucht gewährt.

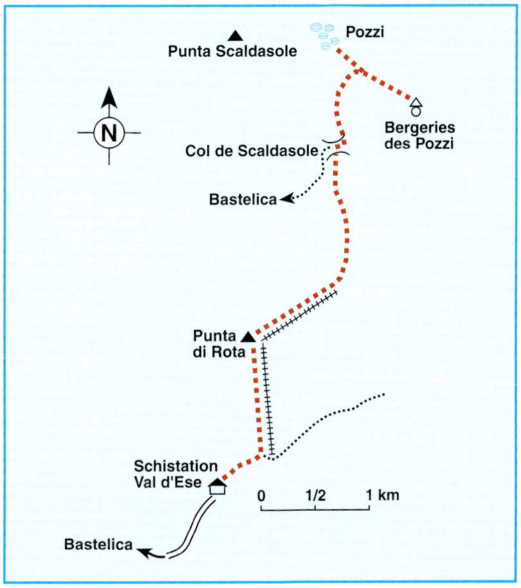


## Tour auf einen Blick

**Zufahrt:** Über Bastelica zur Schistation Val d'Ese.
**Wegverlauf:** Schistation Val d'Ese (1622 m) – Col de Scaldasole (1955 m), 1½ Std.; Col de Scaldasole – Pozzi (1783 m) und Bergeries des Pozzi, 1 Std.
**Leichte Wanderung.**
**Karten:** ign 4252 OT, ign 74, DR 23.

*Aus verlandeten Gletscherseen entstanden im Gebirge die für Korsika typischen Pozzines – von meandrierenden Bächen durchzogene Sumpfwiesen mit malerischen kleinen Tümpeln.*

# WESTKÜSTE VON CALVI BIS PORTO

## 54. Flußwanderung im Fango-Tal – Farbpalette uralter Gesteine

Von Calvi führt eine malerische Panoramastraße in vielen Kehren hoch oben über den felsigen Abbrüchen der Westküste nach Süden. Auf den trockenen Hängen entfalten im Frühjahr die aus Südafrika stammenden Mittagsblumen ihre großen zinnober- und cremefarbenen Blüten. Bei Galéria im Fango-Tal führt die Straße auf Meeresniveau hinab. Der Fluß Fango entspringt am Fuß der Paglia Orba, deren mächtige violett-rote Felswände über dem Talschluß aufragen. Das weite Fango-Tal ist kaum besiedelt und zählt zu den einsamsten Regionen der Insel. Eine uralte Route der Transhumanz (Wanderweidewirtschaft) führt durch das Tal. Im Frühjahr ziehen die Hirten mit den Herden hinauf in das Niolu (Niolo), und im Herbst kehren sie zurück an die Küste. An der Küste hat der Fango eine mächtige Kiesbarriere aufgeschüttet und einen langen Kiesstrand geschaffen. Dahinter stauen sich Süßwassertümpel, in denen botanisch Interessierte so manche Rarität entdecken werden. Wo das Tal sanft anzusteigen beginnt, hat sich der Fango in den felsigen Untergrund eingegraben und eine bunte Palette verschiedenster, uralter Gesteine freigelegt. Granit, Vulkanite, verschiedene Schiefer und Konglomerate bilden das farbenprächtige Flußbett. Im Sommer und Herbst, wenn der Fluß wenig Wasser führt, steht in den ausgewaschenen Felsbecken das Wasser und leuchtet je nach Gesteinsunter-

grund in intensivem Blau oder Grün. Zur Zeit der Schneeschmelze tost ein wilder Fluß durch das enge Felsbett.

## Wegbeschreibung:

Von dem kleinen an der Fango-Mündung gelegenen Ort Galéria führt eine Etappe des Weitwanderweges „Tra Mare e Monti“ durch das Fango-Tal zum Weiler Tuarelli (Tuvarelli). Der Weg verläuft zunächst auf einem mit niedriger Macchia bewachsenen Hügel oberhalb von Galéria, der einen schönen Blick auf das Flußdelta bietet, in dem sich der Fango immer wieder ein neues Bett sucht. Dann folgt eine weniger reizvolle, rund 5 km lange Strecke im Tal, die teils auf der Straße verläuft. Es ist empfehlenswerter, auf der Straße bis zur schönen Genuesenbrücke über den Fango zu fahren, und hier, wo der wildromantische Teil des Flußlaufes beginnt, mit der Wanderung zu starten.
Der markierte Weg führt fast eben durch Macchia und über Felsplatten am Flußufer entlang. Der Fango hat sich 10 bis 20 m tief in den Felsen gegraben, und es lohnt sich, jeden Steig, der die wenigen Meter zum Rand der Schlucht führt, zu nützen, um einen Blick in dieses farbenprächtige Flußbett zu werfen, das nach jeder Flußbiegung ein anderes Bild zeigt. An vielen Stellen kann man leicht zum Fluß hinabsteigen und bei Niedrigwasser in den von roten, gelben, grauen und weißlichen Felsen umrahmten Gumpen ein Bad genießen. Bei der Straßenbrücke Pont de Tuarelli (Pont de Tuvarelli, 93 m) erreichen wir das Etappenziel des Weitwanderweges mit der Gîte d'étape.

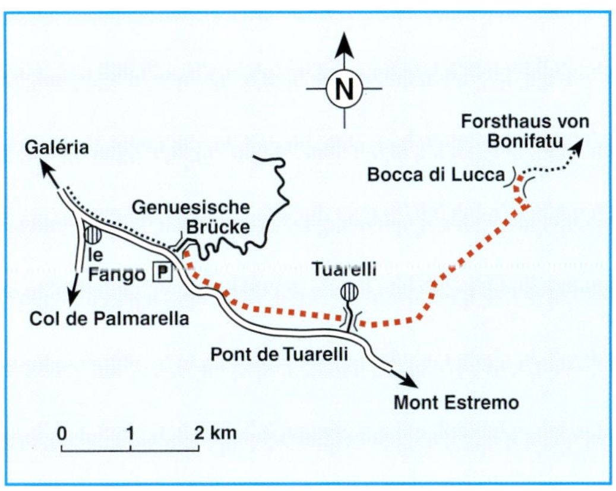


*Die Halbinsel Scandola ist eine der letzten unberührten Küstenregionen des Mittelmeeres. Sie wurde unter Schutz gestellt und von der UNESCO in das Welterbe der Menschheit aufgenommen.*

### Tour auf einen Blick

**Zufahrt:** Von Galéria das Fango-Tal aufwärts zur genuesischen Brücke.
**Wegverlauf:** Genuesische Brücke (46 m) – Pont de Tuarelli (93 m), 1½ Std.; Pont de Tuarelli – Bocca di Lucca (589 m), 1¼ Std.
**Leichte Wanderung.**
**Karten:** ign 4149 OT, ign 74, DR 23.

*Von einer genuesischen Brücke folgt ein Wanderweg dem Fluß Fango, der sich streckenweise tief in den felsigen Untergrund eingegraben hat.*

*Die Blätter der Mittagsblume (Carpobrotus edulis) sind perfekte Wasserspeicher.*

Mit kurzen Abstechern an den Schluchtrand sollte man von der Genuesenbrücke gut 1½ Stunden einplanen. Der Weitwanderweg verläßt hier das Fango-Tal und zieht durch Wald und Macchia hinauf zur Bocca di Lucca (575 m, 1¼ Std.) und über die Bocca di Bonassa zum Forsthaus von Bonifatu.

## 55. Halbinsel Scandola – ein Juwel des Mittelmeeres

### Tour auf einen Blick

**Schiffsfahrt** von Porto zur Halbinsel Scandola.

Südlich von Galéria ragt die Halbinsel Scandola ins Meer, eine der letzten unberührten Urlandschaften des Mittelmeeres. Vulkanausbrüche und einbrechende Krater (Calderen) schufen einst diese Landschaft, und in 350 Millionen Jahren formte die Erosion eine atemberaubend schöne, wildzerrissene Steilküste. Wo die Lava langsam erstarrte, konnten sich prächtige Basaltsäulen und Rhyolithorgeln bilden. Die Verwitterung schuf bizarre, von Tafoni durchlöcherte Felsgebilde und phantastisch modellierte Felswände. Unbeschreiblich ist die Farbenpalette dieser Küstenfelsen, die von Hellgrau über Gelb und Ocker bis Rot reicht. Elegante feuerrote Felsspitzen ragen in den blauen Himmel, und gelegentlich leuchtet das Himmelsblau auch durch ein Felsenfenster.

Da dieses Juwel vom Land aus schwer zugänglich ist, blieb auf der Halbinsel eine einzigartige Tier- und Pflanzenwelt erhalten. 1975 wurde hier ein großes Naturschutzgebiet geschaffen, in dem nicht nur 919 ha Land unter Schutz gestellt wurden, sondern auch 1000 ha Wasserfläche zur Erhaltung der Meeresfauna und -flora. Es war eine sehr weitblickende Maßnahme, denn es hätte nichts genützt, die hier noch brütenden Fischadler zu schützen, wenn das Meer unter ihren Horsten leergefischt worden wäre. Die Halbinsel wurde von der UNESCO in das Welterbe der Menschheit aufgenommen, und das geschützte Gebiet wird mit Wasserflugzeugen und Booten kontrolliert. Das Wasser ist so klar, daß noch in 40 m Tiefe Wiesen des Neptungrases gedeihen, das vielen Fischen als Kinderstube dient.

### Wegbeschreibung:

Zur Halbinsel Scandola verkehren in der Hauptsaison von verschiedenen Küstenorten Ausflugsschiffe. Von Porto ist es ein Halbtagesausflug, bei dem das Schiff in der Regel auch in Girolata anlegt, von Ajaccio ein Tagesausflug. Besonders schön ist das Licht auf den Felsen spätnachmittags. Bei ruhigem Meer fährt das Schiff ganz nahe an der phanta-

stischen Steilküste entlang, hinein in eine fjordartige Bucht und eine Grotte, in der man im kristallklaren Wasser Fischschwärme sieht. Auf spitzen Felsen erkennt man das aus Ästen geflochtene, große Nest der Fischadler, und auf den kleinen Felseninseln, die aus dem Wasser ragen, sitzen oft ganze Kolonien von Kormoranen. Sturmtaucher sind zu beobachten, und auch die selten gewordenen Wanderfalken brüten im Naturschutzgebiet. Von Porto und Galéria aus werden auch geführte Tauchausflüge angeboten.

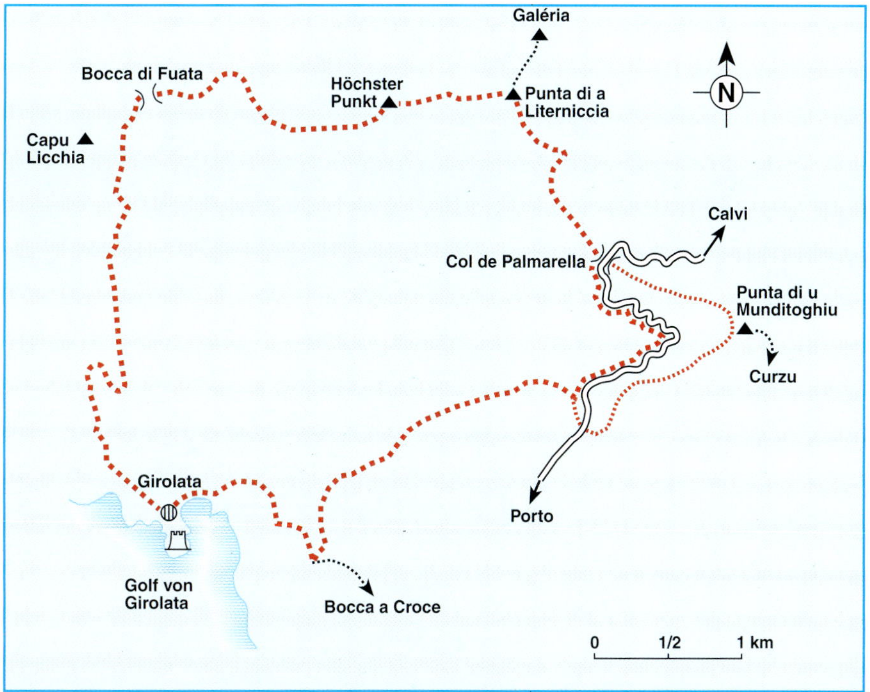


## 56. Hoch über Girolata, dem straßenlosen Fischerdorf

Südlich der Halbinsel Scandola liegt das kleine Fischerdorf Girolata, das nur mit dem Schiff oder zu Fuß erreichbar ist. Es ist ein idyllischer Platz mit schönem Strand inmitten des weiten Golfes, der von leuchtendroten Felsen umrahmt wird. Auf einer Landzunge erhebt sich das von einem Wachtturm überragte genuesische Fort, und darunter drängen sich die wenigen Häuser. Einst war es ein Fischerdorf, dessen Bewohner vor allem Langusten fingen. Heute ist das Dorf fast nur im Sommer bewohnt, wenn zahlreiche Touristen mit Jachten oder Ausflugsschiffen hier eintreffen und die Re-

*Die unter Schutz gestellten Felsenküsten von der Halbinsel Scandola bis zum Capu Rossu (Bild) zählen zu den Naturwundern unserer Erde.*

*Die vielen Quellen der Insel wurden in liebevoll gestalteten Brunnen gefaßt. Einer der schönsten steht an der Straße durch die Calanche.*

staurants und Strände bevölkern. Den Bau neuer Häuser hat man in diesem zum Naturpark Korsikas gehörenden Gebiet erfreulicherweise verboten. Zu Fuß ist das Dorf auf einem alten Maultierpfad von der Bocca a Croce (Col de la Croix), einem Paß an der Küstenstraße D 81, in knapp zwei Stunden zu erreichen. Der Weg führt allerdings überwiegend oberhalb der Küste durch hohe Macchia, nur bei der schönen Bucht Anse de Tuara kommen wir ans Meer. Wesentlich mehr Aussicht gewährt ein Weg, der hoch über Girolata auf einem Bergkamm verläuft.

### Wegbeschreibung:

Der Paß Col de Palmarella (408 m) westlich der Halbinsel Scandola (s. Tour Nr. 55) ist ein prächtiger Aussichtsplatz über dem weiten Golf von Girolata. Hier quert der Weitwanderweg „Tra Mare e Monti" die Straße und führt über den Bergkamm nach Galéria. Diesem Weg folgen wir zunächst durch niedrige Macchia den Kamm hinauf, und schon nach wenigen Schritten sieht man unten die genuesische Festung und einige Häuser von Girolata. Der alte Maultierweg quert kurz in die Bergflanke und führt zurück auf den felsiger werdenden Grat. Nach einer guten Dreiviertelstunde erreichen wir die grasige Kuppe der Punta di a Literniccia (750 m), von der man einen herrlichen Blick über den von roten Felsen umrahmten tiefblauen Golf und das winzige Dorf Girolata hat. Schon dieser Gipfel ist ein lohnendes Tourenziel.

Wir verlassen den Weitwanderweg und folgen weiter dem Kamm, der zur Scandola-Halbinsel hinauszieht. Das Panorama wird immer umfassender, und nach einer halben Stunde erreichen wir mit 784 m den höchsten Punkt der Tour. Wir wandern über Felsschrofen und durch dichte Macchia, die sich als Laubengang über dem Weg schließt, hinab zur Bocca di Fuata. Ein Dreschplatz erinnert daran, daß hier oben einst Getreide angebaut wurde. Im Halbschatten führt der Weg nun hinunter an die Küste bei Girolata (3 Std. insgesamt).

Von Girolata folgen wir dem Weitwanderweg „Tra Mare e Monti" hinauf zur Straße (1½ Std.), auf der wir in einer knappen halben Stunde den Col de Palmarella erreichen, wo in der Hauptsaison ein Kiosk Erfrischungen bereithält. Als reizvolle, aber deutlich längere Variante zum Rückweg bietet sich der Umweg über die Punta di u Munditoghiu (641 m) an, einen lohnenden Aussichtspunkt.

### Tour auf einen Blick

**Zufahrt:** Zum Col de Palmarella südlich von Galéria.
**Wegverlauf: Rundweg:** Col de Palmarella (408 m) – Punta di a Literniccia (750 m), ¾ Std.; Punta di a Literniccia – Bocca di Fuata – Girolata (10 m), 2¼ Std.; Girolata – Col de Palmarella, 2 Std.
**Unschwierige Wanderung.**
**Karten:** ign 4150 OT, ign 73.

## 57. Golf von Porto – ein landschaftliches Kleinod

Niemand wird sich der Faszination der Landschaft am Golf von Porto entziehen können. Ein leuchtendblaues Meer, umrahmt von wildzerrissenen, von Tafoni durchlöcherten roten Felswänden – ein atemberaubender Kontrast. An der Mündung des Flusses Porto hat sich einst das kleine Bergdorf Ota einen winzigen Hafen angelegt und auf der ins Meer ragenden Halbinsel aus rotem Fels einen Wachtturm errichtet. Heute ist der kleine Ort Porto ein Hauptanziehungspunkt für Touristen mit vielen Hotels, Restaurants, Bars und Souvenirgeschäften, in denen auch schöne korsische Arbeiten angeboten werden. Schmuck aus roten Korallen sollte man allerdings nicht kaufen, denn diese schöne Koralle des Mittelmeeres, die hier noch gedeiht, ist durch das rücksichtslose Ausbeuten für Schmuckgegenstände vom Aussterben bedroht. Porto (Portu) liegt im Naturpark Korsikas, und man hat erfreulicherweise auf den Bau von Großhotels verzichtet. Die Häuser sind meist aus ockerfarbenem Naturstein aufgemauert und fügen sich gut in diese grandiose Landschaft.

Vom Ort führt eine gewölbte Holzbrücke, unter der sich immer viele Fische tummeln, über den Fluß zum kleinen Hafen und Kiesstrand von Porto. Hinter dem Strand liegt ein schöner Eukalyptuswald, in dem ein Campingplatz untergebracht ist. Fast trichterförmig läuft die Meeresbucht hier in Porto zusammen, und bei starkem Westwind rollen mächtige Brecher an den Strand. Eine aufgezogene schwarze Fahne signalisiert dann, daß das Baden lebensgefährlich ist. Es ist ein eindrucksvolles Schauspiel, wenn sich die mächtigen Wellen an den Felsen

*Die aparten Pangrazlilien (Pancratium illyricum) wachsen in felsigen Regionen der Küsten und im Mittelgebirge.*

unter dem Wachtturm brechen und die Gischt hoch hinaufspritzt. Jachten meiden bei Wind diese Bucht, und im kleinen Hafen liegen nur einige Schlauch-, Motor- und Fischerboote. In der Nebensaison ist Porto ein idyllischer Ort, in der Hauptsaison ist er erfüllt von quirligem Leben und kann den Massenansturm oft fast nicht bewältigen.

## Wegbeschreibung:

Von Porto werden Schiffsfahrten zur Halbinsel Scandola (Tour Nr. 55), nach Girolata (Tour Nr. 56) und zum Capu Rossu (Tour Nr. 65) angeboten, und man sollte die Gelegenheit

## Tour auf einen Blick

**Besichtigung** von Porto.

*Porto mit seinem kleinen Hafen ist Mittelpunkt der grandiosen, unter Schutz gestellten Felsenküste, die den Golf von Porto umrahmt.*

**Tour auf einen Blick**

**Zufahrt:** Von Porto nach Ota.
**Wegverlauf:** Ota (340 m) – Capu San Petru (914 m), 3¼ Std.
**Leichte Wanderung.**
**Karten:** ign 4150 OT, ign 73, DR 20.

nützen, die phantastische Umgebung des Ortes vom Meer aus kennenzulernen. Der Wachtturm kann gegen Eintrittsgebühr erstiegen werden und bietet einen schönen Blick über den Golf. Porto ist Ausgangspunkt für viele, besonders reizvolle Wanderungen, die in den folgenden Kapiteln vorgestellt werden.

## 58. Alter Hirtenweg vom Bergdorf Ota zum Capu San Petru

Nicht unten in der idyllischen Bucht, wo heute der von Touristen gestürmte kleine Ort Porto liegt, errichteten die Bewohner des Tales einst das Dorf Ota, sondern hoch oben an einem steilen Hang, wo sie vor plötzlichen Überfällen durch Seeräuber sicher waren. Porto war nur ein kleiner, von einem Turm bewachter Landeplatz. Ota ist trotz des Rummels in seinem ehemaligen Hafen ein typisches korsisches Bergdorf geblieben. Am Sonntag wird auf dem Kirchplatz mit den schweren Stahlkugeln gespielt, und im September schultern die Männer ihr Gewehr und ziehen mit den Hunden auf die Jagd. Der Gegensatz zwischen dem stillen Dorf und dem Touristenrummel in Porto könnte gar nicht größer sein.
Während die Zufahrtsstraßen nach Porto heute zum Teil in den leuchtendroten Fels über der Küste gesprengt sind, paßten sich die alten Maultierwege dem Gelände an und verliefen teils viel höher, wo die Küstenhänge flacher werden. Auch in diesem Abschnitt der Westküste hat man alte Maultierwege von Macchia befreit und als Weitwanderweg „Tra Mare e Monti" markiert. Ota ist eine Etappenstation (Gîte d'étape) dieses Weges, der von hier über den Capu San Petru nach Serriera und Curzu führt. Besonders reizvoll und abwechslungsreich ist der Anstieg von Ota auf den Capu San Petru, das hier vorgeschlagene Tourenziel.

### Wegbeschreibung:

Der gut markierte Weg beginnt im Bergdorf Ota (340 m) und folgt einem alten, teils gepflasterten Maultierweg in leichtem Auf und Ab durch den Berghang. Zistrosen, Ginster, Zedernwacholder und Baumheide säumen den

Weg, und vor uns ragt beherrschend die elegante Felspyramide des Capu d'Orto auf. Nach einer Stunde erreichen wir einen Sattel mit schattigem Rastplatz, und vor uns tauchen bizarre, von Tafoni durchlöcherte, rote Felswände auf. Mitten durch diese einzigartige Felswildnis, die der berühmten Calanche (s. Tour Nr. 63) in nichts nachsteht, zieht unser einsamer Weg mit sanfter Steigung.
Wir überqueren einige Bäche, und hier, wo genügend Feuchtigkeit vorhanden ist, hat sich eine fast urwaldartige, üppige Vegetation entwickelt. Unter überhängenden roten Felswänden quert der Weg zu einem Bergrücken, der mit mächtigen Kiefern bewachsen ist. Von der Kuppe des Rückens führt der Weitwanderweg „Tra Mare e Monti" gleich hinab nach Serriera. Wir aber folgen dem Höhenrücken noch 10 Minuten zur flachen Felskuppe des Capu San Petru (914 m, 3¼ Std.), einem schönen Rastplatz. Gelegentlich wird er auch von den hier weidenden und den Boden durchpflügenden Schweinen besucht, die nach alter Tradition von den Bergdörfern heraufgetrieben werden.

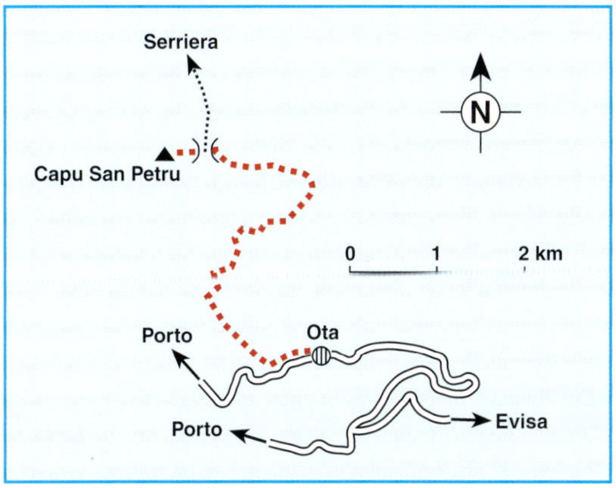


*Vom Bergdorf Ota, oberhalb von Porto gelegen, führt ein alter Hirtenweg zum Aussichtsgipfel Capu San Petru.*

## 59. Durch die einsame L'Onca-Schlucht

Eine grandiose, leuchtendrote Felswildnis umrahmt nicht nur den großen Golf von Porto, sondern prägt auch das Hinterland. Flüsse haben tiefe Schluchten in die vulkanischen Gesteine gegraben. Diese Rhyolithe sind meist durch Feldspat und mineralische Beimengungen rot gefärbt. Sie verwittern leichter als Gra-

## Tour auf einen Blick

**Zufahrt:** Von Porto zu der Doppelbrücke Ponts d'Ota.
**Wegverlauf:** Ponts d'Ota (209 m) – Schlucht – Scharte zwischen Fughicchie und Capu Casconi (ca. 650 m), 2 Std.
**Unschwierige Wanderung.**
**Karten:** ign 4150 OT, ign 73, DR 20.

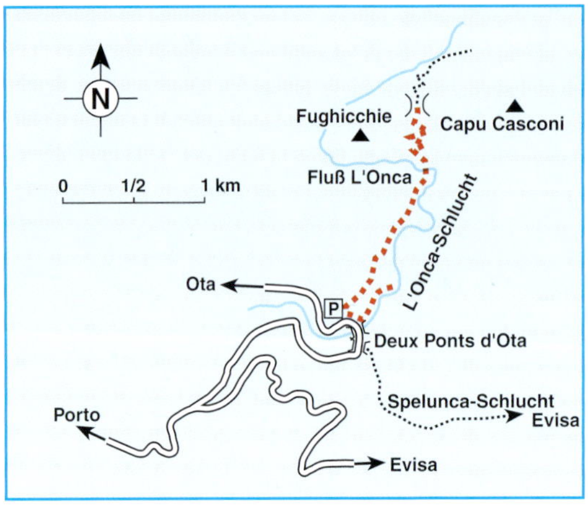


nit, und die Erosion hat im Laufe der Zeit elegante Zacken, Türme und bizarre Tafonibildungen geschaffen, die oft ganze Felswände bedecken und gliedern. Eine der bekanntesten und beliebtesten Wanderungen leitet auf breitem Weg durch die Spelunca-Schlucht (Tour Nr. 61). Landschaftlich noch eindrucksvoller ist die phantastische L'Onca-Schlucht (S. 143); ein mit einzelnen Steinmännchen markierter Steig führt uns durch diese einsame Felswildnis.

## Wegbeschreibung:

Östlich von Ota vereinigen sich die Bäche Aitone und Onca, die die eindrucksvollen Schluchten Spelunca und L'Onca gegraben haben, und münden als Fluß Porto ins Meer. Ausgangspunkt für beide Schluchtwanderungen ist die doppelte Straßenbrücke „Deux Ponts d'Ota" an der Zufahrtsstraße nach Ota, die die beiden Bäche knapp vor ihrer Vereinigung überspannt. Am Ufer der Onca führt ein ebener Weg auf der gemauerten Trasse einer alten Wasserleitung taleinwärts. Der Fluß sucht sich seinen Weg zwischen riesigen Granitblökken, und im Sommer findet man malerische Badegumpen. Darüber ragen leuchtendrote Felswände auf. Nach 10 Minuten wird die Schlucht unbegehbar, und man kann sich auf einem schon fast zugewachsenen Steig durch dichte Macchia zu dem etwa 100 m höher gelegenen Weg hinaufraufen.
Viel empfehlenswerter ist es, zurückzugehen und kurz der Straße nach Ota zu folgen, bis der zunächst hoch über der Schlucht verlaufende Weg, der einer neuen Wasserleitung folgt, ab-

*Hoch über der L'Onca-Schlucht verläuft ein Wanderweg unter leuchtendroten Felsen.*

zweigt. Ziegen sind die häufigsten Benutzer dieses Weges, der einen prächtigen Blick zum Capu d'Orto und den wilden Felstürmen des Capu Casconi bietet. Wir queren das hellrote Schuttfeld eines Bergsturzes und folgen dem Steig hinunter zum Fluß, vorbei an prächtigen, mehrere Meter hohen Baumheide-Exemplaren. Das schön gemusterte und durch seinen hohen Kieselsäuregehalt schwer brennbare Wurzelholz dieser Sträucher wird für die geschätzten Bruyère-Pfeifenköpfe verwendet. Ein Felsriegel, der bis zum Fluß reicht, versperrt den Weiterweg und wird in einem kurzen Auf- und Abstieg überwunden.
Dann weitet sich das Flußbett ein wenig, und zu Füßen riesiger Edelkastanien bieten die sandigen Ufer einen idyllischen Rastplatz (1 Std.). Schon bald hinter diesem kühlen, von Felswänden flankierten Rastplatz schieben sich die steilen Felsabbrüche bis zum Fluß vor, und die Schlucht wird unpassierbar. Wir überqueren den Fluß, was hier meist trockenen Fußes möglich ist. Zum Balancieren auf den runden Steinen, die aus dem Fluß herausragen, sind Stöcke sehr angenehm (Umschlagbild Tourenführer). Am jenseitigen Ufer zieht ein streckenweise etwas verwachsener alter Weg in vielen Kehren durch Macchia und ein Steineichenwäldchen in eine Scharte (ca. 650 m, 1 Std.) zwischen dem mit überhängenden Felswänden und roten Felstürmen vor uns aufragenden Capu Casconi und dem leuchtendroten Felskamm Fughicchie. Beim Anstieg sieht man die riesige Höhle im Capu Casconi. Falken und Adler nutzen die Thermik der Felswände und ziehen ihre Kreise. Die bizarren roten Felsen, die hoch hinauf mit einem grünen und im Frühling durch zahllose Blüten bunt gefärbten Macchia-Teppich bedeckt sind, bieten ein Bild phantastischer Kontraste. Von der Scharte kann man jenseits zum Fluß absteigen (s. Tour Nr. 60) oder auf dem Anstiegsweg zurückkehren.

*Der Wanderweg durch die Spelunca-Schlucht nach Evisa überquert die elegante genuesische Brücke Pont de Zaglia.*

## 60. Hoch über der wilden L'Onca-Schlucht

Von Ota führt ein leichter, einsamer Wanderweg hoch über der wilden L'Onca-Schlucht (Tour Nr. 59) durch eine bizarre Felswelt aus gelbrotem Gestein. Der alte Maultierpfad leitet zuerst durch ein schattiges Steineichenwäldchen und quert dann einen trockenen, mit niedriger Macchia bewachsenen Südhang. Schon zeitig im Frühjahr entfalten hier Zistrosen, Ginster, Schopflavendel und die Schopfige Traubenhyazinthe ihre Blüten, und zahllose Eidechsen bevölkern den im Sommer recht heißen Hang.

Jedem Wanderer werden im Frühling die dikken weißen Schaumpatzen an den Zistrosensträuchern auffallen. Wenn man den Schaum auseinanderstreicht, erblickt man kleine Larven, den Nachwuchs der Schaumzikade. Der Schaum schützt die Larven vor dem Gefressenwerden und vor dem Austrocknen in der prallen Sonne. Die oft mehrere Zentimeter großen Schaumgebilde erzeugen die nur wenige Millimeter großen Larven selbst. Sie hängen sich mit dem Kopf nach unten an ihre Futterpflanzen, die Zistrosen, so daß ihre flüssigen Ausscheidungen vom After über den Körper rinnen. Am Hinterleib wird Wachs ausgeschieden und

## Tour auf einen Blick

**Zufahrt:** Von Porto nach Ota.
**Wegverlauf:** Ota (340 m) – Scharte (ca. 650 m), 1 Std.; Scharte – L'Onca (550 m), ½ Std.
**Leichte Wanderung.**
**Karten:** ign 4150 OT, ign 73, DR 20.

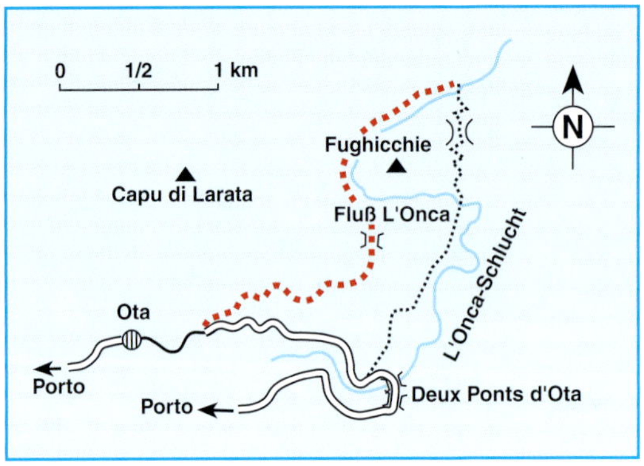


den herabfließenden Exkrementen beigemengt. Dabei entsteht eine Flüssigkeit, die mit Luft zu Schaum aufgeschlagen werden kann. Dazu verwenden die Tiere sehr raffiniert ihre eigene verbrauchte Atemluft. Erst wenn sie groß genug sind, verzichten sie auf die schützende Schaumhülle.
Eine andere Familie der Zikaden, die Singzikaden, ist wohl jedem, die einmal Urlaub an den Küsten des Mittelmeeres gemacht hat, als Geräuschkulisse der milden Sommerabende vertraut. Damit die nur wenige Zentimeter großen Insekten diese erstaunliche Lautstärke erreichen, verfügen sie über eine der kompliziertesten Vorrichtungen zur Erzeugung von Lauten im gesamten Tierreich. An der Unterseite des Hinterleibes besitzen sie vier Vertiefungen, und durch Zusammenziehen und Entspannen versetzt ein starker Muskel die „Trommelfelle" an den Vertiefungen in Schwingung. Diese Schwingungen breiten sich durch einen großen Luftraum im Inneren des Körpers aus und werden durch zwei weitere Membranen verstärkt. Nicht Schönheit und Nuancenreichtum scheint das Ziel dieser raffinierten Vorrichtung zu sein, sondern vor allem Lautstärke, die der menschlichen Stimme durchaus Konkurrenz machen kann.

## Wegbeschreibung:

Der markierte Weg zieht von Ota hoch über der L'Onca-Schlucht durch den Berghang und steigt dann in vielen Kehren hinauf zu leuchtendroten Felsen. Nach einer Stunde erreichen wir eine schmale Scharte, und plötzlich öffnet sich der Blick zu den imposanten Felstürmen

der Fughicchie, die mit fast senkrechten Wänden zum Schluchtgrund abbrechen. Schon bis hierher ist es eine lohnende Tour, wenn wir von der Scharte noch einige Meter absteigen, bis wir einen Blick hinab in die L'Onca-Schlucht werfen können. Der weitere Weg führt über ein Blockfeld hinunter und dann knapp über dem Fluß zu einem breiten Talboden, wo am gegenüberliegenden Flußufer der Weg von der in Tour Nr. 59 beschriebenen Scharte herabkommt. Beide Touren lassen sich zu einer schönen Rundtour verbinden (ca. 3 Std.), wobei der Bach am oberen Ende der Schlucht meist durchwatet werden muß und bei Hochwasser unpassierbar sein kann.

## 61. Durch die berühmte Spelunca-Schlucht nach Evisa

Eine der beliebtesten Wanderungen von Porto aus ist die Durchquerung der Spelunca-Schlucht und der Aufstieg nach Evisa, einem beliebten Sommerfrischenort. Wer es bequemer haben will, kann von Porto mit dem Bus (nur in der Hauptsaison) nach Evisa fahren und die Tour im Abstieg machen. Die Bergdörfer Ota und Evisa waren einst durch einen Maultierpfad verbunden, der über zwei genuesische Brücken führt. Besonders eindrucksvoll ist die Ponte Vecchiu (Pont de Pianella), die in einem eleganten Bogen den Fluß Porto überspannt und ein Meisterwerk der Steinmetzkunst ist. Im 15. und 16. Jahrhundert wurden unter genuesischer Herrschaft viele Brücken im Land erbaut, um die Handelswege zu verbessern. Der Bau so einer Brücke, die immer architektonische Schmuckstücke sind, dauerte meist nur ein Jahr und wurde von einem gut geschulten Team verrichtet, das sich aus Steinmetzen, Maurern und Zimmerleuten für den Gerüstbau zusammensetzte. Für die Wahl des Standortes unter Berücksichtigung der Strömungsverhältnisse wurde manchmal ein Müller zugezogen.

### Wegbeschreibung:

Wir parken das Auto an der Straßenbrücke Deux Ponts d'Ota (209 m) unterhalb des Bergdorfes Ota und gehen zunächst am Fußballplatz

### Tour auf einen Blick

**Zufahrt:** Von Porto zu der Doppelbrücke Ponts d'Ota.
**Wegverlauf:** Ponts d'Ota (209 m) – Spelunca-Schlucht – Evisa (850 m), 2 Std.
**Leichte Wanderung.**
**Karten:** ign 4150 OT, ign 73, DR 20.

*Durch den prächtigen Wald von d'Aitone bei Evisa führt ein Wanderweg zu Kaskaden und einem natürlichen Felsenbecken, dem „Piscine Naturelle d'Aitone".*

*In der Calanche, südwestlich von Porto, sind durch die Erosion besonders bizarre Felsgebilde (Tafoni) entstanden, die oft an Tierköpfe erinnern.*

– dem einzigen ebenen Platz im weiten Umkreis – vorbei zur wenige Minuten flußabwärts gelegenen eindrucksvollen Ponte Vecchiu.

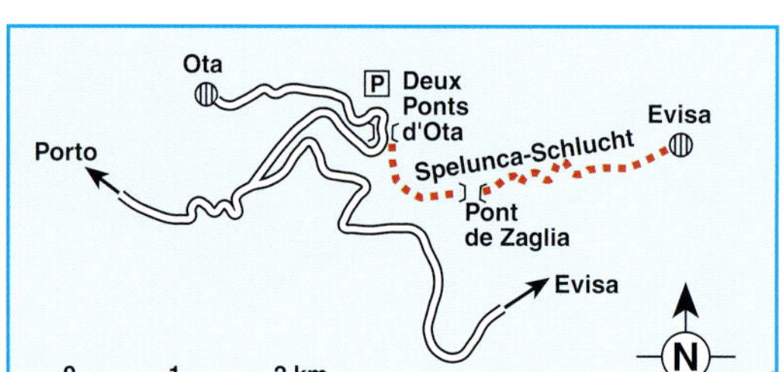


Dann wenden wir uns flußaufwärts und durchwandern die malerische Spelunca-Schlucht (Gorges de Spelunca). Der Weg führt zuerst im Schluchtgrund neben dem Bach Aitone, um dann langsam anzusteigen. Der Kontrast zwischen den roten Felswänden mit bizarren Tafonibildungen und der üppigen, vielfältigen Vegetation ist besonderes reizvoll. Im Frühjahr blühen Manna-Eschen, Mandelblättrige Birne, Baumheide, Mäusedorn und Pankrazlilie am Wegrand.

Nach einer guten halben Stunde erreichen wir eine weitere Genuesenbrücke, die Pont de Zaglia, die im Schatten eines Erlenwäldchens liegt. Die Brücke überspannt den Tavulella-Bach, der etwas unterhalb in den Aitone mündet und im Hochsommer mit seinen vielen Badegumpen ein beliebter Rastplatz des Weitwanderweges „Tra Mare e Monti" ist, der von Ota durch die Spelunca-Schlucht nach Evisa führt. Hier kehren viele Wanderer um, denn bald beginnt sich der alte Maultierweg mit schönen Blicken zum Golf und den umliegenden roten Felswänden in vielen Kehren durch den steilen Hang hinauf nach Evisa (850 m) zu winden (2 Std. ab Parkplatz an der Straßenbrücke Deux Ponts d'Ota).

## 62. Kaskaden im prächtigen Wald von d'Aitone

Eine der schönsten Bergstraßen Korsikas windet sich in zahllosen Kehren von Porto über Evisa zum 1477 m hohen Col de Verghio (Vergio) hinauf. Die streckenweise in die roten Felswände gehauene Straße bietet ein ständig wechselndes Bild hinab in die tiefe Spelunca-Schlucht und hinauf zu den orangeroten, von Zinnen und Türmen gekrönten Felsgipfeln. Mit eindrucksvollen Wänden brechen die durch Erosion wildzerrissenen Felsberge aus rötlichem Rhyolith zu den tiefen Schluchten ab, die die Bäche Tavulella, Aitone und Onca im Laufe der Zeit gegraben haben.

Auf einer Terrasse über dieser Felswildnis liegt inmitten von Edelkastanien das Dorf Evisa (830 m), ein beliebter Luftkurort, beherrscht vom eleganten Felsgipfel Capu d'Orto. Bald nach Evisa taucht die Paßstraße zum Col de Verghio in den prächtigen Wald von Aitone ein, der überwiegend aus Lariciokiefern besteht, deren Stämme schon die Genuesen für den Schiffsbau, vor allem als Schiffsmaste, sehr schätzten. Die ältesten, über 200 Jahre alten Bäume, die Höhen bis 52 m haben sollen, stehen beim Forsthaus von Aitone, einem beliebten Ausflugsziel im Hochsommer. Im Schutz des Waldes bilden die Bäume gerade Stämme, die nur hoch oben eine Krone tragen. Man muß sich fast den Hals verrenken, um in den Wipfel blicken zu können. Mitten in diesem herrlichen Wald liegen Kaskaden und wassergefüllte Felsbecken, die der Bach Aitone geschaffen hat.

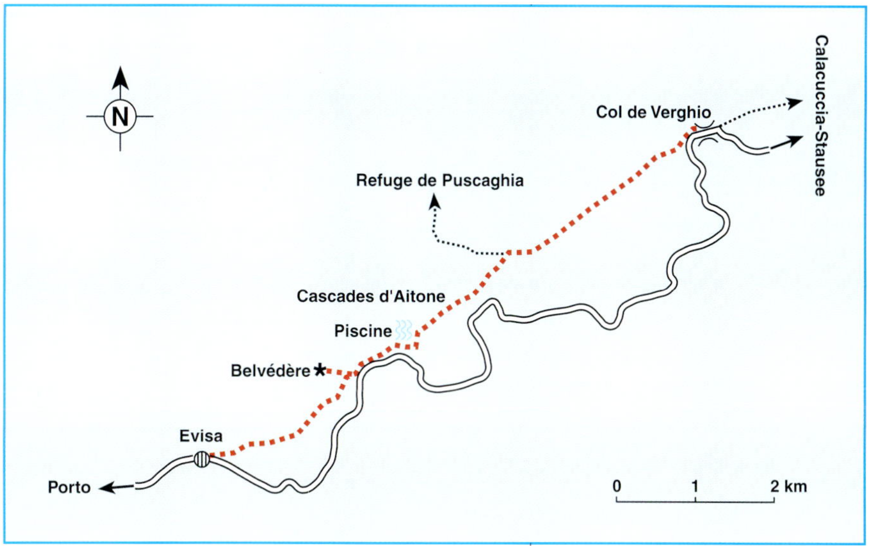


## Wegbeschreibung:

Durch diese reizvolle Landschaft führt der gut markierte Weitwanderweg „Mare a Mare Nord Principal" (M. A. M. N. P.) von Evisa zum Col de Verghio. Von Evisa wandern wir zunächst durch Wälder von Edelkastanien, deren Böden von den halbwilden Schweinen auf der Suche nach Kastanien umgepflügt werden. Dies verhindert leider auch das Aufkommen junger Bäume. Eine Verjüngung des Waldes wäre aber sehr wichtig, da die uralten Baumriesen, deren Stämme einen gewaltigen Umfang haben, von Altersschwäche und dem Rindenkrebs, einer 1940 aus Amerika eingeschleppten Krankheit, bedroht sind und oft ihre abgestorbenen kahlen Äste in den Himmel recken.
Auf dem alten, von Steinmauern gesäumten Maultierweg erreichen wir nach einer Dreiviertelstunde die Straße D 84. Von hier führt ein Abstecher in fünf Minuten zum „Belvédère", einem prächtigen Aussichtsbalkon über der Spelunca-Schlucht. Fast 500 m brechen die roten, von vielen Tafoni zerrissenen Felswände zum Schluchtgrund ab. Nach einer weiteren Viertelstunde erreichen wir den Höhepunkt der Wanderung, die Cascades d'Aitone mit dem kleinen See Piscine Naturel-

*Die bizarre Felsenwildnis der Calanche am Golf von Porto zählt zu den Naturwundern des Mittelmeeres.*

## Tour auf einen Blick

**Zufahrt:** Von Porto nach Evisa.
**Wegverlauf:** Evisa (850 m) – Belvédère – Cascades d'Aitone (900 m), 1½ Std.; Cascades d'Aitone – Col de Verghio (1477 m), 2 Std.
**Leichte Wanderung.**
**Karten:** ign 4150 OT, ign 73, DR 20.

*Das über dem Golf von Porto aufragende Felsschloß "Château fort" ist ein beliebtes Wanderziel in der Chalanche.*

le d'Aitone. Hier vereinigt sich der Aitone mit einem Nebenfluß; beide stürzen in Wasserkaskaden aufeinander zu und finden sich in einem großen grünschimmernden Felsbecken. Ein Weg führt vom Felsbecken zu dem darunterliegendem Wasserfall, ein anderer über eine Holzbrücke zu einem verlassenen kleinen Haus, hinter dem das von gewaltigen rundgeschliffenen Felsblöcken erfüllte Flußbett des Aitone liegt. Im Frühjahr sind es rauschende Wasserspiele, die man hier erlebt; im Hochsommer fließen bescheidene Bäche, und das Felsenbecken ist ein beliebter Badeplatz.

Mindestens 1½ Stunden sollte man für die Wanderung von Evisa mit Abstecher zum Belvédère und Besichtigung der Kaskaden rechnen. Beide Sehenswürdigkeiten sind auch von der Straße D 84 in Kürze zu erreichen. Von den Kaskaden führt der Weitwanderweg überwiegend durch Wald zum Col de Verghio (1477 m, 2 Std.) hinauf. Lariciokiefern, zwischen denen man auch einzelne Tannen und Sternkiefern sieht, werden mit zunehmender Höhe von Buchen abgelöst, und Birken bilden schließlich die Baumgrenze. Erst kurz vor dem Paß weicht der Wald einer niedrigen, vom Wind kurz gehaltenen Polstervegetation, und ein schöner Rundblick lädt zu einer langen Rast.

## 63. Calanche – ein faszinierendes Meisterwerk der Natur

Im Südwesten von Porto brechen wildzerklüftete, rote Felswände aus vulkanischem Rhyolith zum Golf ab, spiegeln sich im tiefblauen Meer und formen eine Landschaft, die Calanche, von fast irrealer Schönheit und Faszination. Spitze Felsnadeln, Türme und besonders bizarre Tafonibildungen hat die Erosion hier geschaffen.

In seinem Buch „Ein Frauenleben" beschreibt Guy de Maupassant die Faszination der Calanche: „Bei Sonnenaufgang brachen sie auf. Bald schon hielten sie inne. Vor ihnen lag ein Wald – ein wahrer Wald aus purpurfarbenem Granit: Spitzen, Säulen, Türmchen, überraschende Formen – von der Zeit, dem nagenden Wind, den Nebeln des Meeres modelliert. Bis zu dreihundert Meter hoch, dünn, rund, verdreht, krumm, unförmig, unerwartet, bizarr erschienen diese überraschenden Felsen wie Bäume, Pflanzen, Tiere, Denkmäler, Menschen, Mönche in Kutten, gehörnte Teufel, übergroße Vögel – ein Volk von Ungeheuern, eine Menagerie von Alpträumen, die der Wille eines

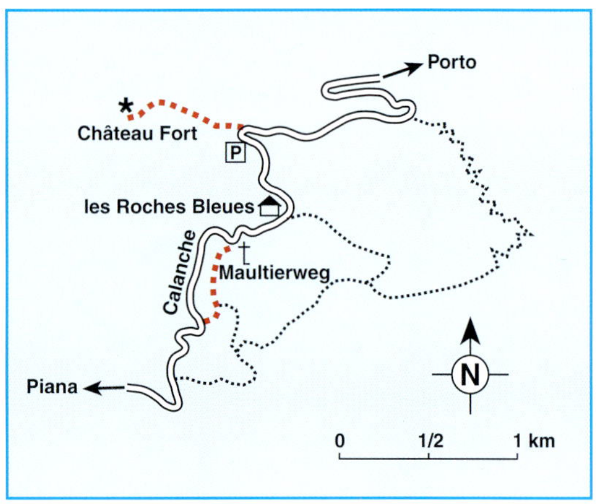

närrisch gewordenen Gottes zu Stein hatte erstarren lassen … dann plötzlich, als ob sie das Chaos verließen, entdeckten sie einen neuen Golf, rings umschlossen von einer geradezu blutenden Mauer aus rotem Granit, und im Meer spiegeln sich die scharlachroten Felsen."

**Wegbeschreibung:**

Mitten durch diese phantastische Felswildnis führt eine Straße, von der Wanderwege in das bizarre Felsenchaos abzweigen. In 20 Minuten führt ein steiler, teils schottriger Weg vorbei an bizarren Felsgebilden, die an Elefanten- und Hundeköpfe erinnern, hinunter zum „Château Fort", einer Festung aus rotem Fels über dem blauen Meer.
Ein weiterer markierter Weg folgt dem alten, mit meterhohen Stützmauern errichteten Maultierpfad hoch über der Straße und bietet einen prächtigen Blick über das Naturwunder der Calanche. Im Frühling setzen Ginster, Zistrosen und Affodill auch noch leuchtende Farbtupfer in diese Symphonie aus rotem Stein und blauem Meer, und an schattigen Stellen entfaltet der Glöckchenlauch seine zarten Blüten. Der goldgelbe Korsische Ginster scheint direkt aus dem roten Felsen herauszuwachsen.
Als Rückweg wählen wir die Straße, die sich 2 km durch die Felsabbrüche der Calanche windet und den unvergleichlichen Zauber dieser Landschaft vermittelt (insgesamt rund 1½ Std. sollte man für die Wanderungen einplanen). In der Hauptsaison ist das Verkehrschaos auf diesem Straßenabschnitt allerdings oft kaum zu überbieten. Reisebusse lassen ihre Gäste meist aussteigen, damit sie diesen Streckenteil zu Fuß durchwandern und fotografieren können. Ausweichstellen an der schmalen Straße sind von parkenden Autos verstellt. Aber irgendwie löst sich dann doch alles wieder in Wohlgefallen auf, und abends, wenn die untergehende Sonne die Felsen wie ein Flammenmeer aufleuchten läßt, herrscht meist wieder idyllische Ruhe. Ebenso großartig präsentiert sich die Calanche vom Meer aus, und eine Schiffsfahrt am späten Nachmittag oder Abend zu Füßen der leuchtendroten Felsen ist ein unvergeßliches Erlebnis (Schiffsfahrten werden von Porto aus angeboten).

*Der Gipfel des leicht zu ersteigenden Capu d'Orto bietet einen eindrucksvollen Blick über den Golf von Porto und den malerischen gleichnamigen Küstenort (rechts unten).*

## Tour auf einen Blick

**Zufahrt:** Von Porto in die Calanche.
**Wegverlauf:** Wanderungen in der Calanche, 1½ Std.
**Leichte Wanderungen.**
**Karten:** ign 4150 OT, ign 73, DR 20.

## 64. Capu d'Orto – eleganter Felsgipfel hoch über Porto

Wer von Norden über die Küstenstraße nach Porto fährt, sieht plötzlich über dem Golf die elegante Felsgestalt des Capu d'Orto auftauchen. Fast jeder Bergsteiger wird sich spontan wünschen, auf dem Gipfel dieses beeindruckenden Berges zu stehen, der sich 1294 m über dem Golf erhebt. Dieser Wunsch ist erfüllbar, denn von der Rückseite ist dieser schöne Felsberg, der mit einer senkrechten Wand gegen Porto abbricht, unschwierig zu ersteigen.

### Wegbeschreibung:

Der Anstieg beginnt an der Küstenstraße durch die Calanche (s. Tour Nr. 63), 2 km vor Piana. Ein Bach hat hier eine kleine ebene Fläche aufgeschüttet, und diese Rarität wurde gleich genutzt, um mitten im Grünen einen Fußballplatz anzulegen. Für den Anstieg kann man im unteren Teil zwischen zwei Varianten wählen: Ein orange-grün markierter Maultierpfad zieht in vielen flachen Kehren zunächst durch Kiefernwald, dann durch rote Felsen hinauf. Der Weg ist mit vielen losen runden Steinen bedeckt und nicht sehr angenehm zu begehen. Empfehlenswerter ist der Weg, der südlich des Baches mit schönerer Aussicht einem breiten Fahrweg folgt. Wir sehen die roten Felsen der Calanche und die hohe Stützmauer des Maultierweges (s. Tour Nr. 63). Nach 1¼ Stunden zweigt ein Steig zum Capu di u Vitullu (Capo di u Vitullo) ab. Wir bleiben auf dem Hauptweg und steigen vorbei an einer Quelle durch Wald auf. Bei einem großen, flachen Felsen mündet nach einer knappen halben Stunde der orange-grün markierte Weg ein.
Hier beginnt der eigentliche Anstieg, der über Felsplatten und durch Macchia – mit grüner Farbe und Steinmännchen ausreichend markiert – durch sehr abwechslungsreiches, bei Nebel allerdings recht unübersichtliches Gelände hinaufzieht. Ein riesiger Steinmann auf einem Felsvorsprung weist die Anstiegsrichtung. Neben dem Steinmann standen Mufflons und beäugten uns eine Zeitlang neugierig. Ein kurzer, gut gestufter und nicht ausgesetzter Kamin ist die einzige leichte Kletterstelle während des

**Tour auf einen Blick**

**Zufahrt:** Von Porto in Richtung Piana zur Pont de Mezzanu.
**Wegverlauf:** Pont de Mezzanu (472 m) – Capu d'Orto (1294 m), 2¾ Std.
**Leichte Bergtour.**
**Karten:** ign 4150 OT, ign 73, DR 20.

Aufstieges. Wir wandern mit immer schöner werdender Aussicht durch eine einzigartige Landschaft mit bizarren Felsgebilden.
Dann durchqueren wir ein ganzes Regiment von eigenwilligen Steinmännchen, die eifrige Wanderer auf den flachen Felsplatten errichtet haben; einige Steingebilde sind wahre Wunderwerke der Statik. Über Blockwerk und durch Macchia erreichen wir schließlich den Gipfel des Capu d'Orto (1294 m, 2¾ Std. insgesamt) und vergessen, den Rucksack abzusetzen, so faszinierend ist der Rundblick. Er umfaßt die gesamte, von rotem Fels eingerahmte

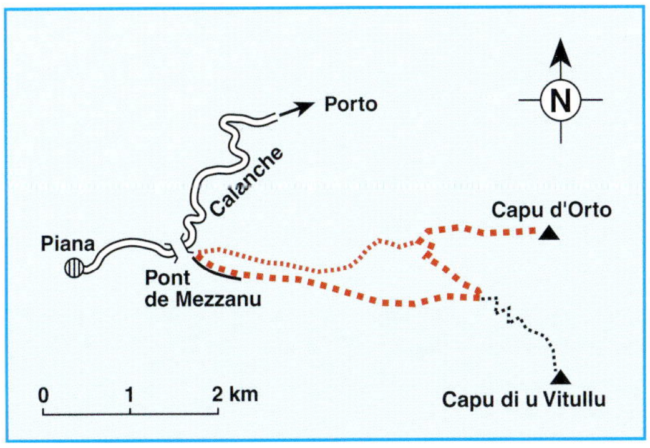


Küste vom Capu Rossu bis zur Scandola-Halbinsel. Vor uns ragen zwei markante Felstürme auf, die vom Hauptgipfel abgesetzt sind, und zu Füßen liegt Porto. Unendlich breitet sich das Meer zu unseren Füßen aus und irgendwo – weit, weit entfernt – ahnt man die spanische Küste.

## 65. Von Piana zum Genuesenturm am Capu Rossu

Hoch über dem Golf von Porto, am Rand der berühmten Calanche (Tour Nr. 63) liegt das freundliche Dorf Piana. Es wird umrahmt von den roten Felsen der Calanche, und im Frühling leuchtet der ferne schneebedeckte Gipfel des Monte Cinto über den roten Dächern. Von Piana führt eine schmale Straße in vielen Kehren hinunter in die Ficajola-Bucht. Vom Parkplatz oberhalb der Bucht geht man nur wenige Minuten zu der von roten Felsen eingefaßten, kleinen Sandbucht. Es ist ein Kleinod von seltener Schönheit. Das blaue Meer, die roten Felsen und der von Felsrippen durchzogene

*Vom einsamen Wachtturm auf der Halbinsel Capu Rossu genießt man einen selten schönen Blick über die wildzerrissene Küste aus rötlichem Fels.*

*Die schön gestalteten alten Brunnen zeigen, daß die Korsen die vielen Quellen der Insel schon immer zu schätzen wußten.*

## Tour auf einen Blick

**Zufahrt:** Von Piana auf der D 824 zu Parkplatz.
**Wegverlauf:** Parkplatz (319 m) – Genuesenturm am Capu Rossu (331 m), 1½ Std.
**Leichte Wanderung** (Normalweg); **leichte Bergtour** (I-) direkter Anstieg.
**Karten:** ign 4150 OT, ign 73.

*Das lange Haar der Ziegen wurde früher zu wetterfesten Umhängen für die Hirten verarbeitet.*

helle Sand bilden ein so vollkommenes Bild, daß es mir beim ersten Anblick fast den Atem nahm.
Westlich von Piana erstreckt sich eine sturmumtoste Halbinsel ins Meer, das Capu Rossu (Capo Rosso), auf dem ein einsamer Genuesenturm steht. Nach Norden, gegen den Golf von Porto, bricht das Capu Rossu mit wildzerrissenen roten Felswänden ab. Wie die Pfeiler einer gotischen Kathedrale ragen zahllose Felsspitzen aus dem Meer. Die Brandung hat die Felsen zernagt und riesige Löcher, Torbögen und Tunnel geschaffen, durch die sogar Schiffe fahren können. Auf einer roten Felsspitze thront das Nest eines Fischadlers. Das Capu

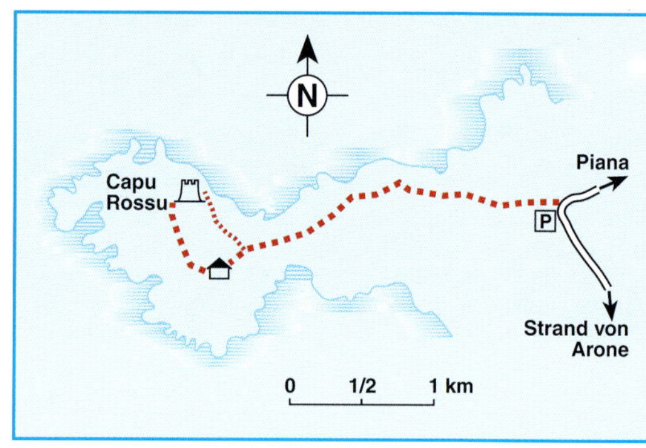


Rossu kann man in einer der schönsten Wanderungen Korsikas erreichen, und vom Meer aus bieten Ausflugsschiffe, die von Porto hierher kommen, einen Blick auf diese phantastischen Klippen.

## Wegbeschreibung:

Die Wanderung beginnt an der Straße D 824, die von Piana hinunter zum Badestrand Plage d'Arone mit Campingplatz leitet. Ein alter Maultierweg führt uns von der Straße leicht absteigend über den sanften Südhang der Halbinsel. Weit schweift der Blick über den Küstensaum südlich der Halbinsel (Abb. S. 12/13) und hinunter zum schmalen Strand von Arone. Bald taucht vor uns der leuchtendrote Gipfelfelsen des Capu Rossu auf, der von einem genuesischen Wachtturm gekrönt ist.
Als Anstieg kann man zwischen zwei Varianten wählen. Ein landschaftlich großartiger Steig zieht über den teils felsigen Südostrücken über den Vor- zum Hauptgipfel und beschert ein-

malige Tiefblicke in die von Schluchten zerrissenen, wilden Felsabbrüche der Nordflanke. Die leuchtendroten Pfeiler und Türme stürzen mit senkrechten Wänden ins tiefblaue Meer – ein grandioser Anblick. Dieser mit Steinmännchen markierte Anstieg ist anspruchsvoller, da er einige leichte Kletterstellen (I-) aufweist und etwas Orientierungssinn erfordert.
Der Hauptweg führt absteigend zu dem schon von weitem sichtbaren kleinen Haus, das auf dem Gelände einer alten Bergerie steht, und dann – mit Steinmännchen gut markiert – in weitem Bogen über die Südflanke leicht zum Gipfel des Capu Rossu (331 m, 1½ Std.) mit dem stattlichen Genuesenturm. Vom Aufenthaltsraum im Turm führt eine Leiter hinauf zur zinnenumkränzten Plattfom, die eine phantastische Rundsicht bietet. Fischadler ziehen ihre Kreise über dem tiefblauen Wasser und den leuchtendroten Felsklippen. Anfang Mai wandert man durch ein Blumenmeer von Zistrosen, Ginster und Orchideen. Im Hochsommer kann es auf dem schattenlosen Südhang recht heiß werden.

*Der Gelbe Hornmohn (Glaucium flavum) besiedelt Meeresbuchten und verdankt seinen Namen den hornartig gebogenen Samenschoten.*

Einen Besuch wert ist der südlich des Kaps gelegene Strand von Arone, wo die Straße von Piana endet. Im Mai blühen auf der Wiese südlich des Strandes unter anderem das Korsische Leimkraut, farbenprächtige Gladiolen (Siegwurz), Zungenstendel und Ochsenzunge. Im Sommer kann man hier die Tour mit einem kühlenden Bad abschließen.

*Beherrschend ragt der elegante, von der Rückseite leicht zu ersteigende Felsengipfel des Capu d'Orto über Porto auf.*

*Der alte Hafen in Ajaccio hat seinen beschaulichen Reiz in der geschäftigen Hauptstadt Südkorsikas bewahrt.*

# WESTKÜSTE VON CARGÈSE BIS SARTÈNE

## 66. Rocher des Gozzi – Aussichtsfelsen über dem Golf von Ajaccio

Südlich der wilden Steilabbrüche des Capu Rossu (Tour Nr. 65) wird die Westküste freundlicher. Felsige Partien und schöne Sandbuchten wechseln ab, und beliebte kleine Ferienorte säumen die geschützte Nordküste des großen Golfes von Sagone. Der malerisch auf einer Landzunge gelegene Ort Cargèse wurde von Griechen gegründet, die auf der Flucht vor den Türken Genua 1670 um Asyl baten. Man wies ihnen das damals noch unbewohnte Hinterland des Golfes von Sagone zu, wo sie eine griechische Kolonie bildeten. Noch heute stehen sich in Cargèse, durch einen kleinen Graben getrennt, zwei Kirchen gegenüber – eine lateinische und eine griechisch-orthodoxe. Der Ort mit seinem winzigen Hafen und den vielen Treppenstufen hinunter zum Meer ist ein beliebtes Touristenziel.

In Sagone erinnern nur noch Ruinen der alten Kathedrale an die einstige Größe als Bischofsstadt. Heute locken die weiten Sandstrände Badegäste und Surfer, die neues Leben in den Ort bringen. In den einst von Malaria verseuchten Feuchtgebieten an der Mündung der Flüsse Sagone und Liamone blühen im Frühjahr die Sumpfschwertlilien; sie entfalten überall auf Korsika an Bachrändern und in Sumpfgebieten ihre leuchtendgelben Blüten.

Über weite Strecken führt die Hauptstraße direkt an den schönen, durch einzelne Felsen aufgelockerten Sandstränden des Golfes von

Sagone entlang; Auto- und Radfahrer legen gerne eine Rast ein und genießen eine Erfrischung im Meer. Dann windet sich die Straße hinauf zum Col de Listincone (239 m), einer Einsattelung in dem Bergrücken, der den Golf von Sagone vom Golf von Ajaccio trennt. Vor uns ragt plötzlich die senkrechte Felswand des Rocher des Gozzi (716 m) auf. Von der Rückseite ist der Berg leicht zu ersteigen, und sein Gipfel ist ein einmaliger Aussichtsbalkon über den weiten Meeresbuchten von Ajaccio und Sagone.

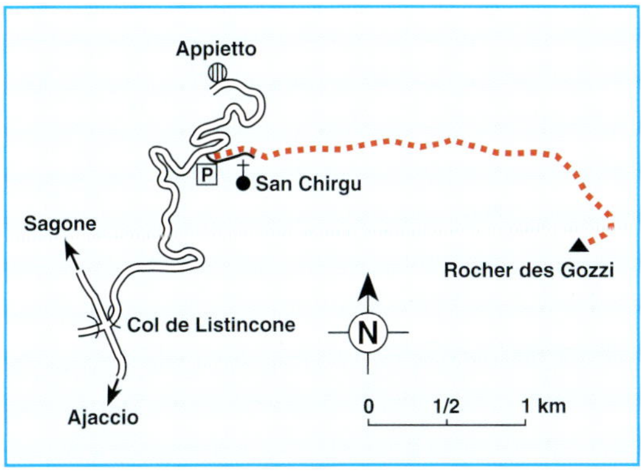


**Wegbeschreibung:**

Vom Col de Listincone bringt uns eine Straße zum Bergdorf Appietto. Noch bevor man das in Etagen in den steilen Hang gebaute Dorf erreicht, beginnt beim Friedhof der Aufstiegsweg, der uns schon nach zehn Minuten bei der einsamen Kapelle San Chirgu eine schöne Aussicht beschert. Hier taucht der Steig in Macchia ein, und wenn er nicht frisch ausgeputzt ist, sind lange Hosen sehr zu empfehlen. Wir wandern über einen Höhenrücken durch dichte Bestände von Zistrosen und zuletzt durch ein Kar zum höchsten Punkt, der einen Steinmann trägt (1¾ Std.).

## 67. Ajaccio – Hauptstadt Südkorsikas und Geburtsort Napoleons

Der Golf von Ajaccio dringt tief in das Schwemmland des Flusses Gravona ein und wird begrenzt von weiten Sandstränden und

**Tour auf einen Blick**

**Zufahrt:** Vom Col de Listincone nach Appietto.

**Wegverlauf:** Appietto (453 m) – Rocher des Gozzi (716 m), 1¾ Std.

**Unschwierige Wanderung,** teils verwachsen.

**Karten:** ign 4153 OT, ign 74.

*Im Mai sind die Strände der Insel noch idyllisch einsam. Am Golf von Sagone unterbrechen Felsrippen den weitläufigen Sandstrand.*

felsigen Halbinseln mit malerischen Buchten. In weitem Bogen umrahmen schützende Gebirgszüge den großen Golf und bescheren der Stadt ein mildes Klima ohne strengen Winter. Am schönsten ist diese Landschaft im April, wenn über der verschwenderischen Blütenpracht der Küsten die noch verschneiten Gipfel des Monte Renoso und Monte d'Oro leuchten.

Schon um das Jahr 600 war Ajaccio Bischofssitz. 1553 wurde eine Zitadelle errichtet, in deren Schutz die Bewohner lebten. Die günstige Lage am Golf ließ die Stadt rasch wachsen, und sie breitet sich heute mit ihren Vorstädten und Villen über den gesamten Küstensaum des Golfes aus. Mit 58.000 Einwohnern ist Ajaccio die größte Stadt der Insel und Hauptstadt Südkorsikas, des Départements Corse-du-Sud. Über der malerischen Altstadt mit dem alten Hafen und engen, von hohen Häusern gesäumten Gassen ragen Hochhäuser und Wohnblocks auf. Ajaccio ist eine quirlige, lebendige Stadt, und das Verkehrschaos zu den Stoßzeiten ist perfekt. Da Parkplätze Mangelware sind, bleiben die Zusteller einfach auf der Fahrbahn stehen. Man verwünscht den fahrbaren Untersatz und beneidet die beweglichen Fußgänger. Geradezu idyllisch ist Ajaccio an Sonn- und Feiertagen, wenn viele Bewohner die Stadt verlassen haben.

Ob man Napoleon Bonaparte als großen Helden und Eroberer oder eher als Kriegsverbrecher betrachtet – in seinem Geburtsort Ajaccio kann man ihm nicht entkommen, denn hier ist er allgegenwärtig. Drei heroische Napoleon-Denkmäler, ein Napoleon-Museum, sein Geburtshaus und eine Napoleon-Grotte, wo er angeblich als Kind gespielt hat, erinnern an den großen Korsen. Ein Dutzend Plätze und Straßen sind nach dem Kaiser und seinen Familienangehörigen benannt. In Souvenirgeschäften ist er in jeder Größe und Preislage als Büste oder hoch zu Roß erhältlich, und zahllose Aschenbecher, Tassen und Teller sind mit seinem Bild verziert. Der übertriebene Napoleonkult der Korsen verwundert etwas, denn Napoleon hatte für die Korsen – von seiner Familie abgesehen – nichts übrig. Er schenkte seiner Geburtsinsel nicht die langersehnte Freiheit, sondern benutzte seine Landsleute nur als Soldaten, um seine Kriege zu führen.

*Die würzig duftenden und reich blühenden Sträucher von Rosmarin (Rosmarinus officinalis) bedecken oft große Flächen in windexponierten Lagen.*

Im Musée Napoléonien (Napoleon-Museum) werden persönliche Erinnerungen an den Kaiser aufbewahrt, darunter sein Taufschein vom 21. Juli 1771 und seine Totenmaske, die ihm auf dem Sterbebett in seinem Verbannungsort, der Insel St. Helena, abgenommen wurde. Einen Besuch des Geburtshauses kann man sich fast sparen, denn in den Räumen erinnert nichts mehr an die Kindheit Napoleons, nur ein Sofa wird gezeigt, wo seine Mutter Letitia angeblich die Wehen bekommen haben soll. Die Räume wurden auf Wunsch Letitias später mit Stuck umgestaltet und nach Pariser Vorbild möbliert. Die 1855 unter Napoleon III. erbaute kaiserliche Kapelle „Chapelle Impériale" dient als Familiengruft der Bonaparte-Familie; die Eltern des Kaisers und sein Onkel Kardinal Fesch wurden neben anderen hier beigesetzt, und jedes Jahr am 15. August und 5. Mai, dem Geburts- und Todestag des Kaisers, finden Messen zum Gedenken Napoleons statt.
Zu den wirklichen Sehenswürdigkeiten der Stadt gehört die Kathedrale Notre-Dame-de-la-Miséricorde, die zwischen 1587 und 1593 im Stil venezianischer Kirchen errichtet wurde. Es ist ein majestätischer Renaissancebau mit dem Grundriß eines griechischen Kreuzes und einer sehenswerten Inneneinrichtung. Eine der schönsten Sammlungen italienischer Malerei vom 14. bis zum 18. Jahrhundert beherbergt das Musée Fesch. Der Onkel Napoleons, Kardinal Joseph Fesch, war ein Verehrer der schönen Künste und sammelte mit großem Eifer Gemälde, die in den Kriegswirren oft sehr günstig zu haben waren. Rund ein Drittel seiner beachtlichen Sammlung – darunter Meisterwerke von Boticelli und Tizian – vermachte er seiner Geburtsstadt Ajaccio, und das Fesch-Museum gilt als die bedeutendste französische Sammlung italienischer Meister nach jener im Louvre.

## Wegbeschreibung:

Wer nicht nur die Sehenswürdigkeiten in der Altstadt besichtigen, sondern auch von oben einen Blick über die Stadt und den ausgedehnten Golf werfen will, kann vom Place Austerlitz, vom Napoleon-Denkmal mit einer Auflistung aller gewonnenen Schlachten, zunächst der Straße zu den hochgelegenen Villenvierteln folgen. Bald zweigt der Höhenweg „Sentier des Crêtes" ab und zieht in vielen Kehren, begleitet von Opuntien mit immer freier werdendem Blick über Stadt und Golf hinauf (ca. 250 m Höhe). Bei einer Weggabelung können wir steil zur Stadt absteigen (Rundweg 1¼ Std.) oder auf dem Anstiegsweg zurückkehren. Der Höhenweg zieht weiter zum westlichsten Punkt, dem Pointe de la Parata, der Halbinsel (s. Tour Nr. 68).

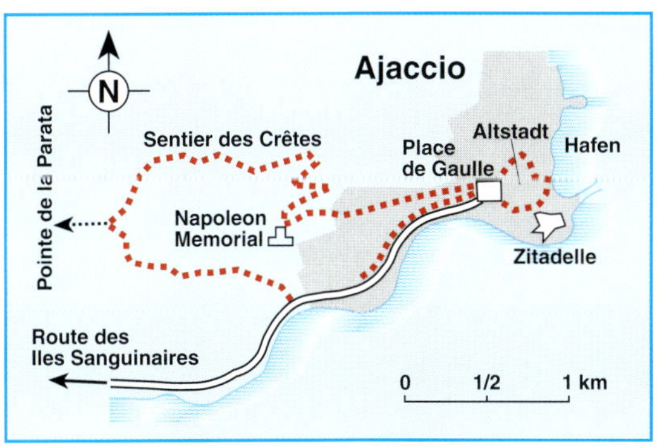

*Das Bergdorf Quenza im Alta Rocca besitzt schöne alte Häuser und ist Ausgangspunkt vieler Wanderungen.*

### Tour auf einen Blick

**Zufahrt:** Nach Ajaccio.
**Wegverlauf: Besichtigung und Rundweg:** Ajaccio, Place Austerlitz (20 m) – Sentier des Crêtes (ca. 250 m) – Ajaccio, 1¼ Std.
**Leichte Wanderung.**
**Karten:** ign 4153 OT, ign 74.

*Die Rote Mittagsblume (Carpobrotus acinaciformis) verträgt salzige Böden und gedeiht daher auch in der Spritzwasserzone der Küsten.*

## 68. Küstenwanderung vor den Sanguinaires-Inseln

Fast geradlinig ist der Küstensaum, der von Ajaccio nach Westen zieht und im Pointe de la Parata den äußersten, sturmumtosten Zipfel der Halbinsel erreicht. In der Fortsetzung der Halbinsel ragen die Sanguinaires-Inseln aus dem Meer, die von einem mächtigen Leuchtturm überragt werden. Von Ajaccio werden Schiffsfahrten zur größten Insel, die den Leuchtturm trägt, angeboten. Der Turm kann bestiegen werden und bietet einen schönen Blick über den Golf.

Auf der Straße, die von Ajaccio zur Landzunge führt, passieren wir prächtige Villen, aber auch schöne Sandstrände, die von flachen Felsen durchzogen sind – ein an Sonntagen vielbesuchtes Naherholungsgebiet der Bewohner von Ajaccio. Bei einem großen Parkplatz neben einem Restaurant endet die Straße, und Panoramawanderungen erschließen die eindrucksvolle Küste.

### Wegbeschreibung:

Vom Parkplatz führt ein vielbegangener Weg unterhalb des Wachtturmes zum Pointe de la Parata, dem westlichsten Punkt der Landzunge, die nur 1 km von der ersten Sanguinaires-Insel entfernt ist. Bei starkem Westwind bietet die Brandung, die hier vom offenen Meer an die Felsen donnert, ein imposantes Schauspiel, und man erlebt ein eher ungewohntes, wild tosendes Mittelmeer. Oberhalb der Brandungszone bilden die Strandlevkojen violette Teppiche. Feine Härchen und ein Wachsüberzug schüt-

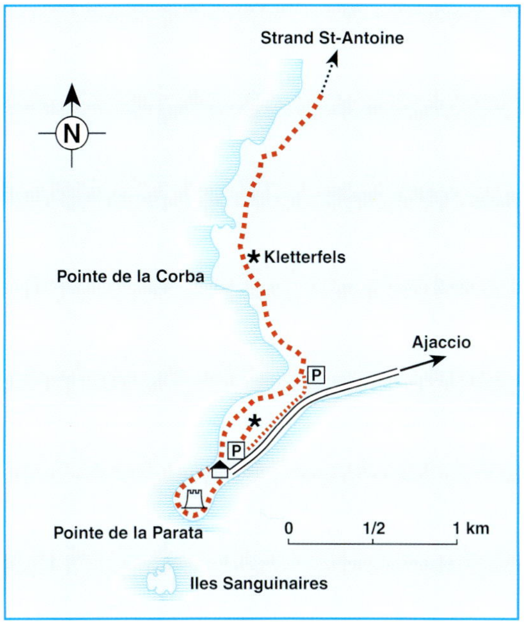


zen die Pflanze vor zu großer Verdunstung in dieser windexponierten Lage. Wir umrunden den Wachtturm und erreichen nach 20 Minuten wieder das Restaurant. Von hier sollte man auf jeden Fall in 5 Minuten den Hügel hinter dem Restaurant erklimmen, der den schönsten Blick über die Inseln bietet (insgesamt eine halbstündige Rundtour).

Sehr lohnend ist eine Wanderung an der Westküste der Halbinsel in Richtung Capo di Feno, das den nächsten Wachtturm trägt. Vom Restaurant leitet ein etwas verwachsener Pfad über der felsigen Küste durch Macchia, die vom Wind auf gleiche Höhe „geschoren" wurde. Bald erreichen wir einen Fahrweg, der uns im April durch einen karminroten Teppich von Mittagsblumen führt. Vorbei an einigen Ferienhütten, die sich in die vom Wind zerzauste Macchia ducken, erklimmen wir den aussichtsreichen Hügel Pointe de la Corba (½ Std.), von dem ein Abstecher zu einer Bucht hinunterzieht. Unvermittelt steht mitten in der Macchia ein riesiger Felsblock, der als Klettergarten dient. Der Fahrweg verengt sich zu einem Fußsteig und zieht sehr abwechslungsreich hoch über der Küste entlang, die im Frühjahr ein einziger Blumengarten ist. Von der nächsten Anhöhe reicht die Aussicht an klaren Tagen bis zu den höchsten Bergen der Insel. Man kann

## Tour auf einen Blick

**Zufahrt:** Von Ajaccio zum Parkplatz vor den Sanguinaires-Inseln.

**Wegverlauf:** Parkplatz (5 m) – Rundweg zum Pointe de la Parata (5 m), ½ Std.; Parkplatz – Küstenwanderung Richtung Capu di Feno, 1½ Std.

**Leichte Wanderung.**

**Karten:** ign 4153 OT, ign 74.

*Vom westlichsten Punkt der windexponiertem Halbinsel bei Ajaccio, dem unterhalb des Wachtturmes gelegenen Pointe de la Parata, hat man einen schönen Blick zu den vorgelagerten Sanguinaires-Inseln.*

*In die ausgedehnten Wälder des Berglandes von Alta Rocca sind malerische Dörfer mit schönen Kirchen eingebettet; Motiv aus Ste-Lucie-de-Tallano.*

nach dem schönsten Abschnitt der Küstenwanderung (ca. 1½ Std.) umkehren oder weiter – teils auf Straßen – zur Sandbucht Plage de St-Antoine gehen.

## Tour auf einen Blick

**Zufahrt:** Von Sartène nach Quenza.
**Wegverlauf: Rundtour:** Quenza (813 m) – Jallicu (1120 m), 1 Std.; Jallicu – Serra di Scopamène (750 m) – Quenza, 4 Std.
**Leichte Wanderung.**
**Karten:** ign 4253 OT, ign 74, DR 23.

## 69. Alta Rocca – Bergland mit reizvollen Dörfern und alten Mühlen

Das Bergland von Alta Rocca nordöstlich von Sartène wird geprägt von bewaldeten Hängen, auf denen Steineichen, Edelkastanien, Stern- und Lariciokiefern vorherrschen. Die Steinhäuser der Bergdörfer wirken fast verloren in dem weiten grünen Bergland, in das die Flüsse tiefe Schluchten gegraben haben. Die von Steinmauern durchzogenen Plateaus waren einst Anbauflächen, heute wird das mit Macchia bedeckte Hochland nur als Weideland genutzt. Ob per Auto, Rad oder zu Fuß – einen Besuch dieser einsamen, in ihrer Art einzigartigen Region, sollte man sich nicht entgehen lassen.

Landschaftlich großartig ist eine Fahrt über Zonza zum Col de St-Eustache (995 m), dem Ausgangspunkt für die Wanderung auf den Monte San Petru (Tour Nr. 70). Von Zonza führt die Straße abwärts und überquert auf der Brücke Pont de Criviscia eine malerische Schlucht, die man sich unbedingt ansehen sollte. Auch Quenza, dem nächsten Bergdorf, sollte man einige Zeit widmen. Es besitzt sehr schöne alte, aus Bruchsteinen aufgemauerte Häuser mit teils reizvollen Fassaden und Portalschmuck. In einer Nachbarkapelle der Kirche Sainte-Marie steht eine Holzfigur aus dem 15. Jahrhundert, die eine lächelnde, wie eine Bäuerin wirkende Madonna zeigt. In der Kirche ist eine geschnitzte Kanzel interessant, die von Drachen und einem Sarazenenkopf getragen wird. Ein ganz ähnliches Motiv finden wir im Nachbardorf Aullène; hier wird die geschnitzte Kanzel von Seeschlangen, die sich einem Maurenkopf entwinden, getragen. Die Skulpturen erinnern vermutlich an die Überfälle der Sarazenen, die auch nach ihrer Vertreibung immer wieder als Seeräuber auftauchten. Bald nachdem wir die eng verschachtelten Häuser von Aullène verlassen haben, quert die Straße unter abenteuerlich geformten, roten Felswänden, die besonders interessante Tafonibildungen zeigen. Die teils in den Felsen gesprengte Straße wird in erster Linie von Ziegen bevölkert, die sie als bequeme Verbindung zwischen den Weideplätzen benützen. Die Tiere bieten ein recht buntes Bild mit ihren weiß, schwarz, grau und ocker gefärbten Fell,

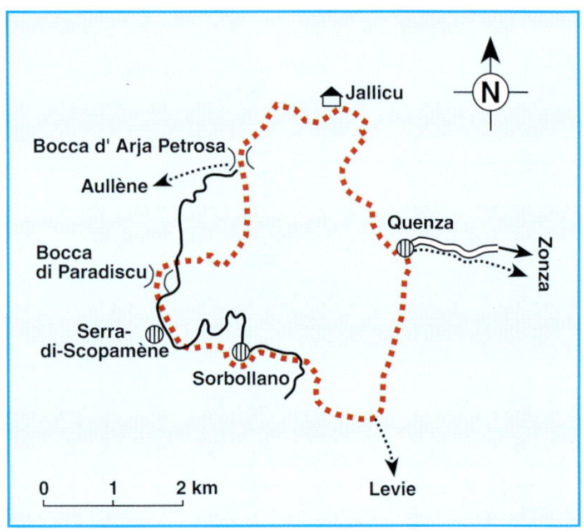

und die langen Haare verleihen ihnen ein recht stattliches Aussehen. Vom höchsten Punkt der Straße, dem Col de la Tana, bietet sich eine umfassende Aussicht, wenn man von der Straße einige Minuten zum Kamm aufsteigt.

**Wegbeschreibung:**

Das Gebiet von Alta Rocca ist von einer ganzen Reihe gut markierter Wanderwege durchzogen. Gegenüber der Kirche in Quenza informieren Tafeln über die zahlreichen Routen, die meist alten Maultierwegen folgen und die Dörfer verbinden. Hier sei eine Rundwanderung vorgeschlagen, die größtenteils auf dem gut markierten Weitwanderweg „Mare a Mare Sud“ (M. A. M. S.) verläuft. Von Quenza führt uns der Steig vorbei an einer Schlucht, in die ein Wasserfall stürzt, und durch Wald zum Weiler Jallicu (1 Std.). Dann leitet die abwechslungsreiche Wanderung über freie Hochflächen mit Bergerien, durch Kastanienwälder, und immer wieder grüßen die Felsspitzen der Bavella. Es ist eine sehr abwechslungsreiche Wanderung, die uns auch an einer alten Kastanienmühle und einer wieder instand gesetzten Ölmühle vorbeiführt. Im Dorf Serra-di-Scopamène verlassen wir den Weitwanderweg und queren nach Osten, bis wir wieder auf den „M. A. M. S.“ treffen, auf dem wir nach Quenza zurückkehren (Rundtour insgesamt 5 Std., auch Teilstrecken sind sehr lohnend).

## 70. Monte San Petru – einsamer Gipfel mit „Blockmeer“

Ausgangspunkt dieser leichten Panorama-Wanderung ist der Col de St-Eustache, und schon die Anfahrt zu diesem Paß durch die reizvolle einsame Landschaft des Alta Rocca ist ein Erlebnis (s. Tour Nr. 69). Der Weg verläuft überwiegend auf einem breiten, mit niedriger Macchia bedecktem Kamm und bietet während des Anstieges und vom Gipfel des Monte San Petru (Pietro) eine weite Rundsicht. Unzählige dunkelgrüne Bergketten, die nur gelegentlich von roten Felsen unterbrochen werden, breiten sich vor uns aus. Die wenigen Dörfer mit ihren Steinhäusern und roten Dächern sind winzige Inseln in diesem grünen Meer. Im Osten ragen die Felsspitzen der Bavella auf, und zu unseren Füßen breitet sich der weite Valinco-Golf mit seinen schönen Sand-

*Die ersten Spuren menschlicher Besiedlung (rund 6000 v. Chr.) entdeckte man häufig – wie z. B. in Filitosa – unter großen runden Felsblöcken, die Schutz boten und zu Wohnstätten ausgebaut werden konnten.*

### Tour auf einen Blick

**Zufahrt:** Von Sartène über Aullène zum Col de St-Eustache.
**Wegverlauf:** Col de St-Eustache (995 m) – Monte San Petru (1400 m), 1½ Std.
**Leichte Wanderung.**
**Karten:** ign 4253 OT, ign 74, DR 23.

buchten aus, an dessen Küste der beliebte Ferienort Propriano liegt.

## Wegbeschreibung:

Vom Col de St-Eustache (995 m), der gleich zwei Kreuze trägt, wandern wir auf einem alten Karrenweg durch Kiefernwald und Brombeeren hinauf. Schon bald wird die Vegetation niedrig, und vor allem Zistrosen, Farn und zahllose Orchideen säumen den mit Steinmännchen markierten Steig. Am Fuß der Zistrosen fallen im Frühling die knallroten Rosetten des Zistrosenschmarotzers auf. Er wächst auf den Wurzeln der Zistrosen und besitzt leuchtendrote Blätter und Hüllblätter, die die cremefarbenen Blüten umrahmen (Abb. S. 18). Die Pflanze ist eine der wenigen Vertreter der Schmarotzerblumengewächse *(Rafflesiaceae)* in Europa. Verwandte Arten in Südostasien besitzen die größten Blüten der Erde mit bis zu einem Meter Durchmesser.
Vorbei an auffallenden kleinen Felstürmen, die frei in der Macchia stehen, erreichen wir den Kamm und folgen ihm in sanfter Steigung zu einem eindrucksvollen Feld mit riesigen runden Felsblöcken – einem „Blockmeer". Bei diesem Anblick denkt man im ersten Moment an die hobelnde Tätigkeit der Gletscher, aber hier gab es keine Gletscher während der Eiszeit; diese runden Granitblöcke sind ein Ergebnis der Verwitterung. Über der Erdoberfläche ist der Granit ein hartes, widerstandsfähiges Gestein, aber unter der Erde dringen Bodenfeuchtigkeit und Huminsäuren in feinste Risse des Steines und machen ihn mürbe. In exponierten Lagen auf Kämmen und Gipfeln wird das Erdmaterial im Laufe der Zeit oft abgetragen, und

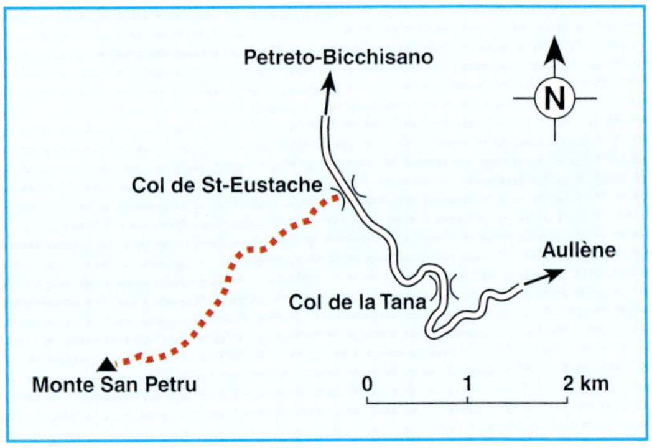

die Blöcke liegen dann im Freien. Die mürbe Außenschicht, die sich einst unter der Erde befand, wird Schicht um Schicht durch die Erosion abgelöst, und zurück bleiben Blockmeere. Unter dem größten Block befindet sich ein alter Schafpferch.
Der kleine, felsige Spitz des Monte San Petru taucht vor uns auf. Über einen grasigen Hang und zuletzt einige Meter über leichten Fels ist sein Gipfel, der ebenfalls von abgerundeten Granitblöcken umgeben ist, bald erreicht (1400 m, 1½ Std.). Nur einer großen Schafherde und einem kleinen struppigen Hirtenhund bin ich auf dieser Wanderung begegnet. Mit lautem Gebell versuchte der Hund, mich von seiner Herde fernzuhalten, Hirte war weit und breit keiner zu erblicken.

## 71. Filitosa – Zentrum der korsischen Megalithkultur

Die ersten Spuren menschlicher Besiedlung auf Korsika gehen auf 6000 v. Chr. zurück. Die Menschen waren Hirten, Fischer oder Bauern; als Wohnstätten dienten ihnen die zahllosen, oft durch Tafonibildungen entstandenen Naturhöhlen, in denen sie auch ihre Toten bestatteten. Gegen Ende des 4. Jahrtausends v. Chr. erreichte die Megalithkultur Korsika, und man begann die Toten in Steinkistengräbern beizusetzen. Die Steinkisten wurden aus sorgfältig bearbeiteten und geglätteten Steinplatten zusammengefügt und unter der Erdoberfläche angelegt. Jedes Grab wurde von behauenen, ein bis zwei Meter hohen Monolithen, sogenannten „Menhiren", bewacht, die offenbar einen „Ersatzleib" darstellen sollten. Im 3. Jahrtausend v. Chr. wurden die Verstorbenen nicht mehr in unterirdischen Steinkistengräbern bestattet , sondern in oberirdischen Dolmen, die aus einzelnen Riesenplatten errichtet wurden (s. Touren Nr. 26 und Nr. 74).
Auch die Steinsäulen, die Menhire, wurden im Laufe der Zeit immer größer, und um 2000 v. Chr. stellte man sie oft in langen Reihen auf, den sogenannten „Alignements" (s. Tour Nr. 74). Einige Jahrhunderte später versah man die Granitsäulen mit menschlichen Zügen, angedeuteten anatomischen Details wie Schulter-

*Die Schafherde auf dem einsamen Aussichtsberg Monte San Petru im Alta Rocca wird nur von dem kleinen Hund (rechter Bildrand) bewacht.*

*Menhir-Bruchstück in Filitosa, dem Zentrum der korsischen Megalithkultur. Auf der Brust ist ein Schwertgriff zu erkennen.*

## Tour auf einen Blick

**Zufahrt:** Von Propriano zur prähistorischen Fundstätte Filitosa.
**Wegverlauf:** Besichtigung der Fundstätten, 1½ Std.
**Leichte Wanderung.**
**Karten:** ign 74, DR 23.

blättern und Wirbelsäule und mit Waffen. Um 1600 bis 1000 v. Chr. landete ein Volk, das merkwürdige Turmbauten errichtete und daher als Torreaner bezeichnet wird, auf Korsika. Sie zerstörten einen Teil der Menhire, die sie als Baumaterial für ihre „Torre" (Rundtürme) verwendeten.
Menhire und Dolmen entdeckte man verstreut auf der gesamten Insel, die Spuren der Torre-Kultur vor allem im südlichen Teil Korsikas (s. Tour Nr. 72). Eine besonders reiche Fundstätte liegt im fruchtbaren Tal des Taravo bei Filitosa, nördlich von Propriano. Die Funde dokumentieren drei wichtige Siedlungsepochen. Es sind Keramikfunde aus der Jungsteinzeit (6. bis 2. Jahrtausend v. Chr.), künstlerisch gestaltete, um 1400 v. Chr. gefertigte Menhir-Statuen der Megalithkultur und zyklopische Kult- und Festungsanlagen der Torreaner.

### Wegbeschreibung:

Die sehenswerten prähistorischen Fundstätten in Filitosa sind über ein großes Areal verteilt. Einzelne Menhire haben deutliche Gesichtszüge, andere tragen Waffen – Langschwerter und Dolche. An der Kasse des Freilichtmuseums sind deutschsprachige Führer erhältlich, und man sollte mindestens eine Stunde für den Rundgang im Freilichtmuseum einplanen und für die Besichtigung der Museumsräume nochmals eine gute halbe Stunde. Lohnender ist es, einen halben Tag hier zu verbringen und sich in diese, viele Jahrtausende zurückliegenden Zeiten zu versetzen.

## 72. Torreanische Festungen und romanische Kirchen im Alta Rocca

Im Hinterland des Golfes von Valinco mit seinen breiten Flußtälern und dem anschließenden Bergland Alta Rocca liegen die bedeutendsten Fundstätten frühgeschichlicher Besiedlung. In Filitosa, im Tal des Taravo, wurden wichtige Funde der Megalith-Kultur gemacht (s. Tour Nr. 71), und in der Alta Rocca liegen die am besten erhaltenen Bauten der Torreaner. Das fruchtbare Land dieser Region bot Anbaumöglichkeiten, und die riesigen runden Felsklötze der durch Verwitterung entstandenen Blockmeere (s. Tour Nr. 70) gewährten mit ihren überhängenden Felspartien einen natürlichen Wetterschutz, der leicht zu Hütten und befestigten Anlagen ausgebaut werden konnte.
Von der Straße N 196, die Propriano und Sartène verbindet, zweigen wir in das Tal des Flusses Rizzanèse ab, das in das Bergland Alta Rocca und auf das Plateau von Levie (Pianu de Levie) zu den Ausgrabungen bei der torreanischen Festung Castellu di Cucuruzzu führt, die erst 1959 bei Luftaufnahmen der einsamen Hochfläche entdeckt wurde. Wir passieren die genuesische Bogenbrücke „Spin'a Cavallu" (Pferderücken), die den Fluß überspannt, und erreichen das in Obst- und Weingärten eingebettete Dorf Ste-Lucie-de-Tallano, das vor allem wegen des sehr seltenen Kugeldiorits bekannt wurde, der in der Nähe abgebaut wird. Diorit ist ein magmatisches, aus Feldspäten,

Hornblenden und Augiten zusammengesetztes Tiefengestein. Durch teilweises Aufschmelzen und neuerliches Kristallisieren entstanden in eine Grundmasse eingebettete Kugeln mit konzentrischen, verschiedenfärbigen Schichten. Geschnitten und geschliffen zeigt der Kugeldiorit konzentrische Ringe, und er ist ein sehr schöner Schmuckstein. Der Sockel des Kriegerdenkmals auf dem Platz neben der im barokken Stil renovierten Pfarrkirche ist aus diesem schönen Stein gefertigt.

Vom nahegelegenen Weiler Poggio-di-Tallano führt ein halbstündiger Fußmarsch zur einsam gelegenen romanischen Kapelle San Giovanni Battista. Das um 1140 erbaute Gotteshaus besteht aus sandfarbenem Stein, der durch Blendarkaden aufgelockert und mit Skulpturen von Tierköpfen, menschlichen Masken und Blattwerk verziert ist. Die Kapelle erinnert sehr an die ebenfalls im 12. Jahrhundert errichtete romanische Kirche San Giovanni Battista, die in dem Dorf Carbini steht und einen eleganten freistehenden Glockenturm besitzt. Wir folgen der Straße weiter in Richtung Levie, von wo die Kirche mit dem beeindruckenden Glokkenturm in einem kurzen Abstecher zu erreichen ist. Vor Levie zweigt eine Straße zu dem

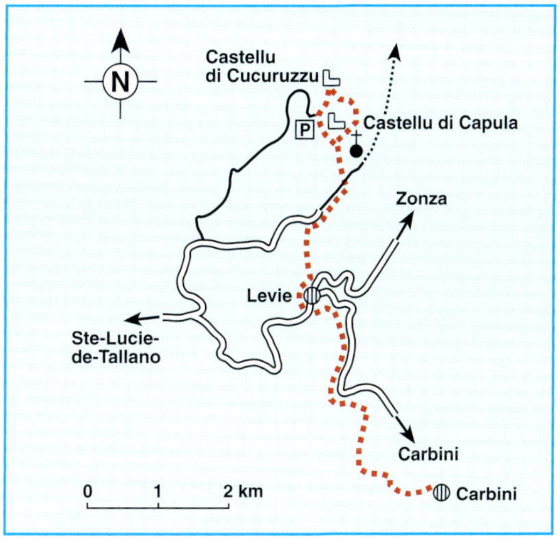


in rund 700 m Höhe gelegenen Plateau von Levie (Pianu de Levie) ab und führt zu einem Parkplatz vor den torreanischen Ausgrabungsstätten.

## Wegbeschreibung:

Bei der Kassa sind deutschsprachige Führer und ein Walkman erhältlich, die durch das weitläufige, mit Nummern beschilderte Areal der Aus-

### Tour auf einen Blick

**Zufahrt:** Von Sartène über Ste-Lucie-de-Tallano zum Parkplatz (Point d'Accueil) beim Castellu di Cucuruzzu.

**Wegverlauf: Rundtour:** Parkplatz (ca. 770 m) – Castellu di Cucuruzzu, 1/4 Std.; Castellu di Cucuruzzu – Castellu di Capula – Parkplatz, 1 1/4 Std. (mit Besichtigungen). Wanderung zum Parkplatz vom Dorf Levie (612 m) 3/4 Std., von Carbini (560 m) 3 Std.

**Leichte Wanderung.**

**Karten:** ign 4254 OT, ign 74, DR 23.

*Erst im Jahr 1959 entdeckte man bei Luftaufnahmen auf dem Plateau von Levie die Überreste der torreanischen Festung Castellu di Cucuruzzu.*

grabungen leiten. Wir wandern zunächst durch einen Wald aus Steineichen, Edelkastanien und Schlinggewächsen. Kaum ein Sonnenstrahl erreicht den Boden, der von unzähligen runden, mit Moos bewachsenen Felsblöcken bedeckt ist. Dieses Blockmeer begleitet uns bis zum Castellu di Cucuruzzu (¼ Std.), das aus riesigen natürlichen Felsblöcken und Zyklopenmauern besteht und vom höchsten Punkt eine schöne Aussicht bietet.

Der Weg führt uns weitere 20 Minuten durch den Wald zur ursprünglich torreanischen Festung Capula, die im Mittelalter zu einer Burg ausgebaut und später zerstört wurde. Am Wegrand überraschen die attraktiven Blütenstände des Italienischen Aronstabes, der im Spätsommer feuerrote Beeren trägt. Über die San-Lorenzu-Kapelle kehren wir zum Ausgangspunkt zurück (50 Min. Gehzeit, mit Besichtigungen mindestens 1½ Std.). Die bei den Ausgrabungen entdeckten interessanten Fundgegenstände sind im Musée Archéologique im Rathaus von Levie zu besichtigen. Von Levie führt ein Fußweg in einer Dreiviertelstunde zu den Fundstätten.

Als Ausgangspunkt für eine längere Wanderung bietet sich der Ort Carbini an, von dem man zunächst ab- und dann ansteigend auf dem Weitwanderweg Mare a Mare Sud in 2¼ Stunden durch eine freundliche Hügellandschaft nach Levie geht und in einer weiteren Dreiviertelstunde bei der Kassa den Ausgangspunkt der Rundtour durch die torreanischen Festungen erreicht.

## 73. Sartène – die „korsischste Stadt Korsikas“

Die „korsischste Stadt Korsikas“ – so nannte der französische Schriftsteller Prosper Mérimée (1803-1870) Sartène. Mehr als jede andere Stadt der Insel hat Sartène das historische Stadtbild bewahrt. Wie eine Festung wirken die vordersten, fünf- bis sechsgeschossigen Häuser, die direkt auf dem Felsen verankert sind. Dahinter schmiegt sich die Stadt wie ein Amphitheater an den Berghang des Monte Rosso. Wer durch die Altstadt mit ihren engen verwinkelten Gassen und Treppen wandert, fühlt

sich ins Mittelalter versetzt. Malerisch gewölbte Steinbögen spannen sich über die schmalen Gassen, und nur die flatternde Wäsche setzt bunte Akzente zwischen die aus grauen Granitblöcken erbauten Häuser.

Sartène wurde immer wieder von nordafrikanischen Seeräubern überfallen. Im Jahr 1583 eroberten Piraten aus Algier die Stadt und verschleppten 400 Bewohner in die Sklaverei. Daher befinden sich die Fenster der alten Häuser aus Sicherheitsgründen oft erst im ersten Stock, der über eine halsbrecherisch steile Stiege, die leicht zu verbarrikadieren war, zu erreichen ist. Bei einigen Häusern sieht man noch die außen an der Fassade angebrachten Abwasserrohre, die die Abwässer des angebauten Klosetts und der Küche aufnahmen. Ein kleiner Flügel im Küchenfenster wurde geöffnet und das gebrauchte Wasser in das Abwasserrohr geschüttet.

Zu Ostern werden in allen Städten Korsikas feierliche Prozessionen abgehalten. Die älteste Prozession, deren Ursprung im Mittelalter liegt, findet in der Karfreitagsnacht in Sartène statt. Drei Stunden bewegt sich der Zug durch die nur von Kerzen auf den Fensterbrettern erleuchtete Stadt, und für die Korsen ist es eine zutiefst religiöse Handlung. Die Prozession wird vom Catenacciu, dem Geketteten, angeführt, der auf seiner Schulter das 30 kg schwere Kreuz und an seinem rechten Fuß eine 14 kg schwere Kette trägt. Langsam bewegt er sich barfuß – die Kette über das Pflaster schleifend – durch die Stadt. Er kann durch diesen Gang eine Schuld sühnen oder ein Dankbarkeitsgelübde erfüllen. Nur der Pfarrer kennt die Identität des Catenacciu, des Großen Büßers, der sich oft schon Jahre vorher um diesen Bußgang beworben hat. Eine Identifizierung des Büßers wird durch einen roten Kapuzenumhang, der nur die Augenschlitze freiläßt, unmöglich gemacht. So wie einst Jesus Christus auf seinem Leidensweg stürzt der Catenacciu dreimal zu Boden, und der ebenfalls unbekannte Kleine Büßer im weißen Kapuzenmantel hilft ihm auf.

Hinter den Büßern folgen zehn schwarzgekleidete Totenbrüder, die einen lebensgroßen, holzgeschnitzten „toten Christus" tragen, und ihnen schließen sich in langem Zug geistliche

## Tour auf einen Blick

**Besichtigung** von Sartène.

*Die alten Häuser von Sartène sind wie eine Festung direkt auf Fels gebaut, denn immer wieder wurden die Bewohner von Seeräubern überfallen und oft als Sklaven verschleppt.*

und weltliche Würdenträger und das Volk an. Auch wenn diese Prozession das Fernsehen anlockt und fixer Termin vieler Reiseveranstalter ist, wird sich wohl niemand der mittelalterlich anmutenden, fast beklemmenden Atmosphäre dieser Karfreitagsnacht entziehen können.

## 74. Menhire und Dolmen – Zeugen der Megalithkultur

Es war ein schöner Frühlingstag, als ich allein durch blühende Zistrosen zum „Alignement de Pallaghiu" wanderte. Und plötzlich standen sie vor mir in langen Reihen (Alignements), die Menhire, die Steinsäulen – viele schon windschief oder umgestürzt, insgesamt 258. Steinerne Leiber inmitten unzähliger Blütenkerzen des Affodill, rund 4000 Jahre alte, stumme Zeugen einer weitgehend im Dunkeln liegenden Vergangenheit. Was sollen sie darstellen, diese steinernen Männer, die immer in Nord-Süd-Richtung aufgestellt sind und teilweise Merkmale menschlicher Körper und umgehängte Waffen zeigen? Sind es Gedenksteine an Tote, die im unvergänglichen Steinleib weiterleben sollten?

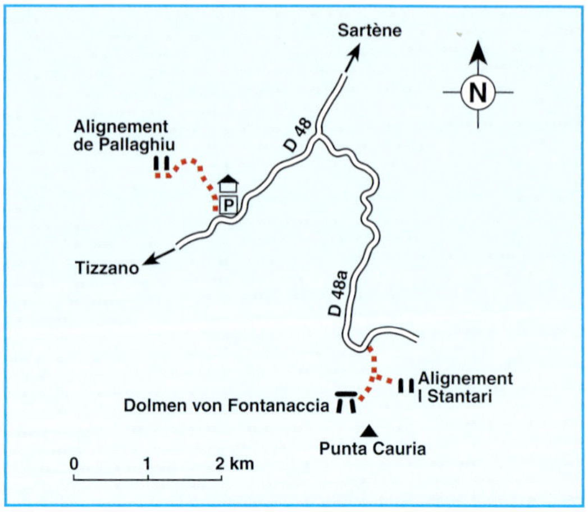


Oder sollen die Obelisken getötete Feinde darstellen, die man um die Gräber von Stammesführern aufstellte, wie es nach Aristoteles in Iberien üblich war. Auch in China gab es einen ähnlichen Brauch. Die Geister der getöteten Feinde sollten im Jenseits auf diese Weise gezwungen werden, ihrem Besieger zu dienen. Man fand in der Nähe solcher Alignements immer einzelne Steinkistengräber oder Dolmen, aber eine schlüssige Antwort auf die Frage der Bedeutung dieser Reihen von Steinmännern können sie auch nicht geben.

*Auf dem einsamen Plateau von Cauria wurden mehrere Reihen von Menhiren entdeckt. Bei dem Alignement I Stantari sind auf der Stirn einiger Menhire Löcher zu sehen, die vielleicht der Befestigung von Hörnern dienten.*

*Kühe nutzen dieses über 4000 Jahre alte Steingrab, den Dolmen von Fontanaccia, auf dem Plateau von Cauria gerne als Regenschutz und Schattenspender.*

In den hügeligen, einsamen Gebieten südwestlich von Sartène, im Sartenais, unweit des kleinen Fischer- und Feriendorfes Tizzano, kann man in kurzen Wanderungen die beiden bedeutendsten Alignements und einen Dolmen besichtigen. Anschließend empfiehlt sich ein Besuch der reizvollen Sandbuchten bei Tizzano. Der Ort erlebt allerdings seit dem Ausbau der Straße einen Bauboom mit vielen neuen Ferienhäusern, aber wer an der Küste bis zum Ende der befahrbaren Lehmpiste fährt und von dort weitergeht, wird viele malerische, einsame Buchten an einer naturbelassenen Küste entdecken.

## Wegbeschreibung:

Zu dem Alignement de Pallaghiu (Paddadiu, Pagliaju) wandern wir von der Straße D 48 nur eine Viertelstunde. Von der D 48 zweigt die weniger gute Straße D 48a ab und bringt uns zu einem kleinen Parkplatz, von dem wir in 10 Minuten den Alignement I Stantari erreichen. Sie sind von einer Steinmauer eingefaßt, und einige Menhire zeigen Andeutungen von Armen, Händen, Schwertern und zwei Löcher oberhalb der Stirn, in denen möglicherweise Hörner befestigt waren. Die Menhire stehen auf dem landschaftlich sehr reizvollen, einsamen Plateau von Cauria, das von einzelnen Felsköpfen überragt wird. Die 43 Menhire des nahe gelegenen Alignements de Renaggiu (Rinaju) sind wesentlich kleiner und weisen keine Eingravierungen auf.
Auch zum gut erhaltene Dolmen von Fontanaccia wandern wir nur eine Viertelstunde. Die riesige Deckplatte des Steingrabes wird von sechs mächtigen Stützen getragen und bildet einen großen Raum, den Kühe gerne als Regen- oder Sonnenschutz aufsuchen. Seit mindestens 4000 Jahren steht dieses Steingrab hier – im Frühling eingebettet in das duftende Blütenmeer der Macchia und umgeben von Orchideen und Mariendisteln.
Die Wanderung zu den prähistorischen Fundstätten kann ergänzt werden durch eine Küstenwanderung westlich von Tizzano zu reizvollen Sandbuchten. Wir fahren bis zu den letzten Häusern oder in die Bucht Cala di Barcaju (für Camper gesperrt) und wandern der Küste entlang.

### Tour auf einen Blick

**Zufahrt:** Von Sartène auf der Straße D 48 ins Sartenais.
**Wegverlauf:** Drei Kurzwanderungen zu prähistorischen Fundstätten, insgesamt 1½ Std.; Küstenwanderung bei Tizzano, 1 Std.
**Leichte Wanderungen.**
**Karten:** ign 4154 OT, ign 74, DR 23.

*Bei einem Bummel durch die Altstadt von Sartène mit ihren verwinkelten Gassen, Treppen und Steinbögen fühlt man sich ins Mittelalter versetzt.*

# SÜDEN DER INSEL MIT BAVELLA

## 75. Felsenfenster in der Bavella, den „Dolomiten Korsikas"

Wildzerrissene Felswände und Felsspitzen, die wie Strebepfeiler einer gotischen Kathedrale über dunkelgrünen Kiefernwäldern in den Himmel ragen – das ist die Bavella (Bavedda). Man vermeint, die eleganten Spitzen von Kalkalpen vor sich zu sehen. Aber es ist nicht Kalk, der diese Bergketten aufbaut, sondern Rhyolith, ein vulkanisches Ergußgestein. Beim Austreten der Magmamasse wurden feinste Gasblasen im erstarrten Gestein eingeschlossen, und es bot der Erosion gute Angriffsflächen. So wurden – begünstigt durch die senkrechte Klüftung des Gesteins – im Laufe der Zeit durch die Verwitterung die kühnen Felszacken und Türme herausmodelliert. Da die Bavella in der Eiszeit nicht vergletschert war, wurden diese einzigartigen Felsberge, die „Dolomiten Korsikas", nicht abgeschliffen und überformt wie bei den höchsten Gipfeln der Insel.

Die bizarren, vertikal gegliederten Felsen haben – wie die Namen vieler Gipfel verraten – schon früh Kletterer aus verschiedensten Ländern angelockt. So gibt es einen „Turm der Deutschen", einen „Turm der Österreicher", einen „Turm der Schweizer" und den „Spion von Aalen". Wenn man viele Tage in der Bavella verbracht und diese Berge bei Sonne, Nebel und Unwettern, bei Sonnenauf- und Sonnenuntergang erlebt hat, verfällt man dem unbeschreiblichen Reiz dieser Landschaft und kommt immer wieder.

Mitten durch diese kühne Felswelt führt eine Straße über den Bavella-Paß (Col de Bavella,

Bocca di Bavedda, 1218 m). Von Solenzara an der Ostküste ist es noch teilweise die alte malerische enge Straße, die vor allem vom Col de Larone einen herrlichen Blick auf die Felsgipfel mit der eleganten Punta di Ferriate bietet. Von der anderen Seite, von Zonza, ist die Straße breit ausgebaut, damit auch Busse den Paß erreichen können. Uralte, windschiefe und sturmzerzauste Lariciokiefern halten die Stellung am Paß über einer kleinen Madonnenstatue, der man in den letzten Jahren ein modernes Kreuz zur Seite gestellt hat.

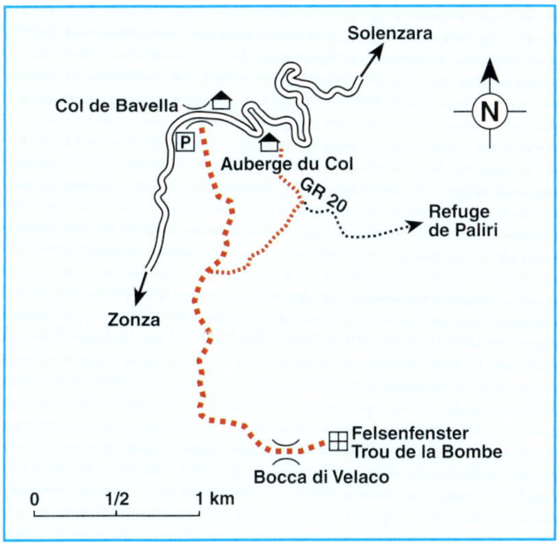


Es ist kein Wunder, daß diese faszinierende Bergwelt in der Hauptsaison von Besuchern gestürmt wird und die riesigen Parkplätze am Paß den Ansturm fast nicht bewältigen können. Aber sobald man sich von der Paßhöhe entfernt, klingt der Trubel ab. Und die Bavella bietet neben vielen Klettertouren auch leichte Wanderungen, z. B. zu einem Felsenfenster, dem „Trou de la Bombe" (Bombentrichter).

## Wegbeschreibung:

Direkt von der Paßhöhe oder der etwas unterhalb liegenden Berghütte „Auberge du Col" wandern wir fast eben über einen breiten Bergrücken durch einen lichten Wald von Laricio kiefern. Die vielen Lichtungen bieten immer wieder einen herrlichen Blick zu den kühnen Felsspitzen. Besonders reizvoll ist diese Wanderung Anfang Mai, wenn am Wegrand unzählige Apenninwindröschen ihre großen blauen

*Über mächtigen Lariciokiefern ragen die eleganten Felsspitzen der Bavella auf – auch als „Dolomiten Korsikas" bezeichnet.*

## Tour auf einen Blick

**Zufahrt:** Von Zonza oder Solenzara zum Bavella-Paß.
**Wegverlauf:** Bavella-Paß (Col de Bavella, 1218 m) – Bocca di Velaco – Felsenfenster (Trou de la Bombe, ca. 1300 m), 1 Std.
**Leichte Wanderung.**
**Karten:** ign 4253 ET, ign 74, DR 23.

oder weißen Blütensterne entfalten. Wir erreichen einen etwas erhöhten felsigen Riegel, der den Blick auf die vor uns liegenden Felsgipfel freigibt, und auch das große Felsenfenster „Trou de la Bombe", unser Tourenziel, ist zu erkennen.
Kurz absteigend erreichen wir die Senke Bocca di Velaco (¾ Std. ab Bavella-Paß), überqueren einen Bach und folgen links dem markierten Steig, der fast eben durch eine bizarre Felslandschaft mit riesigen, teils schon umgestürzten Lariciokiefern zum Felsenfenster führt, in das man auch unschwierig hineinklettern kann (¼ Std., Abb. S. 176).

## 76. Punta Velaco – prächtiger Aussichtsgipfel

Der Felsgipfel der Punta Velaco ist unschwierig zu ersteigen und bietet eine beeindruckende Rundsicht. Auf dem Gipfel steht ein wunderschönes schmiedeeisernes Kreuz, das den hl. Petrus mit Schlüssel zeigt. Als wir wieder einmal auf den Gipfel die Rundsicht genossen, sprach uns ein deutscher Bergsteiger an und erzählte uns die Geschichte dieses Kreuzes. Die Punta Velaco war der letzte Gipfel, den seine schwerkranke junge Frau besteigen konnte, und er wollte ihr hier oben ein Kreuz aufstellen. In der Müllecke eines korsischen Friedhofes sah er das ausrangierte verrostete Kreuz und nahm es mit, um zwei Kopien anfertigen zu lassen. Eine steht heute auf dem Grab seiner Frau in Deutschland, die andere stellte er am Gipfel der Punta Velaco auf, und das wieder instand gesetzte Original brachte er zurück auf den korsischen Friedhof.
In der Nebensaison begegnet man zeitig in der Früh oft Mufflons, und gelegentlich kriecht eine „Raupenschlange" über den Weg. Aus der Entfernung wunderte ich mich sehr über die zwei Meter lange und nur knapp einen Zentimeter dicke Schlange, die den Weg querte. Erst bei näherem Hinsehen entdeckte ich, daß diese Schlange aus vielen einzelnen behaarten Raupen bestand, die im Verband krochen. Jede Raupe hielt mit dem vorderen und hinteren Tier Körperkontakt. Diese Raupen eines Kiefernspinners fressen junge Lariciokiefern oft

*Die Punta Velaco ist unschwierig zu ersteigen und beschert ein einmaliges Panorama. Der Gipfel trägt ein sehr schönes schmiedeeisernes Kreuz.*

kahl und verpuppen sich dann zu Hunderten in faustgroßen Gespinsten, die man an den Zweigen hängen sieht.

## Wegbeschreibung:

Der erste Teil des Weges vom Bavella-Paß in die weite Senke der Bocca di Velaco ist identisch mit dem Anstieg zum Felsenfenster „Trou de la Bombe" (s. Tour Nr. 75). Vom felsigen Riegel kurz vor der Senke sieht man an klaren Tagen schon das silbern schimmernde Kreuz auf dem Gipfel. Nach dem Überqueren des Baches verlassen wir den vielbegangenen Weg zum Felsenfenster und folgen den Steinmännchen durch eine steile Rinne mit teils schon begrüntem Blockwerk hinauf. Im April weiß man manchmal nicht, wo man hinsteigen soll, so dicht stehen die Krokusblüten. Die Gipfel der Bavella-Gruppe sind relativ niedrig (im Mittel erreichen sie nur rund 1500 m) und daher meist schon im Frühjahr zu ersteigen, wenn die ganze Region noch sehr einsam ist.
Im oberen Teil der von Felsen flankierten, schmalen Rinne scheint plötzlich ein riesiger

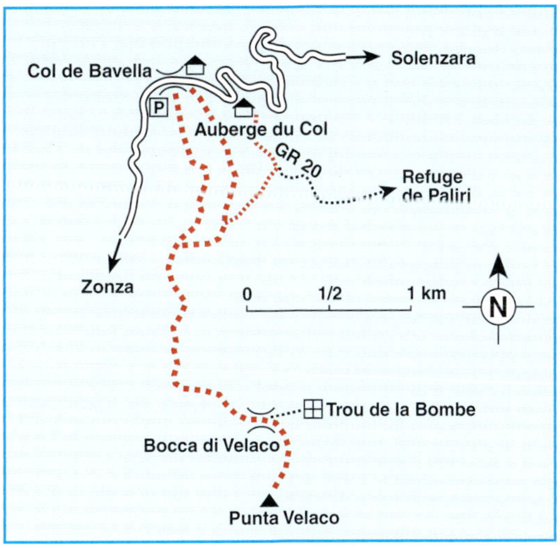


Felsklotz den Weiterweg zu versperren, aber im letzten Moment zeigt sich ein bequemer Durchschlupf. Wir erreichen eine kleine Scharte, und ein prächtiger Blick auf die südlichen Felstürme und -spitzen der Bavella öffnet sich. Nun kommt die einzige etwas anspruchsvollere Passage der Tour – eine etwa eineinhalb Meter hohe, aber nicht ausgesetzte Felsstufe ist

## Tour auf einen Blick

**Zufahrt:** Von Zonza oder Solenzara zum Bavella-Paß.
**Wegverlauf:** Bavella-Paß (Col de Bavella, 1218 m) – Bocca di Velaco – Punta Velaco (1483 m), 1¼ Std.
**Unschwierige Bergtour** (Stelle I).
**Karten:** ign 4253 ET, ign 74, DR 23.

zu überklettern (I). Etwas exponiert erreichen wir über geneigte Felsplatten und Blockwerk das kleine felsige Gipfelplateau der Punta Velaco (1483 m) mit dem schönen Kreuz (1¼ Std. ab Bavella-Paß, 1½ Std. ab Berghütte „Auberge du Col"). Wir genießen die einmalig schöne Rundsicht über die kühnen Felsspitzen der Bavella, und an klaren Tagen schweift der Blick zur Küste und weit hinaus aufs Meer. Geübte Bergsteiger können dem felsigen Grat vom Gipfel weiter durch eine einzigartige Felswildnis folgen.

## 77. Durch eine faszinierende Felswildnis auf den Turm III

Wer vom Bavella-Paß (Col de Bavella, Bocca di Bavedda, 1218 m) zu den kühnen Felstürmen und Felsspitzen aufblickt, die über der kleinen Madonnenstatue aufragen, kann sich kaum vorstellen, daß durch dieses Klettergebiet auch ein vielbegangener Weg führt – die alpine Variante des GR 20. Während der normale, rot-weiß markierte GR 20 vom Paß in weitem Bogen zu Füßen der Felsberge zur Refuge d'Asinao verläuft, führt die mit zwei gelben Streifen markierte alpine Variante direkt durch eine der faszinierendsten Felslandschaften der Bavella. Nur eine kurze, leichte Kletterstelle, die mit dicken Eisenketten versichert ist, muß überwunden werden, und ein kurzen Abstecher vom GR 20 führt uns in leichter Kletterei (I+) auf den Turm III.

### Wegbeschreibung:

Von der Paßhöhe führt der GR 20 vorbei an herrlichen Lariciokiefern – sturmzerzausten Kampfbäumen – über grasigen Boden zum Fuß der Felsen, wo sich der Weg in die normale und alpine Variante gabelt. Letztere führt durch eine bizarre Felswelt abenteuerlicher, von Tafoni zerfressener rötlicher Felsgebilde. Bei Nebel gleichen sie riesigen Trollen, die uns Zwerge stumm an sich vorbeiziehen lassen. Dahinter ragen gelbrote glatte Felswände auf – ein beliebter Klettergarten. Nach einer Dreiviertelstunde erreichen wir die schmale Felsscharte Col de l'Oiseau (1588 m), wo plötzlich vor uns

*Gewitterstimmung auf dem Bavella-Paß, der Ausgangspunkt für viele Wanderungen, Berg- und Klettertouren ist.*

die mächtigen Türme I und II aufragen. Schon dieser Anstieg ist eine sehr lohnende, leichte Tour.
Jenseits der Scharte öffnet sich eine grandiose Felslandschaft, und wir queren unter den eindrucksvollen, glatten Felswänden des Turmes I zu einer Scharte zwischen ihm und dem

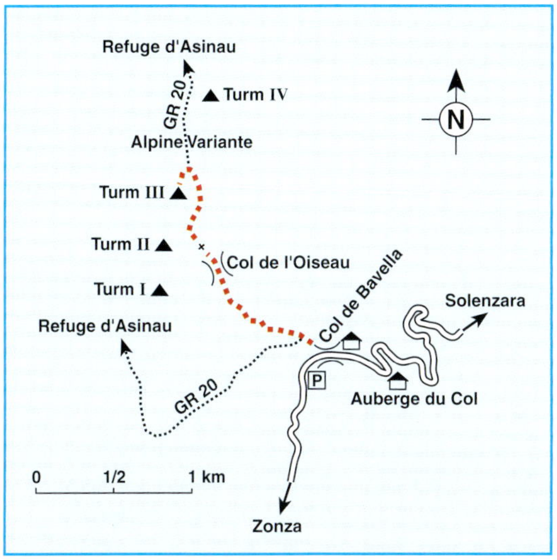

Turm II. Nur noch einzelne, ums Überleben kämpfende Lariciokiefern krallen sich im Fels fest. Dann kommt die schwierigste Stelle, eine rund 5 m hohe, abschüssige Felsplatte, die mit dicken Ketten versichert ist. Der Weg quert weiter unter den mächtigen Felstürmen und führt auf ein mit Ginster und Wacholder bewachsenes Plateau – ein traumhaft schöner Rastplatz (ca. 1600 m, 2 Std. ab Bavella-Paß). Vor uns baut sich der mächtige Felsturm IV auf, und am Horizont zeichnet die Ostküste einen zarten Saum. Wir sind hier schon höher als die beiden ersten Türme, und Turm III (Punta

*Der Korsische Krokus ist bis auf 2000 m Höhe zu finden und besitzt sehr apart gezeichnete Blüten.*

## Tour auf einen Blick

**Zufahrt:** Von Zonza oder Solenzara zum Bavella-Paß.
**Wegverlauf:** Bavella-Paß (Col de Bavella, 1218 m) – Col de l'Oiseau (1588 m), ¾ Std.; Col de l'Oiseau – Turm III (1611 m), 1½ Std.
**Unschwierige Bergtour** (Stellen I).
**Karten:** ign 4253 ET, ign 74, DR 23.

di a Vacca, 1611 m), der von hier recht unbedeutend aussieht, ist von dieser Seite in einer leichten Kletterei (I+) über Blockwerk rasch zu erklimmen (¼ Std. ab GR 20).

## 78. Felsbecken und Kaskaden des Polischellu-Baches

Das einzigartige Landschaftsbild der Bavella formen nicht nur die verschiedenfarbigen Felsgipfel, sondern auch die prächtigen Wälder des „Forêt de Bavella" und die Wildbäche. Bei der Anfahrt von der Ostküste durch das Tal des Solenzara führt die Straße teilweise am Fluß entlang, der im Frühjahr zur Zeit der Schneeschmelze ein tosendes Wildwasser ist. Im Sommer bilden sich zwischen den rundgeschliffenen Granitblöcken und Steinen kleine Gumpen und Seen, die zum Baden einladen. Unterhalb des Bavella-Passes führt eine Brücke über den Polischellu-Bach, der in vielen malerischen Kaskaden zu Tal stürzt und Felsbecken jeder Größe ausgewaschen hat (Cascades du Polischellu). Die ersten Kaskaden können trokkenen Fußes besichtigt werden.

Die oberen der insgesamt 17 Kaskaden sind nur im Hochsommer bei niedrigem Wasserstand eine lohnende Tour, wenn man die Felsbecken teilweise durchschwimmen kann. Es ist eine sehr reizvolle, kombinierte Wander- und Badetour in einzigartiger Umgebung. Man benötigt Badehose und feste Sandalen, da einzelne Kaskaden auch durch Gestrüpp umgangen werden müssen. Wertsachen sollte man in wasserdichten Behältern mitnehmen. Gelegentlich sind kurze Felsstufen zu überklettern, aber nennenswerte Schwierigkeiten gibt es – abgesehen von dem ungewohnten Schuhwerk – nicht. Ideal für diese Tour wären hohe Schuhe, wie sie Wildwasserfahrer verwenden.

Man sollte allerdings daran denken, daß sich dieser Bach, der ein großes Einzugsgebiet im Bereich der Bavella-Türme hat (s. Tour Nr. 77), auch im Hochsommer nach einem heftigen Gewitter in Kürze zu einem unbegehbaren Wildwasser anschwellen kann. Es bleibt dann nur die Möglichkeit, durch das Dickicht

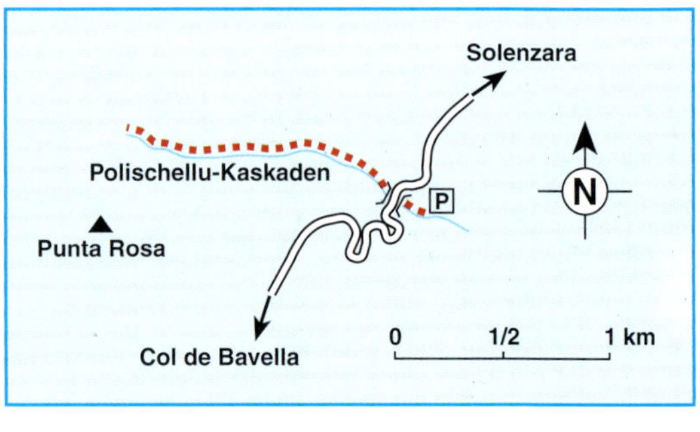

hoch über dem Bachbett zu kriechen, was eine recht mühsame und kratzige Angelegenheit ist, vor allem in Badehose und Sandalen. Es empfiehlt sich daher, nur bei sicherer Wetterlage zu dieser Tour aufzubrechen. Auch eine Kurzwanderung zu den unteren Kaskaden ist lohnend.

**Wegbeschreibung:**

Wir parken das Auto direkt bei der Brücke über den Polischellu oder etwas nördlich davon bei einigen mächtigen Kastanien und Felsblökken. Von der Brücke steigen wir auf einem deutlichen Pfad kurz ab, bis bei der ersten Kaskade die abenteuerliche Tour bachaufwärts beginnt. Viele Kaskaden werden seitlich auf deutlich ausgetretenen Steigen umgangen, und man kraxelt dann wieder zum Bach hinab und durchschwimmt die kristallklaren Felsbecken. Bis zur 17. Kaskade, die einen im Sommer meist recht dünnen, rund 20 m hohen Wasserfall bildet, benötigt man 2½ Stunden und ist währenddessen dem Bachbett rund 200 Höhenmeter gefolgt. Dann wird das Gelände deutlich flacher, und nur noch einzelne kleine Kaskaden und Felsbecken treten im Oberlauf auf.

## 79. Von Porto-Vecchio zum Wasserfall Piscia di Gallu

Porto-Vecchio ist eingebettet in eine weite fruchtbare Beckenlandschaft mit großen Korkeichenhainen. Es ist eine freundliche Landschaft, der die wilde Dramatik der Westküste fehlt. Die Stadt liegt malerisch auf einem kleinen Hügel aus rötlichem Porphyrgestein, und die teilweise noch erhaltene Festungsmauer der alten genuesischen Zitadelle prägt das Bild. Die nähere Umgebung mit der anmutigen Küste und den großen Sandbuchten, die oft von Pinienwäldern eingefaßt werden, machten die Stadt zu einem beliebten Fremdenverkehrszentrum mit reicher Infrastruktur. Geschützte Meeresbuchten greifen weit in das Landesinnere und bieten ideale Bedingungen für den Wassersport. Die Feriendörfer, Campingplätze und Villen sind hier in den letzten Jahrzehnten wie die Pilze aus dem Boden geschossen. Der Golf von Porto-Vecchio reicht 8 km ins Landesinnere und ist einer der besten Naturhäfen der Insel. Eine ganze Armada von Segeljachten liegt hier im Jachthafen, der 2000 Liegeplätze hat, vor Anker.

Der geschützte Golf von Porto-Vecchio diente den Menschen schon in vorgeschichtlicher Zeit als idealer Hafen. Hier dürfte auch das wenig

bekannte, nach ihren turmähnlichen Bauten als Torreaner bezeichnete Volk einst gelandet sein, denn in der Umgebung von Porto-Vecchio finden sich die Überreste zahlreicher torreanischer Kult- und Festungsanlagen. 6 km südwestlich der Stadt liegt das Dorf Ceccia, von dem man zu Fuß in 15 Minuten die prähistorische Fundstätte mit den Überresten einer um 1350 v. Chr. auf einem felsigen Sporn errichteten Kultstätte erreicht. In unmittelbarer Nähe befindet sich die Fundstätte von Tappa, wo ein großer torreanischer Gebäudekomplex freige-

**Tour auf einen Blick**

**Zufahrt:** Von Solenzara Richtung Bavella-Paß bis zur Brücke über den Polischellu-Bach.
**Wegverlauf:** Brücke (480 m) – Wasserfall (17. Kaskade, ca. 680 m), 2½ Std.
**Unschwierige Bergtour** (Stellen I), nur bei geringer Wasserführung, Durchschwimmen einiger Felsbecken erforderlich.
**Karten:** ign 4253 ET, ign 74, DR 23.

*Der Graureiher ist an den Lagunen der Ostküste häufig zu sehen und brütet auch hier.*

*Bild linke Seite: Eine beliebte Wanderung führt vom Bavella-Paß zum Felsenfenster Trou de la Bombe, in das man leicht hineinklettern kann.*

*Die Schopfige Traubenhyazinthe (Muscari comosum) ist eine der ersten Frühlingsboten.*

## Tour auf einen Blick

**Zufahrt:** Von Porto-Vecchio über L'Ospédale zu Parkplatz an Straße D 368.
**Wegverlauf:** Parkplatz (950 m) – Piscia di Gallu (836 m), ¾ Std.
**Leichte Wanderung.**
**Karten:** ign 4254 ET, ign 74, DR 23.

legt wurde, der um 2000 v. Chr. besiedelt war. Nördlich von Porto-Vecchio, beim kleinen Weiler Torre, ist ein halbrunder, kegelstumpfförmiger Bau eines typisch torreanischen Bauwerkes erhalten geblieben. Die Fundgegenstände dieser Ausgrabungen, vor allem Keramiken, das Fragment einer bronzenen Schwertklinge und Urnen, werden im Musée de Préhistorie in Sartène aufbewahrt.

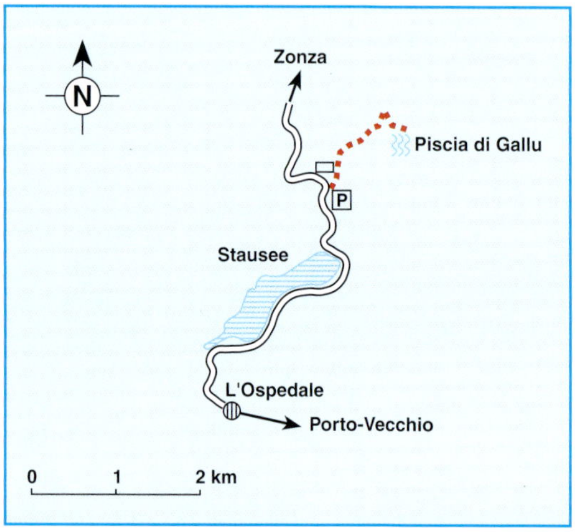


Von Porto-Vecchio windet sich eine gut ausgebaute Straße den Berghang hinauf zu dem in 800 m Höhe gelegenen malerischen Dorf L'Ospédale, von dem man einen herrlichen Blick über den Golf von Porto-Vecchio und die Ostküste bis zum Golf von Santa Manza hat. An klaren Tagen sieht man sogar die Südspitze der Insel und das benachbarte Sardinien. Durch das Dorf führt der orange markierte Weitwanderweg „Mare a Mare Sud". Es ist lohnend, diesem Weg in westlicher Richtung zum Weiler Cartalavone und weiter zum Fuß der Punta di a Vacca Morta zu folgen. Oberhalb von L'Ospédale breitet sich der prächtige Wald von L'Ospédale aus, und eine der beliebtesten Wanderungen führt zum Wasserfall Piscia di Gallu (Piscia di Gallo).

## Wegbeschreibung:

Von L'Ospédale folgen wir der Straße durch den schönen Kiefernwald des Forêt de L'Ospédale, vorbei an dem großen Stausee zu einem Parkplatz (950 m) mit Snack-Buden 1 km nach der Staumauer. Der deutlich mar-

kierte und vielbegangene Weg führt zunächst durch Wald abwärts, überquert zwei Bäche und steigt dann zu einer mit Felsplatten bedeckten Hochfläche an, die eine phantastische Vielfalt bizarrer Felsgestalten zeigt. Riesige Felsblöcke – manche rund und ausgehöhlt, andere wie gotische Strebepfeiler in den Himmel ragend – prägen diese urweltlich anmutende Landschaft (s. Tour Nr. 80). Einige der ausgehöhlten Felsblöcke bieten bei einem plötzlichen Regenguß einer ganzen Familie Unterstand.

Unter uns fließt der Oso-Bach, den wir überquert haben; er verschwindet in einem Felsloch, aus dem er auf der rückwärtigen Seite austritt und als Wasserfall Piscia di Gallu über eine senkrechte Felswand stürzt. Wir wandern vorbei an einem gut abgestützten Wackelstein, und dann führt der Steig über Stufen durch eine Rinne hinab zu einer kleinen Aussichtskanzel vor dem Wasserfall. Eine steile, rutschige Passage, die gutes Schuhwerk und Trittsicherheit erfordert, führt weiter hinunter zum Wasserbecken am Fuß des Wasserfalles (836 m). Im Frühjahr stürzt hier viel Wasser herab, im Sommer wird der Name Piscia di Gallu (Hahnenpiß) verständlich (Hinweg ½ Std., Rückweg als Anstieg ¾ Std.).

## 80. Glockenberge, Felsburgen, Blockmeere und der Monte Calva

Im Hochland von L'Ospédale und Zonza bestimmen eigenartige, abgerundete Granitblökke und Felsgipfel die Landschaft und bilden einen auffallenden Kontrast zu den kühnen Felszacken und Türmen der nördlich gelegenen Bavella. Die Ursache für diesen auffallenden Gegensatz liegt im Baumaterial. Während die Bavella aus Rhyolith, einem weicheren vulkanischen Gestein, aufgebaut ist (s. Tour Nr. 75), besteht das Bergland um L'Ospédale und Zonza aus Granit, der ganz andere Verwitterungsformen zeigt.

Durch den starken Temperaturwechsel, dem Gesteine durch intensive Sonneneinstrahlung bei Tag und Abkühlung bei Nacht ausgesetzt

*Im Frühjahr tosen wilde Bäche durch die Gebirgstäler Korsikas. Im Hochsommer und Spätherbst laden malerische Gumpen zu einem erfrischenden Bad.*

## Tour auf einen Blick

**Zufahrt:** Von Porto-Vecchio über L'Ospédale zur Bocca d'Illarata.
**Wegverlauf:** Bocca d'Illarata (991 m) – Monte Calva (1377 m), 1¼ Std.
**Leichte Wanderung.**
**Karten:** ign 4254 ET, ign 74, DR 23.

sind, kommt es zu einer Abschuppung (Schalenverwitterung). Die Granitoberfläche dehnt sich bei Hitze aus und zieht sich bei Kälte zusammen, während das Gesteinsinnere durch die schlechte Wärmeleitfähigkeit kühl bleibt. So kommt es zu Spannungen, und die oberflächlichen Schichten blättern im Laufe sehr langer Zeiträume wie Zwiebelschalen ab. Wenn der Verwitterungsschutt abgetragen wird, bleiben oft glockenartige, wie abgeschliffen aussehende Berge zurück.

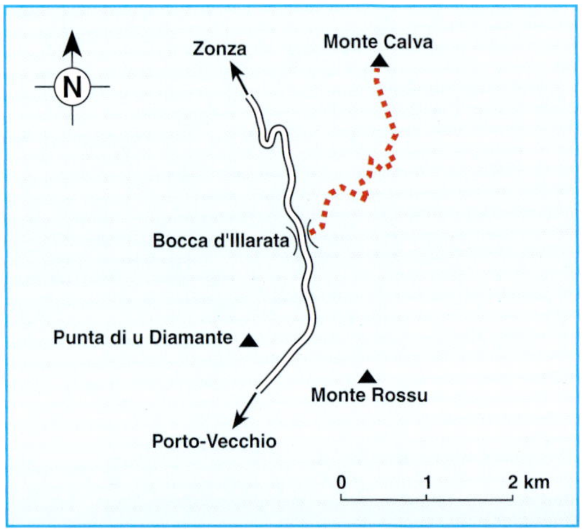


Eine andere typische Verwitterungsform des Granits ist die sogenannte Wollsackverwitterung. Unter der Erde wird der Granit durch Feuchtigkeit und Huminsäuren leichter angegriffen als über der Erdoberfläche. Die Verwitterung setzt entlang feiner Risse an, und wenn diese Felsblöcke durch Abtragung des umliegenden Gesteinsschuttes und Erdreiches an die Oberfläche gelangen, bröckeln die angewitterten Gesteinspartien ab. Übrig bleiben abgerundete Buckel, die von Einschnürungen und Spalten durchzogen sind. Da diese Gebilde so aussehen, wie die Wollballen, die man früher für den Transport zu Paketen verschnürte, spricht man von Wollsackverwitterung. Blockmeere – ausgedehnte Anhäufungen von abgerundeten, oft fast kugeligen Felsblöcken – und Felsburgen sind auch Erscheinungsbilder der Wollsackverwitterung. Bei Touren und Fahrten rund um den Paß Bocca d'Illarata, der L'Ospédale mit Zonza verbindet, sieht man all diese phantastischen Verwitterungsformen.

## Wegbeschreibung:

Von L'Ospédale kommend, taucht bald hinter dem Parkplatz, wo die beliebte Tour zum Was-

*Auf der Hochfläche von L'Ospedale sieht man typische Verwitterungsformen des Granit wie z. B. den Glockenberg Monte Rossu.*

serfall Piscia di Gallu beginnt (s. Tour Nr. 79), der geradezu klassische Glockenberg Monte Rossu (Monte Rosso) neben der Straße auf. Gleich darauf erhebt sich ebenfalls neben der Straße die mächtige Punta di u Diamante, die tatsächlich wie ein gigantischer Rohdiamant aussieht. Der Gipfel dieses Diamanten ist nur Kletterern zugänglich, aber von dem wenig ausgeprägten Paß der Bocca d'Illarata (991 m) zweigt ein Steig ab, der durch die phantastischen Erosionsgebilde am Fuß des Felsgipfels führt.
Leicht zu ersteigen ist der gegenüberliegende Monte Calva (1377 m, 1¼ Std.). Der mit Steinmännchen markierte Weg folgt vom Paß zunächst einer Forststraße durch lichten Kiefernwald. Im September sind die Wegränder oft schwarz von unzähligen, herrlich schmekkenden Brombeeren, die keine Abnehmer finden und überreif zu Boden fallen. Durch teils felsiges, mit niedriger Macchia durchsetztes Gelände erreichen wir leicht den Grat und den Gipfel. Felsblöcke am Wegrand zeigen die typische Wollsackverwitterung und sehen aus wie riesige, übereinander geschichtete Käselaibe oder phantastische Felsburgen.
Nördlich der Bocca d'Illarata zweigt in der Bocca di Pelza eine Straße nach San Gavino ab, die durch das Chaos de Pacciunituli (Paccionitoli) führt, einen „verwunschenen" Wald, dessen Boden von riesigen runden, mit Moos überzogenen Felsblöcken jeder Form und Größe bedeckt ist. Einige Felsblöcke balancieren wie Tische auf winzigen Auflagen, andere erinnern an Dolmen.

## 81. Bonifacio – Zitadelle hoch auf dem Kalkriff

„Was die Schönheit anbelangt, ist dies die Hauptstadt von Korsika", schreibt der Dichter Paul Valéry über Bonifacio. Die Altstadt mit der von mächtigen Festungsmauern umschlossenen Zitadelle wurde auf einem schmalen Kalksteinplateau errichtet, das zum offenen Meer mit einer senkrechten, über 60 Meter hohen, schneeweißen, von Wind und Wellen zernagten Steilküste abbricht. Landseitig begrenzt die schmale Halbinsel ein „ertrunkenes Tal", ein 1½ km langer, schmaler, von Kalkfelsen eingefaßter Fjord. Am Ende des Fjordes liegt der geschützte kleine Hafen von Bonifacio, ein idealer Platz, der schon in der Bronzezeit genutzt wurde. Man nimmt an, daß auch Odysseus bei seinen Irrfahrten durch das Mittelmeer diesen Hafen, den „Schlund der hängenden Felsen", ansteuerte und von den Be-

*Über der abgeschieden gelegenen Wallfahrtskirche la Trinité bei Bonifacio erhebt sich eine kleine Felsenburg aus Granit.*

*Ein dichter wolliger Filz überzieht die Blätter der Strandlevkoje (Matthiola sinuata) und schützt sie auch in windexponierten Lagen vor zu großer Verdunstung.*

wohnern, den „gigantischen Laistrygonen", mit einem Steinhagel empfangen wurde.
Die Unterstadt am Hafen war noch vor einigen Jahrzehnten ein idyllischer Platz, wo die Fischer ihre Netze flickten und Sandflächen für das beliebte Boule-Spiel zur Verfügung standen. Inzwischen hat der Tourismus diese Stadt entdeckt. Heute reihen sich Restaurants, Bars und Souvenirläden an der kleinen Marina, und im Hafen liegen luxuriöse Jachten.
Darüber erhebt sich die mächtige Festungsmauer der Zitadelle, die die Altstadt (Oberstadt) mit ihren engen Gassen und hohen Häusern umgibt. Acht Tore und eine Zugbrücke schützten einst die landwärts gelegene Seite der Stadt. An allen anderen Seiten machte das über 60 m hohe Kalkriff die Stadt uneinnehmbar. Man muß diese faszinierende Stadt von allen Seiten und vor allem auch vom Meer aus gesehen haben. Ausflugsschiffe zeigen den Besuchern die hoch über dem tiefblauen Meer am Kalkriff klebende Stadt und die malerischen Grotten der Küste.

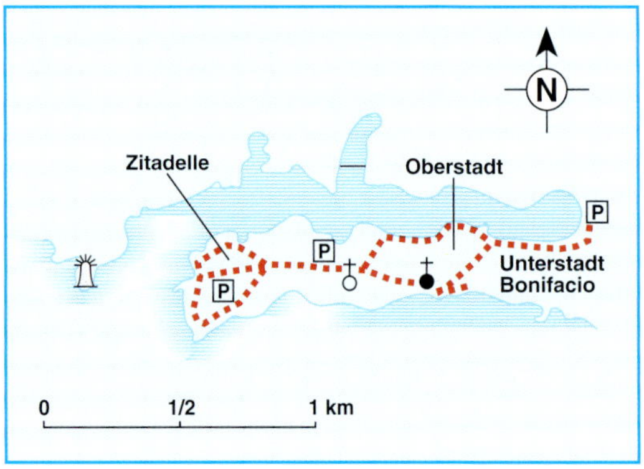


## Tour auf einen Blick

**Besichtigung** von Bonifacio und Umgebung, ca. 3 Std.

## Wegbeschreibung:

Wir beginnen den Rundgang durch Bonifacio am Hafen und steigen die zahlreichen Stufen zum Col St-Roch hinauf, bis wir bei der an die Pest im Jahr 1528 erinnernden Saint-Roch-Kapelle den Klippenrand erreichen. Eine Treppe führt hinunter zum Meer, und erst von hier unten erkennt man, daß diese horizontal geschichteten, relativ weichen Kreidefelsen bereits vom Meer unterspült sind, so daß die an der Kante stehenden Häuser schon über dem Meer stehen. Wir gehen über die Stufen wie-

der hinauf und folgen der Straße über die Zugbrücke in die Oberstadt, wo eine kleine Aussichtskanzel einen herrlichen Blick zur Südspitze Korsikas und dem benachbarten Sardinien bietet.

Die nahegelegene Kirche Sainte-Marie-Majeure wurde im 13. Jahrhundert erbaut, und der Schmuck im Inneren erzählt vom einstigen Reichtum dieser Stadt. Auffallend sind die Strebebögen, die die engen Gassen überspannen. Sie hatten die Aufgabe, das Regenwasser von den Dächern der Häuser in ein großes Sammelbecken unter dem Vorhof der Kirche zu leiten. Wir durchqueren die mittelalterlich anmutenden Gassen der Altstadt und wandern mit schönem Blick hinunter zum Fjord, zur westlichen Spitze der Halbinsel mit den ausgedehnten Anlagen der Zitadelle, die schon im Jahr 828 vom toskanischen Markgrafen Bonifacio gegründet worden sein soll.

Das Plateau zwischen den Resten der Festungsanlagen ist Anfang Mai ein üppiger Blumengarten aus rotem Mohn, gelber Kronen-Wucherblume und den großen Blütendolden des Arabischen Milchsternes, bei dem der Kontrast zwischen den schneeweißen Blütenblättern und dem ebenholzschwarzem Zentrum den Blüten einen besonderen Reiz verleiht. Unter uns liegt der tief eingeschnittene Fjord, an dessen Einfahrt ein Leuchtturm steht, der wohl schon manchem Schiff bei stürmischer See den Weg in den sicheren Hafen gewiesen hat.

Dieser äußere Teil der Halbinsel, auf der auch die mit zahlreichen Kunstschätzen ausgestattete Kirche Saint-Dominique, eines der seltenen gotischen Gotteshäuser Korsikas, steht, durfte bis 1983 nicht betreten werden, da hier die Fremdenlegion stationiert war. Nachdem die Franzosen ihre Kolonien in Nordafrika aufgeben mußten, wurde die ursprünglich in Algerien stationierte Fremdenlegion hier untergebracht. Heute besetzt das Militär nur mehr einen kleinen Teil der malerischen Halbinsel. Wir gehen ein Stück zurück in Richtung der Altstadt und steigen dann über den gedeckten Gang der alten Festung zum Fjord und Hafen ab. Mit Besichtigung der Kirchen sollte man mindestens drei Stunden für diesen Rundgang einplanen.

*Ein über 60 m hohes Kalkriff und mächtige Festungsmauern machten Bonifacio – eine der faszinierendsten Städte des Mittelmeeres – uneinnehmbar.*

**Tour auf einen Blick**

**Zufahrt:** Nach Bonifacio.
**Wegverlauf:** Saint-Roch-Kapelle in Bonifacio (ca. 40 m) – Leuchtturm von Pertusato (86 m) und Küste (0 m), 1½ Std.
**Leichte Küstenwanderung.**
**Karten:** ign 4255 OT, ign 74.

## 82. Zum Leuchtturm von Pertusato an der Südspitze der Insel

Die Südspitze Korsikas ist eine Welt für sich, ihr Erscheinungsbild einzigartig. Im Miozän wurden hier in einem Flachmeer Sedimente abgelagert, die über dem Granit im Laufe der Zeit eine bis zu 150 m dicke Schicht bildeten. Aus diesen Ablagerungen besteht das heutige, 30 $km^2$ große Kalkplateau, das dem Granit gleichsam aufgepfropft wurde und die malerischen schneeweißen Steilküsten der Südspitze formt. Die Ablagerungen sind nicht homogen, und die Erosion greift die unterschiedlich harten Schichten auch verschieden stark an und schuf bizarre, horizontal gefurchte und gegliederte Steilwände, Grotten und tiefe Einbuchtungen. Von Bonifacio führt ein Weg an dieser großartigen Küste entlang zur Südspitze der Insel, dem von einem Leuchtturm überragten Kap von Pertusato (Capo Pertusato), das auch auf einer schmalen Straße zu erreichen ist.

Durch die nur 12 km breite Meerenge zwischen den Inseln Korsika und Sardinien pfeift meist ein kräftiger Wind, der die Vegetation des südlichsten Zipfels der Insel niedrig hält (Windschur). Nur auf der windabgewandten Seite und in geschützten Gräben entfaltet sich eine üppigere Vegetation. An den windigsten Stellen bilden viele Pflanzen wie der dornige Marseille-Tragant oft Kugelpolster und schaffen so im Inneren der Kugel ein windgeschütztes Plätzchen, ein eigenes Mikroklima. Auch der aromatisch duftende Rosmarin, der ganze Hänge blau färbt, bildet dichte Büsche und schützt sich mit ledrigen eingerollten Blättern vor zu großer Verdunstung, während sich der Wacholder eng an den Boden drückt.
Im Frühling erlebt man bei dieser Wanderung ein Blütenwunder, das sich hier auf dem Kalkboden besonders üppig entfaltet und viele auf Korsika sonst seltene Arten zeigt. Beim Leuchtturm von Pertusato blüht schon im April der Korsische Rosenlauch, und der leuchtendgelbe Ausdauernde Strandstern drückt sich eng an den steinigen Boden. Auf den windexponierten Felsen entfalten der Korsische Reiher-

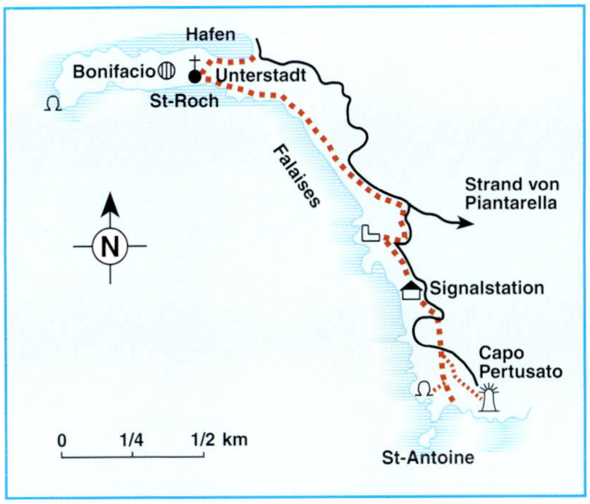


schnabel und die Felsennelken ihre aparten weißen bis rotvioletten Blüten. Wahre Blumengärten finden sich in den durch Erosion ausgeschürften kleinen Trockentälern, die vom Plateau zum Meer hinabführen. Eines ist weiß von den duftenden Blüten der Pankrazlilien, ein anderes leuchtet violett, so dicht stehen hier die hübschen Strandlevkojen. Im Herbst schieben die aparten Dünentrichter-Narzissen ihre Blütenstände in den Sandbuchten empor.

**Wegbeschreibung:**

Während der ganzen Wanderung hat man einen herrlichen Blick auf Bonifacio, dessen äußerste Häuser buchstäblich an der Abbruchkante der durch Wind und Wellen unterhöhlten Felskante stehen. Vom Leuchtturm sind die Nordküste Sardiniens, die Insel Cavallo und die Inselgruppe Lavezzi, deren französischer Teil Naturschutzgebiet ist, zu sehen. Von Bonifacio werden in der Hauptsaison Ausflugsfahrten zu den Inseln angeboten. Kurz bevor man den Leuchtturm erreicht, führt ein steiler Weg 80 Höhenmeter durch leuchtende Blütenpolster des Farbigen Leimkrautes hinab zu der von Wind und Wellen zernagten Küste, der die kleine Insel St-Antoine vorgelagert ist. Wahre Kunstwerke natürlicher Architektur hat die Erosion hier geschaffen, den Felsen modelliert und Grotten, in denen das tiefblaue Wasser leuchtet, ausgewaschen. Rund 1½ Stunden sollte man samt Abstechern vom Hafen von Bonifacio für diese Panoramatour einplanen.

*Eine Wanderung von Bonifacio hoch über dem Kalkriff zum Leuchtturm von Pertusato an der Südspitze Korsikas vermittelt den Reiz dieser von Wind und Wellen zernagten Küste.*

*Der Golf von Santa Manza ist ein Eldorado für Surfer.*

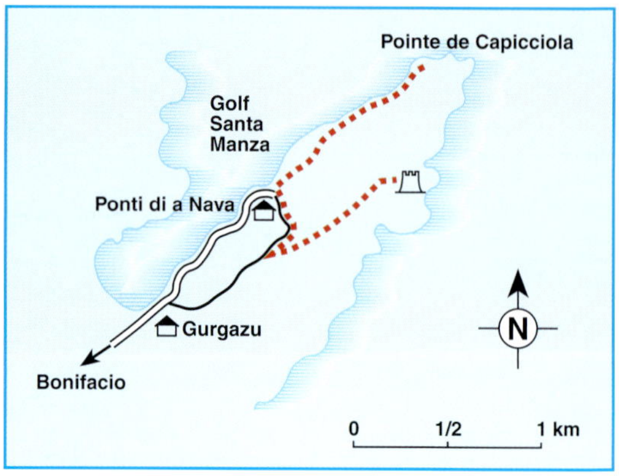


## 83. Ermitage de la Trinité und Golf von Santa Manza

Weitere lohnende Ausflugsziele an der Südspitze Korsikas sind der Golf von Santa Manza und die Ermitage de la Trinité.

### Tour auf einen Blick

**Zufahrt:** Von Bonifacio zum Golf von Santa Manza.
**Wegverlauf:** Golf von Santa Manza (2 m) – Pointa di u Capicciolu (104 m), 1 Std.
**Leichte Küstenwanderung** (teils verwachsen).
**Karten:** ign 4255 OT, ign 74.

### a) Ermitage de la Trinité

Die westlich von Bonifacio gelegene Wallfahrtskirche la Trinité, ein reizvoller Bau, steht auf dem Boden eines antiken Heiligtums. Das frühchristliche Kloster wurde im 13. Jahrhundert umgebaut und 1880 restauriert. Die aus weißem Kalkstein errichtete Kirche ist eingebettet in eine sehr reizvolle und typische Landschaft Korsikas, einen Hain aus uralten Steineichen und Ölbäumen, in dem riesige, bizarr geformte Felsblöcke liegen. Die Wallfahrtskirche wird überragt von einer imponierenden, von Tafoni durchlöcherten Felsburg aus Granit, und in einer kleine Grotte findet man eine Madonnenstatue (Abb. S. 181).

#### Wegbeschreibung:

Man erreicht die Kirche mit großem Parkplatz auf einer schmalen Straße. Es lohnt sich, auf den schmalen Steigen, die allerdings bald im Dickicht der Macchia enden, die nächste Umgebung der Kirche mit schönem Blick zur Küste zu durchstreifen (Abb. S. 181).

### b) Golf von Santa Manza

Östlich von Bonifacio liegt der Golf von Santa Manza, der schöne Sandstrände besitzt und teilweise von niedrigen, leuchtendweißen Kalkklippen gesäumt ist. Hier pfeift fast immer der Westwind durch, aber in dem schmalen Golf können sich keine großen Brecher aufbauen, die an der Westküste das Surfen oft unmöglich machen. So ist es kein Wunder, daß dieser Golf einer der beliebtesten Surfplätze Korsikas ist.

#### Wegbeschreibung:

Eine Straße führt von Bonifacio zum westlichen Ende des Golfes von Santa Manza und noch ein Stück weiter an dessen Nordwestküste bis Ponti di a Nava. Man läßt das Auto bei erster Gelegenheit stehen und wandert der reizvollen Küste entlang. Am gegenüberliegendem Ufer sehen wir die letzten Reste des Kalkschildes von Bonifacio (s. Tour Nr. 82). Wenn der Steig nicht verwachsen ist, kann man bis zum höchsten Punkt am Ende der Halbinsel, zur Pointe de Capicciola (Pointa di u Capicciolu), gehen (1 Std.) oder quer über die Halbinsel zu einem verfallenen Wachtturm an der Ostküste. Besonders reizvoll ist diese Wanderung im Frühjahr, wenn zahlreiche Blumen am Strand blühen. Auffallend sind die leuchtenden Blüten des Gelben Hornmohns, der seinen Namen den hornartig gebogenen Samenschoten verdankt, und die reizvollen behaarten Blüten des Sternklees, der trockene Plätze liebt.

*Die dichte Behaarung schützt den Sternklee (Trifolium stellatum) in windigen Lagen vor zu starker Verdunstung (links). Die roten Früchte des Feigenkaktus (Opuntie, Opuntia ficus-indica) sind eßbar (rechts).*

# TOURENÜBERSICHT

Die vorgeschlagenen Touren sind in zwei Gruppen gegliedert:
**1. Wanderungen** in leichtem Gelände mit geringem Höhenunterschied (bis ca. 800 Höhenmeter)
**2. Bergtouren** in alpinem Gelände (gute Kondition, teilweise Trittsicherheit und etwas Kletterfertigkeit erforderlich).
Für jede Tour sind die gesamte Höhendifferenz und die durchschnittliche Gehzeit (Anstiegszeit) und bei Rundtouren die Gesamtgehzeit (G) angeführt.
Bei zwei verschiedenen Ausgangspunkten sind beide Gehzeiten und Höhendifferenzen angegeben.

## 1. Wanderungen

| Seite | Nr. | Tour | Gehzeit in Stunden | Höhendifferenz in Metern | Charakterisierung |
|---|---|---|---|---|---|
| | 1a–c | Cap Corse | 1 | 200 | Drei Kurzwanderungen (Kapelle San Michele, Moulin Mattei, Nonza) |
| | 1d | Cap Corse, Santa Maria | ¾ | 230 | Leichte Bergwanderung zu Kapelle |
| | 2 | Macinaggio – Nordspitze | 1½ | 100 | Leichte Küstenwanderung |
| | 3 | Seneca-Turm und Punta Rasiccia | 1 • 1½ | 270 • 340 | Gipfel, leicht (1½ Std. ab Col de Santa Lucia) |
| | 4 | Monte Sant'Angelo (Cap Corse) | 1¾ | 560 | Gipfel, leicht |
| | 5 | Von Lavasina nach Pozzo | ¾ | 270 | Leichte Wanderung zu Bergdörfern |
| | 8 | St-Florent – Punta Mortella | 3 | 50 | Leichte Küstenwanderung |
| | 9 | Agriates-Wüste | 2¼ | 160 | Leichte Küstenwanderung |
| | 10 | Lama – Urtaca | 1 | 100 | Leichte Wanderung zu Bergdörfern |
| | 11 | Lama – Refuge du Pruníncu | 1½ | 550 | Leichte Hüttenwanderung |
| | 13 | Monte Sant'Angelo (Balagne) | ¾ • 2½ | 260 • 560 | Gipfel, leicht (2½ Std. ab Algajola) |
| | 14 | Balagne – von Dorf zu Dorf | 2¾ (G) | 380 | Leichter Rundweg durch Bergdörfer |
| | 15 | Calenzana | 1¾ | 550 | Leichte Wanderung zu Aussichtsplatz |
| | 16 | Monte Tolu / San Parteo | 1¼ • 2¼ | 330 • 580 | Gipfel, unschwierig |
| | 18 | Capu di a Veta | 2¼ | 700 | Gipfel, leicht |
| | 19 | „Urwald" von Bonifatu | 4½ (G) | 660 | Leichte Rundwanderung durch Wald in Scharte |
| | 20 | Spasimata-Hängebrücke | 2½ | 740 | Leichte Talwanderung |
| | 21 | Asco-Tal | ½ • ¾ | 170 • 280 | Zwei leichte Kurzwanderungen |
| | 26 | Niolu-Dörfer | 4 (G) | 660 | Leichte Rundwanderung zu Bergdörfern |
| | 27 | Scala di Santa Regina | 3¾ • 1 | 400 • 50 | Leichte Schluchtwanderung (zentraler Teil 1 Std.) |
| | 29 | Bergerie de Tilarba | 2½ (G) | 400 | Leichte Rundwanderung zu Almen |
| | 30 | Refuge Tighiettu | 1¾ | 460 | Leichte Hüttenwanderung |
| | 31 | Kaskaden des Golo | 1½ | 300 | Leichte Talwanderung |
| | 32 | Refuge Ciuttulu di i Mori | 2¾ | 690 | Leichte Hüttenwanderung |
| | 33 | Nino-Bergsee | 2½ | 760 | Leichte Wanderung zu Alm und See |

| Seite | Nr. | Tour | Gehzeit in Stunden | Höhen-differenz in Metern | Charakterisierung |
|---|---|---|---|---|---|
| | 36 | Ostküste | 1½ | 10 | Leichte Strandwanderung |
| | 38 | Monte Sant'Angelo (Casinca) | 1¾ | 560 | Gipfel, leicht |
| | 39 | Pointe de Nevera | 1½ | 490 | Gipfel, leicht |
| | 40 | Bergdörfer der Castagniccia | 1¾ (G) | 220 | Leichte Rundwanderung zu Bergdörfern |
| | 42 | Monte San Petrone | 2¾ | 780 | Gipfel, leicht |
| | 43 | Monte Santu | ¾ | 300 | Gipfel, leicht |
| | 44 | Tavignano-Tal | 2½ | 350 | Leichte Talwanderung |
| | 45 | Corte – Punta Cisterna | 1¾ | 580 | Leichte Bergwanderung |
| | 46 | Bergerie de Cappellaccia | 2 | 750 | Leichte Almwanderung |
| | 47 | Melo-See | 1 | 340 | Leichte Wanderung zum See |
| | 50 | Cascades des Anglais | 1 • 1½ | 310 • 450 | Leichte Wanderung entlang der Kaskaden |
| | 51 | Punta Scarpiccia | 2 | 670 | Leichte Wanderung auf Bergkamm |
| | 52 | Creno-See, Monte Sant'Eliseo | 1¼ • 2¼ | 340 / 580 | Leichte Wanderung (Creno-See 1¼ Std.) |
| | 53 | Plateau d'Ese – Pozzines | 2½ | 330 | Leichte Kammwanderung zu Pozzines |
| | 54 | Fango-Tal, Bocca di Lucca | 1½ • 2¾ | 50 • 540 | Leichte Flußwanderung; Wanderung in Scharte (2¾ Std.) |
| | 56 | Girolata | 5 (G) | 780 | Unschwierige Rundwanderung |
| | 58 | Capu San Petru | 3¼ | 570 | Gipfel, leicht |
| | 59 | L'Onca-Schlucht | 2 | 460 | Unschwierige Schluchtwanderung |
| | 60 | Über der L'Onca-Schlucht | 1½ | 310 | Leichte Wanderung über der Schlucht |
| | 61 | Spelunca-Schlucht | 2 | 640 | Leichte Schluchtwanderung |
| | 62 | Cascades d'Aitone | 1½ • 3½ | 50 • 630 | Leichte Wanderung zu Kaskaden und Paß (3½ Std.) |
| | 63 | Calanche | 1½ (G) | 150 | Leichte Wanderungen durch bizarre Felswelt |
| | 65 | Capu Rossu | 1½ | 270 | Leichte Wanderung zu Genuesenturm |
| | 66 | Rocher des Gozzi | 1¾ | 260 | Gipfel, unschwierig, Weg teils verwachsen |
| | 67 | Ajaccio, Höhenweg | 1¼ (G) | 230 | Rundweg über Ajaccio |
| | 68 | Sanguinaires-Inseln | 2 | 50 | Leichte Küstenwanderung |
| | 69 | Alta Rocca | 5 | 450 | Leichte Wanderung durch Bergdörfer |
| | 70 | Monte San Petru | 1½ | 410 | Gipfel, leicht |
| | 71 | Filitosa | 1½ | 30 | Besichtigung der prähistorischen Fundstätten |
| | 72 | Torreanische Festungen | 1½ • 4½ | 50 • 600 | Besichtigung und Wanderung zu torreanischen Festungen |
| | 74 | Menhire und Dolmen | 1½ | 50 | 3 Kurzwanderungen zu prähistorischen Fundstätten |
| | 74 | Tizzano | 1 | 40 | Küstenwanderung bei Tizzano |
| | 75 | Felsenfenster Bavella | 1 | 150 | Leichte Wanderung zum Felsenfenster |
| | 79 | Piscia di Gallu | ¾ | 130 | Leichte Wanderung zum Wasserfall |
| | 80 | Monte Calva | 1¼ | 390 | Gipfel, leicht |

| Seite | Nr. | Tour | Gehzeit in Stunden | Höhen-differenz in Metern | Charakterisierung |
|---|---|---|---|---|---|
| | 81 | Bonifacio | 3 | 70 | Besichtigung von Bonifacio und Umgebung |
| | 82 | Pertusato | 1½ | 140 | Leichte Küstenwanderung |
| | 83 | Golf von Santa Manza | 1 | 100 | Leichte Küstenwanderung |

## 2. Bergtouren

| Seite | Nr. | Tour | Gehzeit in Stunden | Höhen-differenz in Metern | Charakterisierung |
|---|---|---|---|---|---|
| | 1d | Nonza – Bocca di Santa Maria | 2½ | 950 | Leichte Bergtour zum Hauptkamm des Cap Corse |
| | 5 | Lavasina – Bocca di Santa Maria | 3¼ | 1090 | Leichte Bergtour zum Hauptkamm des Cap Corse |
| | 6 | Monte Stello | 3 | 1030 | Gipfel, leicht |
| | 11 | Lama – Monte Astu | 3 | 1030 | Gipfel, leicht |
| | 15 | Nordgrat Capu Ghiovu | 3 | 1000 | Scharte in Grat, leicht |
| | 20 | Muvrella-See | 4 | 1350 | Leichte Bergtour (Stellen I, versichert) |
| | 22 | A Muvrella | 2 | 730 | Gipfel, leicht (Variante über Grat Stellen I) |
| | 23 | Punta Calughia (Asco) | 5 (G) | 700 | Kammüberschreitung, Stellen I |
| | 24 | Col Perdu | 2¼ | 760 | Leichte Bergtour in Scharte |
| | 25 | Monte Cinto | 3½ | 1110 | Gipfel, unschwierig (Stellen I-) |
| | 28 | Capo di a Vorba | 2½ | 960 | Gipfel, leicht |
| | 29 | Monte Albanu | 2¼ | 800 | Gipfel, unschwierig (Stellen I) |
| | 30 | Bocca Minuta | 3½ | 990 | Leichte Bergtour in Scharte |
| | 32 | Paglia Orba | 4½ | 1230 | Gipfel, mäßig schwierig (Stellen I und II);<br>bis Col des Maures (2¾ Std., 860 Hm) leicht |
| | 34 | Punte de Cricche | 1½ | 560 | Gipfel, leicht |
| | 41 | Monte San Petrone | 2½ | 950 | Gipfel, leicht |
| | 44 | Bocca a l'Arinella | 5 | 1150 | Leichte Wanderung in Sattel |
| | 47 | Melo-See | 1 | 340 | Unschwierig, direkter Zustieg zum See (Stellen I) |
| | 47 | Capitello-See, Brèche de Capitello | 1¾ • 2¾ | 560 • 850 | Unschwierig (Stellen I), See- und Gratwanderung |
| | 48 | Oriente-See | 2¾ | 1070 | Leichte Bergtour zum See |
| | 49 | Monte Renoso | 2¼ | 750 | Gipfel, leicht |
| | 64 | Capu d'Orto | 2¾ | 820 | Gipfel, leicht |
| | 65 | Capu Rossu | 1½ | 230 | Genuesenturm, direkter Zustieg (Stellen I-) |
| | 76 | Punta Velaco | 1¼ | 300 | Gipfel, unschwierig (Stelle I) |
| | 77 | Bavella, Turm III | 2¼ | 450 | Gipfel, unschwierig (Stellen I) |
| | 78 | Polischellu-Bach | 2¼ | 200 | Unschwieriger Anstieg im Bach<br>(Stellen I, nur bei Niedrigwasser!) |

*Morgenstimmung auf dem berühmten hochalpinen Weitwanderweg GR 20 vor der Bergerie de Radule im Golo-Tal (Tour Nr. 31).*

# WEITWANDERWEGE

Die Verwaltung des Parc Naturel Régional hat eine ganze Reihe von Weitwanderwegen mit unterschiedlichsten Anforderungen angelegt und markiert. Die Durchquerungen sind in einzelne Etappen unterteilt, und an den Etappenzielen stehen als Unterkunftsmöglichkeiten Refuges, Gîtes d'étape oder Hotels mit unterschiedlicher Ausstattung zur Verfügung.

**Refuges:** Einfache Selbstversorgerhütten in einsamen Bergregionen, die mit Großschlafräumen (nur Matratzen), Wasser und meist auch Duschhäuschen (natürlich nur kaltes Wasser) ausgestattet sind. Es besteht eine Kochgelegenheit (meist Gaskocher), aber keine Möglichkeit, Lebensmittel zu erwerben. Geschirr und Besteck sind begrenzt vorhanden, sollten aber besser mitgenommen werden. Die Hütten werden von einem „Gardien" betreut, der meist erst abends kommt und die Hüttengebühr einhebt. Die Vergabe der Schlafplätze richtet sich nach der Ankunftszeit.

**Gîtes d'étapes:** Herbergen mit Zimmern, meist in Bergdörfern, die auch Halbpension anbieten und Wanderproviant verkaufen. Die Verwaltung des Parc Naturel in Ajaccio (s. u.) sendet auf Anforderung Unterlagen über die Adressen, Öffnungszeiten, Preise und Telefonnummern zu, so daß man sich anmelden und vorbestellen kann (es wird aber meist nur französisch gesprochen).

**Hotels (Auberges):** Einzelne Etappenziele – vor allem am GR 20 – sind Berghotels oder Gasthöfe, wo man auch die Möglichkeit hat, Proviant einzukaufen.

**Karten und Führer:** Der GR 20 ist auf jeder Wanderkarte eingetragen, die übrigen Wege nur teilweise in den neueren Karten (z. B. in den beiden 1 : 50.000-Karten von Didier Richard, s. S. 000). Deutschsprachige Führer für den GR 20 gibt es von G. Heimhilcher und G. Hirner, in dessen Buch auch der Weg „Tra Mare e Monti" beschrieben ist (s. S. 195). Auskünfte und Informationsbroschüren über alle Weitwanderwege sind in französischer Sprache bei der Zentrale der Parkverwaltung in Ajaccio erhältlich (Parc Naturel Régional de Corse, 2 rue Major-Lambroschini, B. P. 417-20184 Ajaccio Cedex 1, Tel. 0495 517910, Fax 0495 218817). Hier kann man auch den „Topo guide Corse entre mer et montagne" kaufen, der die drei „Mare a Mare"- und die zwei „Mare e Monti"-Weitwanderwege mit Wegskizzen und Höhenprofilen in französischer Sprache beschreibt.

## GR 20

Der GR 20 ist der älteste und bekannteste Weitwanderweg, der den zentralen Gebirgsstock von Nordwesten nach Südosten durchquert und auf einer Länge von 175 km grandiose Landschaftseindrücke vermittelt. (GR ist die Abkürzung für „Grand Randonnée", und die Zahl 20 weist darauf hin, daß Korsika das 20. Département Frankreichs ist). Da der Weg im nördlichen Teil in Höhen über 2000 m verläuft, ist eine Begehung ohne größere Schnee- und Eisreste nur von Mitte Juni bis Ende September möglich. Der Weg ist hervorragend markiert – die Normalroute rot-weiß, alpine Varianten mit zwei parallelen gelben Strichen und Abstiege ins Tal, die von fast jedem Etappenziel möglich sind, meist mit einem gelben Strich. Der GR 20 verläuft über weite Strecken im Hochgebirge und erfordert entsprechende Ausrüstung und Bergerfahrung. Auch im Hochsommer kann es bei Gewittern empfindlich abkühlen; außerdem setzen sich die hohen Gipfel gerne Hüte auf, und man darf im Nebel nicht die Orientierung verlieren.

Technisch bietet der GR 20 keine besonderen Schwierigkeiten, nur abschnittsweise sind Trittsicherheit und Schwindelfreiheit erforderlich, und einige Passagen entsprechen leichten, versicherten Klettersteigen. Sehr hohe Anforderungen stellt der GR 20 allerdings an die Kondition. Denn die Etappenziele sind meist Refuges, wo es zwar eine Kochmöglichkeit und Wasser, aber keine Lebensmittel gibt. Man muß daher den Proviant für mehrere Tage mitschleppen, bis das Etappenziel ein Hotel ist, wo man sich neu eindecken kann. Refuges besitzen nur einen Großschlafraum mit Matratzen, der in der Hauptsaison oft überbelegt ist. Man muß daher auf jeden Fall einen Schlafsack und für Übernachtungen außerhalb der Hütte noch eine Liegematte, einen Biwaksack oder ein Zelt mitnehmen.

Der Flüssigkeitsbedarf an heißen Tagen liegt bei einigen Litern, und vor allem im Spätsommer und Herbst, der idealsten Wanderzeit, gibt es unterwegs oft kein Wasser. Das bedeutet, daß das Gewicht des Rucksackes eines GR-20-Wanderers mindestens 15 bis 20 kg beträgt. Bevor man den GR 20 in Angriff nimmt, sollte man mit diesem Gewicht am Buckel fünf- bis achtstündige Touren mit Höhendifferenzen bis 1300 m machen. Dazu kommt, daß der GR 20 über weite Strecken kein gebauter Weg ist, sondern über Gesteinsschutt, Blockwerk und Felsplatten führt (Stöcke sind sehr empfehlenswert).

**Die 16 Etappen des GR 20:** Calenzana – Refuge d'Ortu di Piobbu (6 Std.) – Refuge de Carrozzu (5½ Std.) – Haut-Asco (Hotel, 5½ Std.) – Refuge de Tighiettu (6½ Std.) – Refuge Ciottuli (Ciutullu) di i Mori (3¾ Std.) – Col de Verghio (Hotel, 2¾ Std.) – Refuge de Manganu (6 Std.) – Refuge de Pétra Piana (7½ Std.) – Refuge de l'Onda (6 Std.) – Vizzanova (Hotel, 6 Std.) – Refuge de Capannelle (6 Std.) – Col de Verde (Refuge, Bar, Imbiß, 4½ Std.) – Refuge d'Usciolu (8 Std.) – Refuge d'Asinao (8 Std.) – Refuge de Paliri (6½ Std.) – Conca (5½ Std.).

Die schönsten Wegstrecken des GR 20 werden in diesem Buch als Tagestouren vorgestellt.

## Fünf Weitwanderwege: „Tra Mare e Monti" und „Da Mare a Mare" mit Varianten

Die im folgenden beschriebenen leichten **Weitwanderwege** sind alle orange markiert; beste Wanderzeiten sind der Frühling und Herbst. Teilstrecken dieser Wege werden im vorliegendem Buch als Tageswanderungen beschrieben. In der folgenden Übersicht werden Gîtes d'étape mit „G" und Hotels mit „H" abgekürzt.

### Tra Mare e Monti:

Dieser leichte Höhenweg führt an der steil abfallenden, landschaftlich großartigen Westküste entlang, passiert reizvolle Bergdörfer und das autolose Fischerdorf Girolata. Da der Weg nur maximal 1200 m Höhe erreicht, ist er das ganze Jahr begehbar. Die Gîtes d'étape haben meist vom 1. April bis zum 31. Oktober geöffnet.

**10 Etappen:** Calenzana – Bonifatu (H, 5 Std.) – Tuarelli (G, 7 Std.) – Galéria (H, G, 4½ Std.) – Girolata (G, 6 Std.) – Curzu (G, 6½ Std.) – Serriera (H, 3½ Std.) – Ota (H, G, 6½ Std.) – Marignana (G, 5 Std.) – Revinda (G, 6 Std.) – Cargèse (H, 5 Std.).

*Der Weitwanderweg Mare a Mare Nord Principal bietet beim Abstieg von der Bocca a l'Arinella zum Calacuccia-Stausee einen schönen Blick auf den Monte Cinto und das Niolu (Tour Nr. 28).*

## Tra Mare e Monti Sud:

Der Weg verläuft oberhalb des Golfes von Ajaccio und Valinco, ist das ganze Jahr begehbar, und auch die Gîtes d'étape sind durchgehend geöffnet.

**5 bis 6 Etappen:** Porticcio – Bisinao (G, 5 Std.) – Coti-Chiavari (G, 5¼ Std.) – Sarra di Farru (H, G, 3½ Std.) – Olmeto (H, 6 Std.) – Burgu (G, 5½ Std.) – Propriano (H, 4 Std.).

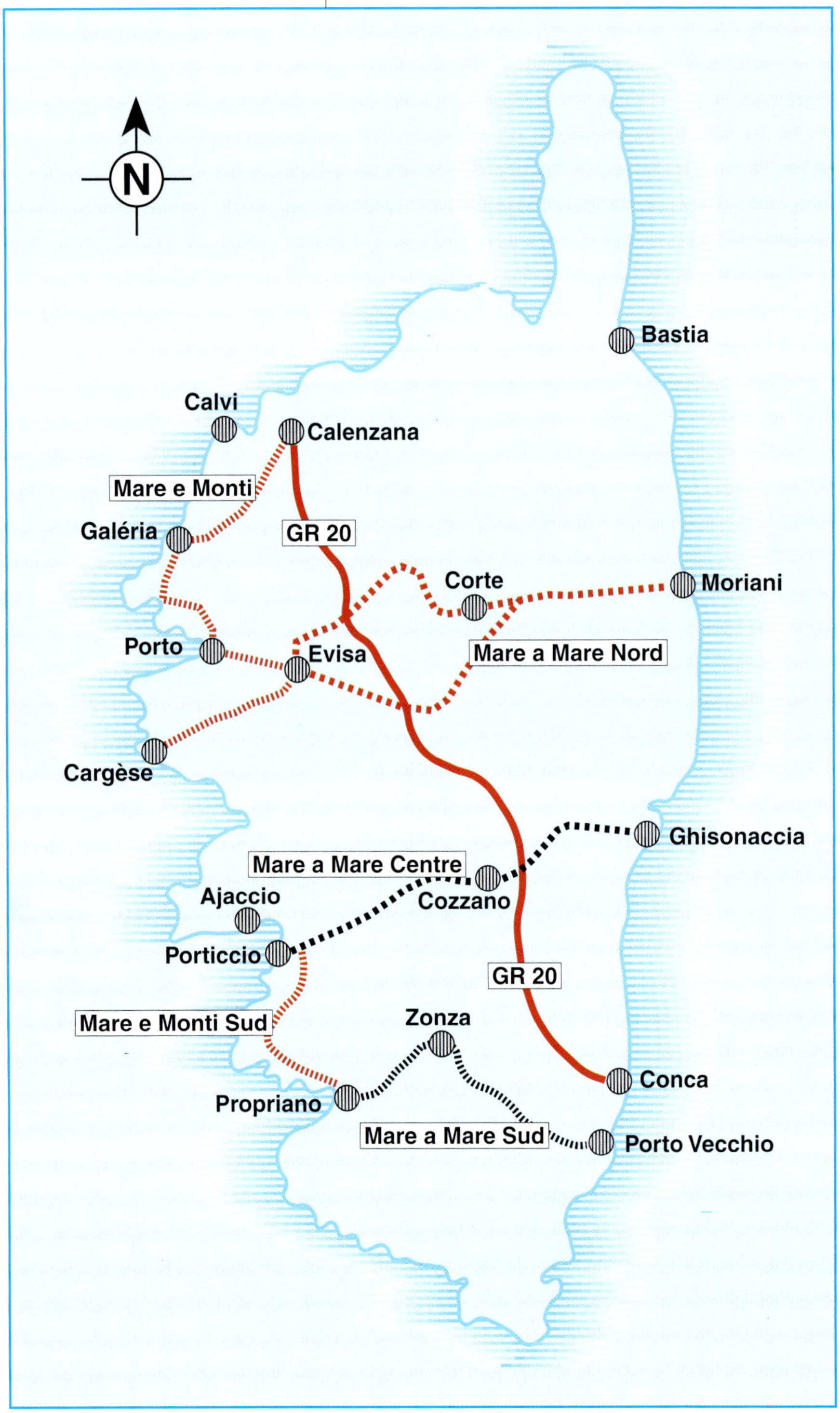


## Mare a Mare Nord (Principal):

Den „Mare a Mare Nord" gibt es in verschiedenen Varianten. Die hier beschriebene wird in einigen Karten als „Mare a Mare Nord Principal" bezeichnet. Der Weitwanderweg durchquert die Insel von der Ost- zur Westküste in den landschaftlich schönsten Bergregionen und ist von Anfang Mai bis Ende Oktober begehbar. In dieser Zeit sind in der Regel auch die Gîtes d'étape geöffnet.

**9 Etappen:** Moriani (G) – Pianellu (G, ca. 6 Std.) – Sermano (G, ca. 5 Std.) – Corte (H, 5 Std.) – Refuge a Sega (5½ Std.) – Albertacce (H, G, 5 Std.) – Col de Verghio (H, 4½ Std.) – Marignana (G, 4½ Std.) – Revinda (G, 6 Std.) – Cargèse (H, 5 Std.). Ab Marignana folgt die Route dem „Mare e Monti".

## Mare a Mare Nord Variante:

Diese Variante zweigt in Corte (H) oder Sermano (G) vom oben beschriebenen Mare a Mare Nord ab und vereint sich in Evisa bei Marignana wieder mit dem Normalweg. Von Mitte April bis Ende Oktober begehbar.

**8 Etappen:** Sermano (bzw. Corte) – Poggio di Venaco (G, 4 Std.) – Noceta (G, 4 Std.) – Vivario (H, 3 Std.) – L'Onda (Refuge, 4 Std.) – Guagno (G, 7½ Std.) – Guagno les Bains (H, 5½ Std.) – Renno (G, 5½ Std.) – Marignana (G, 3½ Std.).

Eine neuere Variante führt von Poggio di Venaco über Casanova (G) – Tattone (G) – Pasticciola (G) nach Guagno.

## Mare a Mare Centre:

Dieser Durchquerung von der Ost- zur Westküste leitet durch sehr einsame Regionen mit ausgedehnten Wäldern und ist von April bis November durchführbar. Die Gîtes d'étape sind ganzjährig geöffnet.

**7 Etappen:** Ghisonaccia – Serra-di-Fiumorbu (G, 3¼ Std.) – Catastaghju (G, 4 Std.) – Cozzano (G, 6½ Std.) – Guitera (G, 4½ Std.) – Quasquara (G, 4½ Std.) – Col St-Georges (G, 6 Std.) – Cruciata (6 Std.).

## Mare a Mare Sud:

Diese südliche Ost-West-Durchquerung führt durch landschaftlich und kulturgeschichtlich sehr interessante Gebiete und ist das ganze Jahr begehbar. Die Gîtes d'etappe sind ganzjährig geöffnet.

**5 Etappen:** Porto-Vecchio – Cartalavonu (G, 5 Std.) – Levie (G, 5 Std.) – Serra-di-Scopamena (G, 5½ Std.) – Santa-Lucia-de-Tallano (G, 5 Std.) – Burgu (6 Std.).

*Korsika ist vor allem in der Nebensaison ein Paradies für Radfahrer; auch die Jüngsten werden schon mitgenommen.*

# TIPS FÜR RADTOUREN

Im folgenden sind einige Radtouren angeführt, die landschaftlich besonders reizvoll sind und vor allem in der Nebensaison kaum Verkehr haben.

## Umgebung Saint-Florent:

**Westküste des Cap Corse** (Straße D 80, Tour Nr. 1).

**Rundfahrt im Nebbio:** Saint-Florent – Oletta (D 82) – Col de S. Stefano – Murato (D 162) – San-Gavino-di-Tenda (D 62) – Saint-Florent (vgl. Tour Nr. 7).

**Zum einsamen Strand der Désert des Agriates** (vgl. Touren Nr. 8 und 9) : Von der Straße D 81, die Saint-Florent mit L'Ile Rousse verbindet, zweigen zwei nur für Mountainbikes geeignete Schotterstraßen hinunter zur Küste ab – kurz nach Casta ein Fahrweg zur Sandbucht von Saleccia, ein weiterer vom Paß Bocca di Vezzu.

## Umgebung L'Ile Rousse und Calvi:

**Balagne-Rundfahrt:** Höhenstraße D 71 durch malerische Bergdörfer: Belgodère – Muro – Aregno – Corbara (D 151) – L'Ile Rousse mit Abstechern nach Speloncato und Sant'Antonio; auch Teilstrecken sind sehr lohnend (vgl. Touren Nr. 13 bis 15).

**Küstenstraße D 81 von Calvi nach Galéria:** eine der schönsten Strecken (vgl. Tour Nr. 54).

## Umgebung von Porto:

Die landschaftlich einmalige **Bergstraße D 84 von Porto nach Evisa** (vgl. Tour Nr. 61) und die **Küstenstraße D 81 von Porto durch die Calanche nach Piana** (vgl. Tour Nr. 63) haben in der Hauptsaison starken Verkehr.

Einsam ist die Straße D 824 **von Piana zum Strand d'Arone** (vgl. Tour Nr. 65); am Ortsende von Piana lohnender Abstecher (D 624) zur reizvollen Bucht von Ficajola.

*An den felsigen Küsten bilden die Strandlevkojen (Matthiola sinuata) im Frühling oft rosa Blütenteppiche.*

## Umgebung von Zonza:

**Von Zonza auf den Bavella-Paß** (D 268); weniger Verkehr, dafür aber eine Höhendifferenz von ca. 1250 m weist die landschaftlich großartige Strecke **von der Ostküste (Solenzara) zum Paß** auf (vgl. Tour Nr. 75).

**Rundfahrt durch das Chaos von Paccionitoli** (Pacciunitulli): Zonza (D 368) – Bocca di Pelza (D 67) — San-Gavino-di-Carbini (D 268) – Zonza; von der Bocca di Pelza Abstecher zum Stausee von L'Ospédale (D 368, vgl. Tour Nr. 80).

**Fahrt durch die Bergdörfer im Alta Rocca:** Zonza – Quenza (D 420) – Aullène (D 69) – Col de Tana – Aullène – Loreto-di-Tallano – Sainte-Lucie-de-Tallano (D 268) – Zonza (vgl. Touren Nr. 69 und Nr. 72).

## Umgebung von Corte, Calacuccia (Niolu) und Ponte Leccia:

**Restonica-Tal:** Corte (D 623) – Bergeries de Grotelle (vgl. Tour Nr. 46).

**Fahrt zu einzigartigen Bergdörfern bei Corte:** Corte (D 18) – Pont de Castirla – Croce d'Arbitro; Abstecher nach Castiglione und Popolasca (vgl. Tour Nr. 45). Rückfahrt auf gleicher Strecke oder Abfahrt nach Francardo an der Hauptstraße N 193 und Rückkehr nach Corte (Abstecher zu den Bergdörfern Omessa und Soveria).

**Schlucht Scala di Santa Regina:** Pont de Castirla – Calacuccia (D 84) – Col de Verghio (vgl. Touren Nr. 27 und Nr. 34).

**Mountainbike-Tour in die Scharte l'Arinella:** Vom südlichen Ende des Staudammes am Calacuccia-Stausee zweigt eine Schotterstraße in die Bocca a l'Arinella ab (vgl. Tour Nr. 28).

**Ponte Leccia – Asco:** Asco-Tal (D 147) – Asco (Abstecher zur genuesischen Brücke) – Haut-Asco (vgl. Tour Nr. 21).

## Durch die Bergdörfer der Casinca und Castagniccia:

**Casinca-Dörfer:** Torra an der Hauptstraße N 198 – Vescovato – Venzolasco – (Abstecher Loreto-di-Casinca) – Penta-di-Casinca – Castellare-di-Casinca – N 198 (vgl. Touren Nr. 37 und Nr. 38).

**Castagniccia:** Hauptstraße N 198 (Moriani-Plage) – Cervione – Valle-d'Alesani (Abstecher zum Kloster d'Alesani) – Piedicroce (Abstecher Campodonicu) – La Porta; auch Teilstrecken lohnend (vgl. Touren Nr. 39 und Nr. 40).

*Wie eine Festung erheben sich die Häuser der alten Bischofsstadt Vescovato auf einer felsigen Anhöhe (Tour Nr. 37).*

# LITERATUR

Klaus Wolfsperger: Korsika, Die schönsten Tal- und Höhenwanderungen, Bergverlag Rudolf Rother, München 1995.
Gert Hirner: Wanderungen auf Korsika, Verlag Bruckmann, München 1990.
Günter Heimhilcher: Die schönsten Bergtouren Korsikas, Weishaupt-Verlag, Gnas 1995.
Günter Heimhilcher: Die große Durchquerung Korsikas, Weishaupt-Verlag, Gnas 1996.
Günter Heimhilcher: Die schönsten Radtouren Korsikas, Weishaupt-Verlag, Gnas 1996.
Johannes Kautzky: Korsika, Sardinien, Reiseführer Natur, BLV Verlagsgesellschaft mbH, München 1998.
Alo und Nikolaus Miller: Korsika, richtig wandern, DuMont Buchverlag, Köln 1993.
Almut und Frank Rother: Korsika, DuMont Kunst Reiseführer, DuMont Buchverlag, Köln 1990.
Michelin: Korsika Reiseführer; Michelin Reifenwerke KGaA, Karlsruhe 1990.
Hans Schymik: Bergwelt Korsika; J. Fink-Kümmerly + Frey Verlag, Ostfildern 1982.

*Die Siegwurz (Gladiolus communis), eine wilde Gladiole, setzt leuchtende Farbtupfer an Wegränder und in Wiesen.*

# DEUTSCHE UND LATEINISCHE PFLANZENNAMEN

Affodill /*Asphodelus aestivus*
Alpenveilchen, Geschweiftblättriges / *Cyclamen repandum*
Alpenveilchen, Neapolitanisches / *Cyclamen hederifolium*
Apenninwindröschen / *Anemona apennina*
Aronstab, Italienischer / *Arum italicum*
Ätna-Berberitze / *Berberis aetnensis*
Baumheide / *Erica arborea*
Bernards Akelei / *Aquilegia bernardii*
Dornginster, Behaarter / *Calicotome villosa*
Dreikantlauch / *Allium triquetrum*
Dünen-Trichternarzisse, Strandlilie / *Pancratium maritimum**
Edelweiß, Korsisches / *Helichrysum frigidum*
Erdbeerbaum / *Arbutus unedo*
Felsennelken / *Petrorhagia*
Fenchel / *Feoniculum vulgare*
Fettkraut, Korsisches / *Pinguicula corsica*
Fingerhut, Roter / *Digitalis purpurea*
Gelbstern, Korsischer / *Gagea bohemica corsica*
Gennargentu-Tragant / *Astragalus genargenteus*
Ginster, Korsischer / *Genista corsica*
Ginster, Salzmanns / *Genista salzmannii*
Glöckchen-bzw. Dreikant-Lauch / *Allium triquetrum*
Grasnelke / *Armeria fasciculata*
Himmelsröschen / *Lychnis coeli-rosa*
Hirschgeweih-Steinbrech / *Saxifraga pedemontana cervicornis*
Hornklee, Kretischer / *Lotus creticus*
Hornmohn, Gelber / *Glaucium flavum*
Immortelle, Gewöhnliche / *Helichrysum stoechas*
Knabenkraut, Dreizähniges / *Orchis tridentata*
Kratzdistel, Syrische / *Cirsium syriacum (Notobasis syriaca)*
Krokus / *Crocus*
Kronen-Wucherblume / *Chrysanthemum coronarium*
Leimkraut, Farbiges / *Silene colorata*
Leimkraut, Korsisches / *Silene succulenta corsica*
Manna-Esche / *Fraxinus ornus*
Mariendistel / *Silybum marianum*
Marseille-Tragant / *Astragalus massiliensis*
Mauerpfeffer / *Sedum caeruleum*
Mäusedorn / *Ruscus aculeatus*
Meerfenchel / *Crithmum maritimum*
Meerträubel / *Ephedra major*
Milchfleckdistel / *Galactites tomentosa*
Milchstern Arabischer / *Ornithogalum*
Mittagsblume / *Carpobrotus edulis*
Mittagsblume, Rote / *Carpobrotus acinaciformis*

Myrte / *Myrtus communis*
Nieswurz, Korsische / *Helleborus lividus corsicus*
Ochsenzunge / *Anchusa italica*
Opuntie, Feigenkaktus / *Opuntia ficus-indica*
Palisaden-Wolfsmilch / *Euphorbia characias*
Pankrazlilie, Felsen-Trichternarzisse / *Pancratium illyricum* *
Pflugschar-Zungenständel / *Serapias vomeracea*
Pfriemenginster / *Spartium junceum*
Reiherschnabel Korsischer / *Erodium corsicum*
Rosenlauch, Korsischer / *Allium roseum insulare*
Rosmarin / *Rosmarinus officinalis*
Rutenkraut, Gemeines / *Ferula communis*
Salbei, Echter / *Salvia officinalis*
Sandröschen, Geflecktes / *Tuberaria guttata*
Scheinkrokus / *Romulea*
Schmetterlings-Knabenkraut / *Orchis papilionacea*
Schopflavendel / *Lavendula stoechas*
Sedum / *Sedum caeruleum*
Siegwurz / *Gladiolus italicus*
Sonnentau / *Drosera*
Stechwacholder, Großfrüchtiger / *Juniperus oxycedrus macrocarpa*
Steinbrech-Felsennelke / *Petrorhagia saxifraga gasparrinii*
Sternklee / *Trifolium stellatum*
Stranddistel / *Eryngium maritimum*
Strand-Schneckenklee / *Medicago marina*
Sumpfschwertlilie (Wasserschwertlilie) / *Iris pseudacorus*
Tamariske, Afrikanische / *Tamarix africana*
Tausendguldenkraut, Ähriges / *Centaurium spicatum*
Teufelskralle, Korsische / *Phyteuma serratum*
Thymian / *Thymus*
Traubenhyazinthe, Schopfige / *Muscari comosum*
Wundklee, Dorniger / *Anthyllis hermanniae*
Ziest, Klebriger / *Stachys glutinosa*
Zistrose, Gelbe / *Halimium halimifolium*
Zistrose, Graubehaarte / *Cistus creticus*
Zistrose, Montpellier / *Cistus montspeliensis*
Zistrose, Salbeiblättige / *Cistus salviifolius*
Zistrosenschmarotzer, Roter / *Cytinus ruber*
Zungenstendel, Echter / *Serapias lingua*
Zungenstendel, Herzförmiger / *Serapias cordigera*
Zungenstendel, Kleinblütiger / *Serapias parviflora*
Zungenstendel, Verkannter / *Serapias neglecta*

* Die Dünen-Trichternarzisse *(Pancratium maritimum)* wird gelegentlich wie die Felsen-Trichternarzisse *(Pancratium illyricum)* als Pankrazlilie bezeichnet.

*Bild oben: Im Frühling verwandeln die Blütenkerzen des Affodill (Asphodelus aestivus) überweidete Böden oft in ein schneeweißes Lichtermeer, denn das Vieh verschmäht diese Pflanze.*

# Register

Zahlen geben Buchseiten an, **fettgedruckte** beziehen sich auf Abbildungen.